THE NEXT AFRICA

AN EMERGING CONTINENT BECOMES A GLOBAL POWERHOUSE

未来非洲

正在崛起的大陆 未来的全球经济引擎

JAKE BRIGHT　AUBREY HRUBY

[美] 杰克・布赖特　奥布里・赫鲁比 著

敖军 译

西南师范大学出版社

国家一级出版社 全国百佳图书出版单位

CONTENTS 目录

前　言

“为什么要写一本关于非洲的书？为什么这个时候写？为什么是你俩来写？”2012年，当我们开始构思这本书的时候，类似的问题接踵而至。我们的回答也很直白简单。为什么现在要写一本关于非洲的书？因为非洲大陆正在经历一场前所未有的变革，尤其是在经济上。几十年来，人们听到各种关于非洲的传说，现在他们可能也会对这本书非常感兴趣。为什么是我们来写？可能是由于机缘巧合，也可能是因为形势和目的。在本书写作之前，我们两个人在非洲各自有着独特的经历，与非洲的人民、地域有过亲密的接触，了解那里发生的一切，而这一切，正在深刻地改变着今天的非洲。

过去十年，非洲经济的振兴催生了精英阶层，他们掌控着非洲的经济、政治和发展方向。本书认为，非洲市场的巨大体量、非洲人民的聪明才智，伴随着其他关键性的趋势，将持久地重塑非洲大陆。非洲正在发生的一切将成为我们这个时代最激动人心的传奇。在深入发掘非洲大陆历史性变迁之前，我们首先回答读者在阅读本书过程中可能碰到的一些问题，并补充介绍一些我们的个人经历。

我们知道，非洲不是一个国家

将非洲大陆作为一个整体来分析的确存在挑战，或许会有人认为我们这样做过于自大。这些年来，我们在非洲许多国家都工作过，对于非洲国家的多样性深有体会。我们也非常清楚，如果将非洲作为一个整体来分析，困难不小，批评不少。我们知道，非洲不是一个国家。从行政区域上看，非洲有50多个国家和地区；从种族分布上看，非洲生活着上千个族群。但是，根据一些特定的发展趋势和数据[①]，我们认为，非洲大陆作为一个整体而言，正在经历一些趋势性的变化，可以具体问题具体分析，也可以从宏观上予以总结。

对非洲，或非洲大陆任何一块大型区域的分析，要想在综合性和特殊性两个方面取得精妙的平衡是非常困难的。如果我们试图

① 在非洲，数据的获得、准确性和时间概念都存在很大的问题。例如，许多数据对北非和撒哈拉以南地区（这是本书主要关注的区域）不加区别；有些数据对“撒哈拉以南”的定义不同；各个国家的数据年份不一致。此外，其他许多地区已经广泛使用的一些指标，撒哈拉以南地区却没有。我们尽最大努力寻找最准确的数据源，交叉验证，在数据缺乏的情况下，根据统计学意义上的新公式进行推算，从而做出我们自己的预测。除非特殊标注，本书的脚注皆为作者注。

对撒哈拉以南地区所有国家的机制进行全面的分析，恐怕就无法顾及当下的需求，对大部分读者来说也显得过于冗长。而且，面对非洲如此广阔的地区，很容易一叶障目，因视角狭窄而无法准确反映非洲大陆的全貌。

因此，虽然我们在本书中不可避免地要对非洲（主要是撒哈拉以南的非洲）进行整体分析，但我们是以良好的出发点，采取乐观主义视角进行批判性分析。本书是根据这些年来我们在非洲的生活经历，吸收最新研究成果，通过大量的访谈和广泛的游历完成的。从宏观视野到生活实际，我们用最具说服力的数据，结合事件和个人经历，试图带给读者一个现代视角下的撒哈拉以南非洲。一本只有几百页的书，还远远算不上一座桥梁，但我们愿意通过这本书，就非洲快速变化的现实进行新的讨论。

不是非洲人来写非洲

在2014年美国-非洲领导人峰会上，南非总统雅各布·祖马（Jacob Zuma）曾说："我们（现在）终于能够讲述我们自己的故事，而不是由别人代替我们来讲故事。"祖马的这番话说出了许多非洲人共同的心声，对于这句话所表达的情感，我们深有感触，并且完全理解为什么会有这种情感。尽管非洲涌现出许多在全球有着广泛影响力和知名度的名人，但过去20年，在国际媒体和全球性的政治舞台上，非洲的声音仍然普遍被忽视。许多场合，为非洲说话的往往是西方国家的慈善家或社会名流，而不是非洲人自己。当然，我们也不是非洲人，但我们支持非洲人民今天的这种热切希望，支持他们讲述自己的故事。为什么呢？因为过去30多年来，在其他人无视非洲声音的时候，我们一直在聆听他们的故事和观点。本书中对非洲国家及其发展轨迹的记述，绝大部分来自非洲人自己的讲述——我们一直在倾听、观察和学习，期待着有一天这些故事能够吸引全球的目光。这本书真实地记录了非洲不同地区人们的想法，我们希望它就像一个传声筒，一条能够让非洲人讲述他们故事的渠道。当前，对于非洲变革的讨论日渐热烈，非洲人在时尚、音乐和电影等领域的国际影响力进一步扩大，非洲人正在迅速地成为全球公民。虽然我们不是非洲人，但我们仍然相信，能够为当下这些思考提供独特的视角和观点。通过我们对非洲各领域领军人物的采访，通过我们对非洲人民视角的纳入和我们的直接观察，希望本书能够抛砖引玉，让更多的非洲故事和非洲观点涌现出来。

“你们是怎么跟非洲搭上关系的？”新的合作伙伴，共同的观点

2013年，一位美籍加纳人的传媒企业准备创办一本杂志——《非洲面对面》(*Face2Face Africa*)，我(杰克)应邀担任发布会的嘉宾主持。作为台上嘉宾中唯一一位非“非洲裔”主持人，他们请我谈谈对一些新人的看法，这其中不仅包括非洲年轻的企业家新秀，同时也有许多刚来非洲的新朋友和合作伙伴。在经历了长期复杂的殖民历史后，非洲国家再一次成为许多跨国公司和合作伙伴青睐的对象。过去十年，有多种因素，譬如越来越多的商业投资机会，使非

洲再度焕发魅力，吸引了越来越多的关注。许多人来到非洲，大多出于对这块土地，对非洲市场和文化的好奇和合作精神，他们没有太多的历史包袱。在本书两个章节“非洲日益增长的全球文化影响力”和“未来50年的非洲”中，我们将着重探讨哪些因素促使非洲形成类似美国的“拉力因素”，以她的文化魅力、商业机会和教育前景吸引人们来到这片大陆。

我们成了第一批引领潮流的人。其实，我们一开始对非洲并不了解，就像一张白纸。我们分别来自美国的西部和中西部（科罗拉多州和密歇根州），工作以后才开始同非洲打交道。当时，我们在非洲没有任何亲戚或个人关系。通常美国人在非洲工作主要是做传教士、外交官或非政府组织（NGO）员工。我们没有走这条路，而是一心要在非洲大陆上正儿八经地做生意，自此以后就一直待在非洲。

我（奥布里）的非洲经历最早是从埃及开始的。我在埃及生活，教经济学。后来，我开始帮助企业在撒哈拉以南地区做生意。我之所以选择这条路，是因为我对非洲很感兴趣，我坚信，通过商业和投资，非洲国家和人民与全球经济的融合将进一步加快。当时，主流经济界对非洲并不太关注，我在一些企业担任顾问，帮助其抢先在非洲投资建厂。那个时候，经济界在讨论美国的对非政策时，还停留在到底是援助还是贸易，以及“为什么要去非洲？”之类的话题上。我在罗莎·惠特克（Rosa Whitaker）的手下工作了8年，她是美国在非洲进行投资和贸易方面最具远见卓识的人物之一。期间，我一半的时间都花在旅行上，游历考察了20多个非洲国家，从中寻找市场机会，加强美国和非洲企业的商业联系。这些年来，关于如何在非洲做生意的咨询电话，大部分都是我主动打给别人，很少有人打电话来问我。这一情形直到2011年才开始有所改变。

我（杰克）的非洲经历纯粹出于一时兴起。大学二年级的时候，我去瑞典参加一个海外学习项目，按照课程要求，我要去瑞典红十字会姐妹团(Swedish Red Cross sister society)实习工作5周。他们当时让我在三个地方选择：印度、厄瓜多尔、塞拉利昂。我选择了塞拉利昂，纯粹是出于好奇，因为高中老师曾经给我们看过一部电影《为自由呐喊》（*Cry Freedom*），西非的热情、地貌、文化以及非洲人民克服困难的真诚都深深地打动了我。回到密歇根州立大学，我特意给自己增加了一门"非洲研究"的学位课程，尽管我当时并不知道学了这门课有什么用。

后来，去非洲工作的机会似乎越来越多，一开始是美国国务院和商务部，后来我又以白宫工作人员的身份去过非洲，每一份工作都与生意有关，并且商业色彩越来越浓。讽刺的是，2001年，我转到国际金融机构以及私人企业工作以后，同非洲的商业往来反而中断了。当时，对大银行而言，非洲（南非除外）事务几乎是一片空白，同其他地方相比，非洲大陆与国际金融界的割裂最为严重。

后来，我离开银行界，转行去做经济新闻，我希望能够报道一些很少有人涉足的领域。于是，我又回到了非洲，报道非洲的经济振兴。罗莎·惠特克应该是我采访的第一位人物，她是克林顿政府的非洲经济顾问，曾和我一起共事。采访过程中，我认识了奥布里。就这样，两个从大学毕业后就开始和非洲打交道的美国人，因为在非洲共同的经历和观点而走到了一起。

我们聊得非常投机，很快达成几点共识。我们一开始就认为，只要非洲国家能够坚持实施关键性的改革，只要外界能够为非洲人民创造一些良好的发展环境，非洲在全球经济体系中将拥有巨大的潜力。同时，我们也认为，经济是创造持续繁荣的最佳途径。我们强烈地意识到，有一种巨大的力量，一种由非洲市场和非洲人民共同作用下的历史性趋势，正在改变这片大陆。于是，我们便开始研究、讨论、撰写这本书。

非洲问题的两极化观点

在所有关于非洲的讨论中，我们的观点可谓自成一派，因为我们在演讲和著作中一直在为非洲的发展和机遇呐喊，但是必须强调的是，我们既非盲目乐观，也不是非洲的公关代理人。本书中的一些事实被广泛传播，有时候被公关公司包装成新闻稿，花钱故意引导舆论，被简单化地概括为“非洲崛起”。

而另一方面，也存在新的非洲悲观主义论，将所有对于非洲的积极预测，甚至那些基于严谨分析的预测，都一棒子打死，而他们的期望之高，标准之严格，连非洲之外的其他地区都无法达到。过去几十年，非洲一直笼罩在“末日论”的阴影下，相对于“非洲末日论”，如今的两极分化思潮至少是一种进步，当然，依然存在很多问题。

《经济学人》(*The Economist*)2000年给非洲取了一个臭名远扬的绰号，叫“无望的大陆”，单一思维的“非洲崛起论”虽然有一定的合理性，但没有从根本上让非洲摆脱这个恶名。反过来，非洲悲观论则急于求成，往往抱住非洲失败的沉重历史不放，而选择性地（甚至是武断地）无视大多数地区呈现出的新气象。

有些读者可能质疑我们的结论过于乐观，在这里我们必须澄清，对于非洲不堪回首的过去和脆弱性，我们完全了解。这些年我们在非洲目睹了太多的不幸，从战乱、娃娃兵、恐怖主义，到极度的贫困、痢疾以及因疟疾而不得不进行的隔离。1998年，美国驻坦桑尼亚首都及肯尼亚首都大使馆发生爆炸案时，我们曾紧急撤离。我们也报道过非洲的侵犯人权事件，目睹了非洲政府的腐败和懒政。我（奥布里）曾闯进政府部门的办公室里，为了落实白纸黑字上写得清清楚楚的法律条款，同当地官员据理力争几个小时。我目睹了由于无可辩驳的不作为和目光短浅，只在乎个人争权夺利，许多生意最后不得不泡汤。我（杰克）曾经写过一篇调查性报道，刊登在大西洋传媒旗下的新闻网站“Quartz”上，被广泛转载。文章曝光了尼日利亚央行200亿美元不翼而飞的丑闻——显然，这篇报道并不符合非洲崛起的基调。

我们了解非洲良好的一面，也非常清楚其糟糕的一面，我们试图揭示新形势下的这种复杂性，而不是根据社会舆论的风向左右摇摆。非洲已经进入一个新的历史时期，需要更加细致和审慎的分析。同任何一个正在经历剧变的地区一样，非洲经济在具体成果、进展和持续面临的挑战等方面变得更加复杂和微妙。无论你是在非洲经商，做记者，或从事外交工作，仅仅依靠宽泛的教条经验，或仅考虑单一因素(譬如,只注重政治,不考虑市场;只想做生意,不考虑安全),或不从非洲人的角度出发,其结果都将越来越难以把握。

尼日利亚:非洲挑战和机遇的典型代表

解读非洲,必须采用综合分析的方法,这是我们2014年在对尼日利亚的研究实践中总结出来的经验。在撒哈拉以南地区,恐怕没有一个国家像尼日利亚一样,进步与挑战并行,危险性和可能性同在。2014年年初,摩根大通向全球投资市场发行了历史性的10亿美元尼日利亚保值国债。这笔经过穆迪评级的国债能够公开发行,要归功于拉米多·萨努西(Lamido Sanusi)主导的经济改革,他是尼日利亚中央银行行长,《时代周刊》百位最具影响力的人物之一。但是2月,由于萨努西质疑尼日利亚有200亿美元国家石油收入下落不明,被尼日利亚总统解除了央行行长一职。

2014年4月,尼日利亚公布修订后的国内生产总值(GDP)数据,超越南非,成为非洲最大的经济体,不断壮大的中产阶级和企业家群体验证了尼日利亚的成功。但是,在国际货币基金组织(IMF)正式确认这一数据之前,世界银行行长金墉(Jim Yong Kim)仍将尼日利亚列为世界上“极端贫穷国家”之一,60%以上的人口每天人均消费仅1到2美元。4月到5月,我们曾在多家媒体上分析称,尼日利亚将首次在非洲举办世界经济论坛,这是尼日利亚向数百位全球CEO和国家领导人展示其新晋非洲头号经济强国地位的大好时机。但就在这个时刻,发生了恐怖组织“博科圣地”(Boko Haram)在奇博克镇绑架几百名尼日利亚女生的事件。

2014年8月，我们接受了许多媒体的采访，讨论美国-非洲领导人峰会。我们的话题包括尼日利亚和非洲的新消费阶层、科技产业发展，以及峰会上即将宣布的创纪录的私募基金发行，而与此形成鲜明对比的却是西非地区日益升级的恐怖袭击事件和埃博拉病毒肆虐。

顺应新的复杂性

今天的尼日利亚就是非洲大陆的整体写照。在媒体的报道里，尼日利亚总是走一步、退两步地蹒跚前进。经常有人问我们，如何把“非洲崛起”与当前那些负面消息结合起来看。一名在业界很有影响力的财经记者甚至质问，在奇博克绑架事件和埃博拉病毒暴发等危机事件下，怎么可能将非洲市场作为合理的投资目的地！

我的回答很简单：“你不可能再以‘非好即坏’的概念来看待非洲。”对于现代非洲，包括其经济增长领域、著名企业家、主要趋势和发展成功的国家，给予合理的分析，就像分析其他复杂地区的情况一样，同样需要综合概括，需要有充分的数据，放在历史的维度下，细致入微地予以剖析。美国已经有了第一位黑人总统，但仍然因种族问题而导致民意分裂。中国已经崛起为世界性的经济强国，但在环境、银行体系、劳动力等方面仍存在短板。欧元区一些国家已经走出经济衰退，恢复增长，而其他国家，如希腊和葡萄牙，仍然徘徊在政府破产的边缘。即便有着如此种种的波动，很少有人会根据这些上下波动，对美国、中国或欧元区国家直接做出非好即坏的判断。同样的道理,我们也不能将非洲经济简单化。

关键是对数据和趋势的规模以及未来动力做出预测,并解释为什么这些数据和趋势非常重要——对企业,对政策制定者,对全球普通老百姓,这些数据和趋势意味着什么。而这正是本书要探讨的问题。我们认为,非洲关系着每一个人的利益。根据我们的分析,撒哈拉以南地区,即使考虑到不可避免的挑战和可能发生的经济衰退,未来发展也一定是积极正向的。一个与全球经济隔绝的非洲大陆形象——冲突不断,政治腐败,高度依赖外界捐款、外国专家和援助——已经过时。在“未来50年的非洲”一章中,我们勾画了一个符合全球发展水准又独具差异性的非洲。我们预计,非洲经济的成功经验能够在某些国家快速复制,而在另外一些国家则相对并不成功。为了平衡这种过山车般的立论转折,我们用了整整一个章节“非洲的顽疾”来讨论可能发生的“脱轨”现象。

经济以及超越经济

我们原本计划这本书基本上完全聚焦经济,针对小部分目标读者,但后来决定扩大范围。市场和投资无疑是非洲大陆嬗变最重要的催化剂,但非洲目前所发生的一切,其意义已经远远超越经济。它搅动着全球投资论坛的神经,促使公司董事会在内罗毕、拉各斯和罗安达等城市开办分公司,非洲同时也唤起了米兰时装秀、好莱坞电影和硅谷风投公司的激情。

本书揭示了撒哈拉以南地区为什么吸引了像通用电气、IBM、黑石、宝洁等公司的大手笔投资,同时也向读者介绍了非洲方兴未艾的科技产业转型、崛起的企业家和慈善家，以及影响全球音乐、时尚和电影的新文化变革。

我们分析了非洲的转型与现代海外移民（近几年前往美国和欧洲）之间的关系，这种双重文化的"人们"如何作为纽带，推动非洲共同富裕，重塑非洲与美国乃至世界的关系。在美国，非洲移民的教育水平在各个族裔群体中是最高的，也是收入最高的移民群体之一。许多非洲移民放弃在美国的高管岗位，回到非洲创办企业，就是为了他们心中的梦想。最能说明非洲转型的一个现象是，目前分布在世界各地的非洲移民汇款（海外非洲移民将钱寄回家乡）已经超过整个非洲大陆的外国援助。

在本书中，我们可以看到一个与世界联系更加紧密的非洲，非洲的领导人及非洲人民在全球经济、文化和政治舞台上的影响也将更加深远。未来，美国人说不定要在他们的退休保险金401(K)投资中增加非洲的股票，为在非洲开展业务的公司打工，在苹果iTunes商店里购买非洲的热门单曲；尼日利亚演员可能获得奥斯卡奖；在纳尔逊·曼德拉（Nelson Mandela）和贝拉克·奥巴马(Barack Obama)之外，将有更多的非洲人名让美国人耳熟能详。

第一部分

非洲经济大飞跃

AFRICA'S GREAT ECONOMIC LEAP

为什么全球CEO和世界上最具智慧的经济学者都在谈论非洲

第一章

非洲经济增长：
繁荣的商业成为非洲大陆的催化剂

2014年1月，27岁的尼日利亚青年奥比·乌切(Obi Uche)在拉各斯参加了通用电气(GE)举办的一个管理培训班。最近，乌切被当地的一家名为“韦尔特”的机械工程公司聘用。GE在尼日利亚的东南部城市卡拉巴尔(Calabar)新建了一座工厂，投入运营后，将为GE在尼日利亚的核心基础构件，如涡轮、井口设备、压缩机等提供关键配件，而韦尔特有限公司将负责为GE组装电力生产设备。乌切将接受一系列培训，拉各斯的培训班只是第一个项目，完成培训后，乌切将成为联络美国跨国巨头和韦尔特公司的一名经济发展专员。“在GE工作收获很大，我从中学到的专业技能极大地提高了我对个人职业发展的信心。”乌切说。2013年，乌切拿到了MBA学位，如今他负责管理一支小型团队。

GE和韦尔特公司之间的交流并不仅仅局限于中层管理人员。2014年8月，由GE牵头，乌切的经理查克·乌梅（Chuck Umeh）和韦尔特公司的CEO佩德罗·埃贝（Pedro Egbe）在意大利参加了一个为期3天的研讨班，他们与GE的工程师一起合作，对卡拉巴尔工厂的设计和生产标准进行了优化。

韦尔特公司CEO佩德罗·埃贝表示："我们在卡拉巴尔工厂项目上的合作，将提高我们的水平，有助于我们竞标更多的商业项目，雇用更多的工人。"他估计，与GE的合作将为公司每年带来500万美元的收益，工厂员工数量也将因此增加1倍，达到100人左右。"我们在整个尼日利亚招募合适的员工，包括装配工、工程师和焊工，这些人都将参加GE的培训计划，奥比负责对他们进行培训。"查克·乌梅说。乌梅1991年进入韦尔特公司，他有3个孩子，办公室的墙上挂着一张他和GE公司CEO杰夫·伊梅尔特（Jeff Immelt）的合影。那是在2014年，两家公司在阿布贾（Abuja）签署合作备忘录，晚宴上乌梅和伊梅尔特合影留念。"那是激动人心的一刻。"乌梅说，"尼日利亚有1.7亿人口，他们非常需要GE制造的东西，比如引擎、机车和医疗设备。"

尼日利亚失业率高达两位数，停电是家常便饭，人均期望寿命只有52岁。尼日利亚人甚至在社交媒体上创造了一个热门标签"我的高速公路比你更差"，并晒出照片吐槽尼日利亚境内的高速公路路况。在这样一个国家，拥有强大制造能力的GE自然大受欢迎。GE尼日利亚分公司CEO拉扎勒斯·安巴佐（Lazarus Angbazo）

称"卡拉巴尔投资项目将为尼日利亚创造2300个就业岗位",通过提供设备和专业技术,"将极大地改善尼日利亚的电力、道路和医疗卫生系统"。安巴佐表示,GE未来的目标是进一步"将尼日利亚变成GE在非洲的技术研发中心、知识和技能输出中心,成为GE实现对非发展承诺的成功典范"。

"哪里有经济增长,哪里就有GE。"安巴佐补充道。目前,GE在撒哈拉以南地区的25个国家设有分公司,并且计划进一步扩张。

GE在尼日利亚设立的制造中心,直接受益者不仅仅是尼日利亚,也包括非洲其他国家和地区。对GE来说,投资数十亿美元在卡拉巴尔建立工厂,将成为GE在尼日利亚以及整个非洲进行商业扩张的有力支撑。而对刚刚入职的奥比·乌切,对于韦尔特公司和尼日利亚而言,与GE的合作提高了个人技能的转移能力,实现了社会阶层的向上流动,并创造了关键性的就业岗位。GE卡拉巴尔项目将为尼日利亚乃至非洲其他国家和地区提供电力,改善医疗服务,修建新的公路、铁路和桥梁,造福数百万人。

早在GE投资非洲之前,一个更加宏伟的经济版图开始浮出水面,而GE最终选择将这一能够创造大量就业机会的合作计划放在尼日利亚,在这一过程中,有几个关键性的因素,其中之一是4年前GE首席执行官杰夫·伊梅尔特的远见。

非洲收入增加,世界其他地区仍在复苏

2011年4月,美国外交关系协会(Council on Foreign Relations)

企业年会在纽约举行,伊梅尔特语惊四座。“我们认为,在未来几十年里,非洲将成为GE业务增长最快的地区之一。”他在一屋子的商界和政界领袖面前,对时任CNBC电视台主播玛丽亚·巴蒂罗莫(Maria Bartiromo)说道。尤其让人感觉奇怪的是,这一期节目的主题其实与非洲毫无关系,给伊梅尔特提的问题也不涉及非洲。其实,在此之前,像伊梅尔特这种级别的蓝筹股企业领导人几乎很少会讨论非洲。①

那个时候,我们已经预感非洲即将在全球经济中强势登场,只是苦于找不到人支持我们的观点。我(杰克)当时就坐在听众席上,心想:哇哦,全球最有影响力的CEO居然将非洲作为首要的战略重地。我立刻将这一消息告诉了奥布里。

21世纪第二个十年之初,在商界日渐喧嚣的对非投资声音中,伊梅尔特的观点时常被拿来作为佐证,非洲经济增长的一些数据更让这种喧嚣声变得高昂起来。这些数据最早只是在智库和少数政策制定者的圈内低调地流传,后来又传到公司董事会、投资论坛,以及像杰夫·伊梅尔特这样的CEO的耳朵里,逐渐变成了合唱——赶紧去非洲快速增长的经济中寻找投资机会吧。

为了更好地理解非洲经济增长带来的冲击力度,我们先来了解一些背景。首先,增长是经济的核心,尤其考虑到非洲一直与全球

① 后来,我们从GE尼日利亚分公司CEO拉扎勒斯·安巴佐那里了解到,2011年伊梅尔特之所以在美国外交关系协会企业年会上语出惊人地说起非洲,主要原因在于他(在几名GE高管的陪同下)2010年去了一趟尼日利亚、加纳和南非,目的是为了扩大GE在非洲的业务。

商业活动脱钩的情况下(如图1.1所示)。其次是2010年年初的大环境,全球经济仍未摆脱金融危机的影响,在去杠杆化和持续波动的状态下低迷不振。

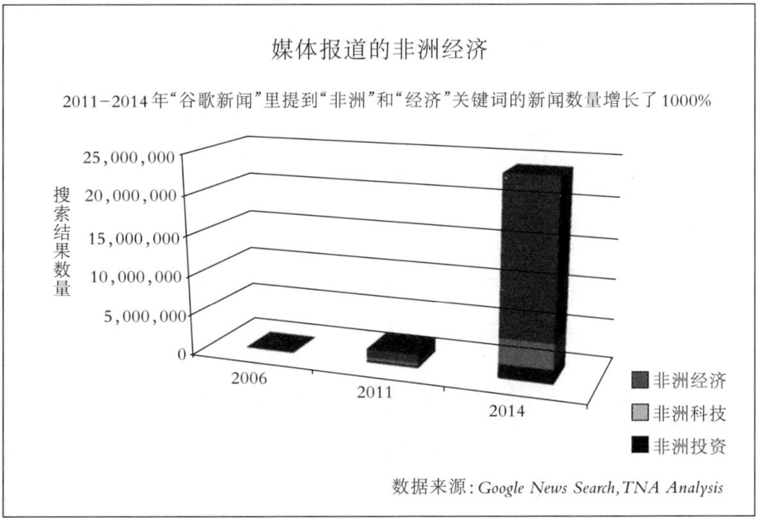

图1.1

作为世界经济的标尺,强劲的经济增长是所有国家梦寐以求的目标,主要体现在国内生产总值(GDP)上,它是衡量一个国家经济在一定时期内,其核心内容(包括消费、政府开支、投资和世界贸易)究竟是扩张还是紧缩的核心标准。[①]GDP的增长也是全球投资者、

① 宏观经济学上对于GDP的计算公式为GDP=C+G+I+NX。其中,C代表个人消费,G代表政府支出,I代表投资或企业的资本支出,NX是国家总出口额减去进口额。这些字母下面还有多次一级的组成部分。因此,每一个字母都是经济主体衡量巨量经济活动的重要标尺。

CEO和证券市场的风向标,它反映并且影响经济运行的活跃程度。譬如,决策层在考虑向哪个国家扩大投资时,或者投资者决定购买、持有或抛售股票和债券时,都必须参考这个指标。GDP增长同时也与地方和国家的实力紧密相关,因为它决定了地方和中央政府根据企业和个人收入能够获得的税收。低增长也就意味着低收入,意味着缺少可以支配的资金。而GDP增长的速度快,则表明国库收入增加,政府能够在公共服务和基础设施建设等方面加大投入,从而进一步刺激经济需求。因此,GDP的预测和统计结果是外界最期待的经济数据,在美联储或中国央行发布最新GDP数据的时候,国际财经媒体往往会中断正常播出,及时插播新闻。

尽管GDP预测与全球经济紧密相关,但在2010年前的15到20年间,无论GDP数据,还是全球经济,都与非洲没有太大的关系。冷战结束后世界经济在商业、技术和金融领域形成的全球化趋势,在非洲绝大部分地区从未出现过。在许多商业领域(如全球贸易、证券市场和电子商务),非洲显得更加与世隔绝。[①]所有这些因素,再加上近40年来媒体持续的负面报道,造成外界对非洲的经济发展方向和理念始终持怀疑态度。

那些年,当我(奥布里)还在美国首都华盛顿游说,试图唤起华盛顿国际商界精英对非洲的投资兴趣时,在他们眼里,非洲还是一

① 这里不包括废除种族隔离制度后的南非。相比其他撒哈拉以南地区,南非经济在电子化、金融化和商业化程度上,与世界经济的契合度更高,同时南非也拥有较为完善的基础设施。因此,许多经济学家在讨论撒哈拉以南地区经济平均数据时,一般都会标注"南非除外",以避免数据偏差。

块穷乡僻壤。[①]惠特克集团很少关注非洲业务，我多少有点英雄无用武之地的感觉，虽然这也有好处。在21世纪前十年的华盛顿游说圈里，作为一名非洲经济咨询师，我感觉自己就像美泰克电器的维修工一样[②]无所事事。那些搞亚洲、东欧或拉美市场研究的人，手机整天响个不停，而我的手机经常是静悄悄的。

每次，当我告诉别人我的工作是帮助企业在非洲做生意，而他们似乎对“生意”两个字听而不闻。许多人的反应是，你是为非政府组织工作吗？或者类似和平队、美国国际开发署之类的美国政府的对外发展援助机构？我不得不一再解释，我开了一家咨询公司，营利性的，与援助机构没有任何关系。但我感觉，在他们听起来，我就像是从外星球来的。

2010年年末到2011年年初，舆论在谈到非洲时开始转变风向，这要归功于一份报告和一篇文章在国际商界精英圈里引起了强烈关注。一份是全球战略咨询机构麦肯锡公司发表的题为“狮子在行动”的报告。这份研究报告乐观地表示，非洲2008年的GDP总量为1.6万亿美元，体量相当于巴西或俄罗斯。麦肯锡预测，到2020年，非洲整体的经济总产值将上升到2.6万亿美元。随后，2011年1月，

① 美国国家情报委员会2015年全球趋势报告中对撒哈拉以南地区做出如下预测：“撒哈拉以南地区，长期的冲突、政治动荡、专制和政府腐败、过于依赖商品贸易……教育水平低下、传染性疾病的蔓延，所有这些因素导致大部分国家的经济增长缓慢……越来越被国际边缘化……大多数非洲国家将丧失全球化……以及科技进步带来的经济增长机遇。”

② 美泰克(Maytag)是美国著名的家电企业，2006年被惠而浦收购。这句话源自美泰克一则家喻户晓的品牌广告，由于美泰克的家电产品质量太好，维修工无事可做，非常孤独。——译者注

《经济学人》刊登了一篇文章,在业界影响广泛。文章称,从2001年到2010年这十年间,全球经济增长最快的10个经济体中,非洲就占了6个,预计到2015年将达到7个。《经济学人》的文章还配有一幅直观的图表,频频被经济学界的人士在博客和PPT中引用。图表显示,从2001年到2010年,安哥拉居然超过中国,成为世界上经济发展最快的国家,非洲的经济总量预计将超过整个亚洲地区。

麦肯锡的"非洲报告"后来被广泛引用,激起了人们的广泛兴趣,因为它推翻了经济学家的一个草率结论,即非洲经济的增长只是因为得益于21世纪前十年的大宗商品价格上涨。如果经济学家的这个判断是正确的,也就意味着非洲GDP的表现并不是依靠强有力的经济改革,而是侥幸依赖石油和矿产资源的价格上涨。麦肯锡认为,尽管大宗商品价格上涨在21世纪前十年的确对非洲经济的增长起到了一定的刺激作用(约32%),但非洲大陆的经济扩张并不仅仅是因为资源价格周期性的上升:"(非洲GDP增长)三分之二是依靠其他领域,包括批发和零售、交通运输、电信和制造业。"这个结论进一步激起了商界的兴趣。

非洲突然间成为经济增长的新大陆,而且是多元性的增长,对于刚刚经历经济大萧条的全球企业家来说,在收入增长乏善可陈的世界,非洲成为一个充满利润机会的崭新市场,并且是在所有地区中最让人感到意外的市场。这给主流媒体提供了新的想象空间。2010年,IMF将世界主要经济体定义为"恢复",而一向对经济风向有着精准把握的麦肯锡,则把非洲与"收益"画上等号。

对我(奥布里)来说,《狮子在行动》这份报告来得正是时候,它证明了我在研究中对非洲国家一直以来的判断是正确的。报告同样也吸引了我(杰克)的关注。从2007年开始,我就注意到非洲经济新的增长势头。当时,我在塞拉利昂战后第一次回到这个国家,后来又在塞拉利昂、西非和东非地区多次旅行。每次与朋友、政府官员和当地媒体人士交流的时候,总离不开商业机遇和经济扩张的话题。在加纳的阿克拉,塞拉利昂的弗里敦,尼日利亚和非洲其他地区,银行在城市的金融街上开设了分行,银行大厦簇新光艳。2009年,在内罗毕,我目睹了几幢跨国公司的办公楼已经落成。八车道的锡卡高速公路(Thika Super Highway)正在修建,工地上到处都是筑路工程机械。

许多朋友和机构把麦肯锡的报告转发给我(奥布里),所有人都很惊讶,好像他们从未在经济报道中看到"非洲"两个字一样,尽管非洲的话题我多年以前就一直在讨论。我的电话也突然多了起来,之前那些对在非洲做生意持怀疑态度的人,现在忙着向我打听怎么样去开拓非洲市场。

对美国乃至全球其他地区的许多人来说,2010年的麦肯锡报告和2011年《经济学人》的文章,是一个标志性的转折点,非洲开始进入人们的话题和视野。从达沃斯到香港,每一场重量级演讲都少不了有关非洲的琐碎常识,它成为各种专题讨论会的时髦字眼,频频出现在媒体文章的标题里。新的数据和观点层出不穷。一时间,全球几大战略咨询机构(埃森哲、安永、波士顿咨询)接二连三地推出非洲报告,从不同的角度述说着这片大陆的经济成长传奇。2011年,我俩参加了纽约证券交易所非洲投资者大会。显然,非洲话题已经进入主流经济圈。演讲人引用麦肯锡的报告,将非洲比作"新亚洲",方兴未艾的科技产业发展浪潮正在打造一个"未来的谷歌"。出席会议的包括非洲各国的总统、华尔街分析师和非洲29个证券交易所的代表,纽约各大公司的高层们聆听着这些人充满前瞻性的描述,非洲大陆,一个正在壮大的消费阶层仿佛就在眼前。昔日以战乱、贫困或名人慈善事业为特征的非洲版图,正在被迅速兴起的经济神话所取代。首先对此表现出兴趣的是世界极具影响力的企业领导人——通用电气CEO杰夫·伊梅尔特。

非洲的入门常识

在解释非洲21世纪经济增长的驱动力之前,我们有必要先来了解一下非洲的地理和历史。驱动经济增长的因素很多,比如说民族、地理、人口以及事件。作为一个大洲,非洲和撒哈拉以南(撒哈拉沙漠以南地区,本书主要关注这一区域)地域广阔。

这让我们想起2014年埃博拉病毒暴发的时候,尽管暴发的区域仅限于西非的三个小国,但在一些人的渲染下,仿佛整个非洲大陆都染上了疫情。埃博拉危机的时候,我们在彭博新闻社做访谈节目,谈到两名金融界人士的一番对话。一名私募基金经理准备去内罗毕出差,一名银行家劝他不要去。基金经理说,肯尼亚位于东非,没有埃博拉疫情,从肯尼亚飞到西非的距离要比从纽约飞到洛杉矶还要远1000英里①。

① 1英里约合1.61千米。——译者注

非洲在面积上仅次于亚洲，比美国、中国和印度的国土面积总和还要大。非洲有50多个国家和地区，无论气候还是地貌都有很大的差异，各具特色。塞拉利昂的丛林，科特迪瓦的热带雨林，埃塞俄比亚的丹纳吉尔沙漠，以及博茨瓦纳、纳米比亚和南非的卡拉哈迪沙漠。当然，非洲还有独特的野生动物和自然奇观。比如，赞比亚和津巴布韦交界处的维多利亚瀑布，以红土著称的坦桑尼亚塞伦盖蒂国家公园；非洲也有雪景，乞力马扎罗山（非洲最高峰）、南非的德拉肯斯堡山和莱索托的马洛蒂山上都有积雪。

尽管非洲存在各种泛非联盟机构，但实际上，从语言和族裔的数量上来看，非洲是地球上最具差异性的大洲（分别有2000多种语言和2000多个族群）。从人口数量上看，非洲正在迅速壮大，并创造着人口地理上四大里程碑式的纪录：世界上人口增长最迅速（2009年非洲人口超过10亿）；年轻人最多（年龄在15到24岁之间的人口约2亿）；人口城市化进程最快（每年3.09%的人口从农村迁往城市）；以及按照个人消费能力计算，非洲拥有世界上增长最快的消费阶层。[①]这些趋势足以说明非洲将在21世纪扮演突出的角色。就像非洲首富、尼日利亚人阿里科·丹格特（Aliko Dangote）对我们说的：“不管你对非洲有怎样的先入为主的概念，世界永远无法忽视非洲，因为人口数量摆在那里。”

---

① 这里需要再次对我们在导语中提到的非洲研究和数据的问题做出说明。我们在研究中参考了上千份文献资料，采访了数百位专家。所有的参考文献和采访素材，我们全部存档，许多资料在本书中直接引用，少数附加了脚注和详细说明。我们知道这里的一连串数据可能会引起争议。对于语言和族裔数量以及人口，主要数据来源是联合国人口署。对于消费者和个人消费能力，主要依据非洲开发银行的数据。

说到历史，学者们普遍认为，非洲的过去给这块大陆的发展带来的阻碍要远远超过其他几大洲。首先是奴隶制极大地中断了非洲的发展，然后又是长达数百年的欧洲殖民史，贯穿20世纪50、60和70年代的独立运动。非洲独立后的十几年间，殖民主义阴魂不散，独立后的各国作为大国代理人，成为冷战格局下的棋子。这些都给非洲经济带来负面影响。冷战结束后的十几年里，在全球化的背景下，非洲却经历了长期的动荡，整个20世纪90年代，全球最主要的武装冲突就发生在撒哈拉以南地区。

经济上，整个20世纪，非洲的商业潜力要么被严重压抑，要么就是完全受大宗商品价格驱动。非洲的自然资源之丰富，在全球也是少有的。20世纪90年代，撒哈拉以南地区的经济还有两个重要特征：一是全球性的债务，二是与世界脱钩。20世纪90年代末期，政府累计拖欠外债高达几千亿美元，经济前景渺茫，许多国家破产。而撒哈拉以南地区整体上与世界经济是脱节的。除南非以外，其他国家与全球债券或金融市场很少发生关系，与全球金融领域新兴的数字基础设施也不连通。证券市场仍处于雏形，或者根本就没有。撒哈拉以南地区超过85%的人没有银行账户。21世纪初，在国际化的其他指标上，譬如与世界其他地区的货物和服务的流通以及数字通信等方面，撒哈拉以南地区的排名也非常低。

进入21世纪，伴随着国际化程度发达地区的金融市场动荡，其政府债务占了GDP的100%，非洲却呈现出另一番景象。讽刺的是，恰恰是非洲大陆在经济上的边缘化和自身债务危机的周期性，让它得以在全球性的大萧条中独善其身，许多经济领域并未受到太大冲击。

大宗商品及其他因素:非洲经济的首要驱动力

从统计数据上看,非洲经济的崛起有两个关键时期——2005年至2010年,以及2011年至2015年;有两个主要表现——世界十大增长速度最快的国家中,非洲国家的数量增加,以及撒哈拉以南地区整体GDP增长强劲。

2010年前的十年间,几个重要的趋势为非洲经济复兴奠定了基础。首先,战争冲突减少。非洲总体上政治稳定,越来越多的国家建立民主政府,从而为更加广泛的经济改革提供了条件,比如,工业私有化(尤其是电信业)以及营商环境的改善。其次,财政机构的梳理。通过债务豁免、加强管理,撒哈拉以南地区各国政府摆脱了财政赤字,外债大幅度降低。仅尼日利亚一国就减少了300亿美元的外债。这些措施有效降低了非洲国家的通货膨胀,稳定了货币。

尽管全球金融危机的确对许多非洲国家造成了不利影响,但由于撒哈拉以南地区金融体系的隔绝,金融危机对它的冲击并没有像其他地区那样严重,对非洲银行的威胁也不大。非洲的金融体系几乎未受影响,很快就从经济大萧条中恢复过来,公共债务是世界上最低的。

2000年到2009年,全球大宗商品价格上升,非洲经济也因此创造了几乎媲美亚洲的增速。而在增长的背后,还有其他因素的作用。根据麦肯锡和非洲开发银行(ADB)的统计数据,这一时期,与自然资源相关的产业增长对非洲经济的贡献约占30%,也就是说还有三分之二的经济产值是其他产业创造的。比如,电信业,随着手机的逐渐普及，电信公司业务迅速扩张；零售业，伴随着中产阶级队伍的壮大，他们在家电、服装和其他商品方面的消费支出大幅增加；许多非洲国家，如埃塞俄比亚，新的工厂拔地而起；各国政府正迅速推进电力和交通运输网络的更新升级。

IMF对非洲经济在2011年至2015年的预测（见图1.2），从中可以看出更多的特点。

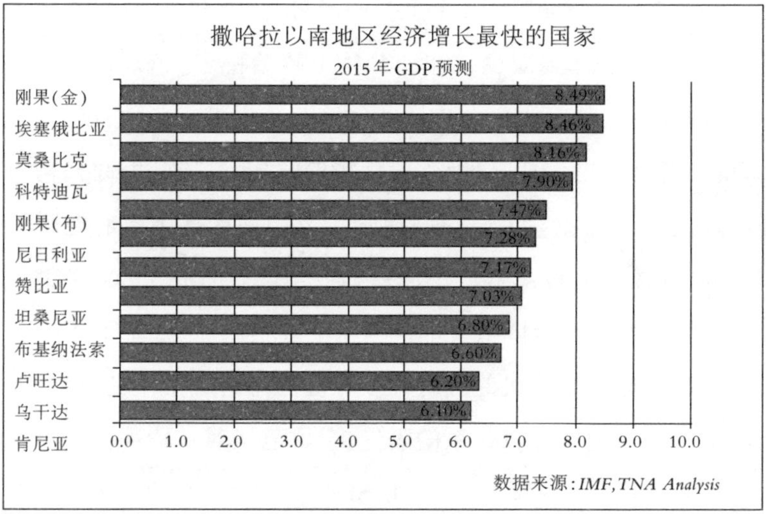

图1.2

有些国家已经跌出该地区十大经济增长最快国家行列，有些则是新晋上榜的。撒哈拉以南地区的经济活跃度和趋势变化之快，由此可见一斑。当然，数据采集过程中，有些年份缺失，有些年份数据增长，一些经济活跃度不够的国家，比如主要依靠采矿业的刚果（金）GDP波动较大。

尽管数据存在各种各样的问题,但没有人能够否认撒哈拉以南地区的主要国家经济运行相当活跃。塔夫茨大学经济学家玛格丽特·麦克米伦(Margaret McMillan)研究认为,大量结构性变化促进了非洲的经济发展,比如工人素质的提高,许多国家由于劳动力“从生产率较低的农业领域转移到生产率高的制造业和服务业”,使相关行业产值增加。

尽管一些非洲悲观论者仍然怀疑撒哈拉以南地区的经济奇迹能否持久和深入,但我们认同麦克米伦的观点:“许多非洲国家(例如尼日利亚)的经济无论从其规模还是活跃度来看,都被低估了。”

发现非洲真正的经济实力

2014年4月,尼日利亚吸引了全球财经媒体的目光。经过政府对统计数据修正之后,这个西非国家的经济总量翻了一倍,达到5100亿美元,从而超过长期以来的标杆国家南非,成为非洲最大的经济体。这次GDP重估是由尼日利亚最权威的统计学家进行的,IMF提供支持。在统计口径上,减少纳入尼日利亚显著增长的商业活动,而对于过去长期未被纳入国家经济数据的经济活动则增加数据采纳。根据重新制定的统计标准,过去从未曝光的价值成百上千亿美元的生产活动首次曝光,其中包括消费品制造、电力和发电设备、金融服务,以及尼日利亚电影和音乐行业数十亿美元的经济活动。[①]

① 关于尼日利亚的创新产业,详见本书第四部分第十一章“非洲日益增长的全球文化影响力”。

紧接着尼日利亚2014年重估GDP的工作，肯尼亚也修正了本国的数据，这个东非国家的国内生产总值一举增长了25%，在撒哈拉以南地区国家实力排行榜上名次飙升，排名第三。目前，在IMF和非洲开发银行的帮助下，撒哈拉以南地区其他国家也在进行GDP重估工作。显然，在国民经济的这盆菜中，这些非洲国家基本上是在乱炖，由于过时的统计方法，国民经济运行中很大一块内容被遗漏了。

其实并不奇怪，只要你在非洲任何一座大城市生活一段时间，你就会发现，非洲社会的经济活跃度要远远超过经济学家统计出来的数据。在阿布贾、内罗毕、达喀尔等首都街头走一圈，街头巷尾弥漫着浓厚的商业氛围，与老百姓日常生活相关的商铺小店鳞次栉比。在加纳的阿克拉或尼日利亚的拉各斯，孩子们靠手提肩扛做着简单的小贩生意，他们头上顶着一盆盆的香蕉、面包和其他小百货——简直就是一个非洲版垂直整合销售模式的冷饮摊儿。他们用混杂着英语的当地语言叫卖着——“卖冷饮啦”，“好喝的果汁”。他们身兼多职，既是商品展示柜、销售员，又是收银员。这些孩子收摊儿后，回家向父母、叔叔阿姨或爷爷奶奶报告收入，他们的家人或许还在当地市场或路边经营着两三个摊位。这些鲜活的商业活动不是凭空突然出现的，也不是过去十年才有的现象。大量的经济活动早已存在于非洲，只是没有正规化，没有被IMF纳入统计范畴。

由此，非洲目前的经济增长，面临三个重要的课题：

其一，将非洲的非正规经济不断地正规化；

其二，确定新兴经济产业相比现存商业活动的体量；

其三，单单依靠GDP数据来判断国家经济增长存在局限性，应让国民分享经济发展的红利。

在撒哈拉以南地区，非正规经济并非黑市，或者类似美国、欧洲那些肮脏的地下勾当。非正规经济，按照其最基本的定义，是指没有被正规机构，例如政府部门或官方交易记录在案的商品交换活动，它不缴税，也不纳入GDP的统计样本，有时候也包括不使用货币而进行的以物易物。在美国，最普遍的非正规经济莫过于付钱请人临时在家看护小孩儿，而在撒哈拉以南地区，非正规经济无论是在规模上还是重要性上，都让正规经济黯然失色。2014年，非洲开发银行首席经济学家穆苏利·恩库贝（Mthuli Ncube）估计，撒哈拉以南地区非正规经济约占经济总量的55%，吸纳就业人口约占劳动力总数的80%。

随着非正规经济的增长，这一无所不包的经济领域也在发生结构性的变化。过去15年里，许多非洲国家在企业注册、持有和运营等方面采取了很多改革措施，将企业注册时间从原先的几个月缩短到几天，降低注册门槛，从而将许多非正规经营活动第一次纳入正规经济的范畴中。

如今，非洲的非正规经济面临挑战，也存在很多机遇。对于经济分析师或预测专家来说，这种巨量的灰色经济地带存在很多问题，因为它给经济预测带来太多的未知因素。试想一下，假如欧盟的央行官员试图制定单一货币政策，或者一家大型跨国企业的CEO准备在某个从未涉足的国家投资办厂，而他依据的仅仅是准确度只有25%的数据！非洲的经济活动非常活跃，只是难以持续地获悉谁在买卖，买卖什么，以及在什么地方买卖。为了更真实地还原GDP数据，各国政府已经做了大量工作，努力将非正规经济纳入统计范畴。但问题仍然存在，除非改变数据统计手段，否则很难分清非洲经济的增长哪些来自新增的经济活动，哪些是业已存在但未计入统计数据的经济活动。

尽管面临挑战，但撒哈拉以南地区的非正规经济仍有着巨大的发展潜力。虽然非正规经济能够有效地满足市场需求，但无法进一步提高劳动生产率和利润。非洲市场上，许多小型商业实体无法获得基本的小企业银行贷款，没有会计，也不可能得到企业技术的支持。基本服务和技术的缺乏，为许多企业进入这些服务性市场提供了机会。同时，对现有的企业来说，一旦获得银行和技术的支持，劳动生产率将获得跃升。撒哈拉以南地区还有大量消费和商业需求长期被正规经济忽视，或者处于边缘化的状态，从理发店、干洗店到互联网服务，这其中存在无限的可能性。一旦非洲的这些非正规经济被纳入正轨，非洲的经济转型将面临深刻的变化和巨大的机遇。

最后一点，非洲的经济增长已经成为媒体报道非洲大陆的主旋律，但我们认为，仅仅以GDP来判断撒哈拉以南地区的进步仍有不少局限性。非洲国家的经济发展迥异，其特色之鲜明，使得仅仅通过GDP对比来判断很容易被误导。以塞拉利昂在2014年GDP的增长曲线为例。2014年，《华盛顿邮报》在世界经济版上刊登了一篇文章，将这个西非小国描述为全球经济增长速度排名第二的国家

(11.2%),超过了撒哈拉以南地区的尼日利亚和肯尼亚。塞拉利昂的经济总量只是尼日利亚的一个零头,产业类型也非常单一,其巨大的增长预期仅仅来自一个行业领域:采矿。2014年秋,受埃博拉病毒疫情和铁矿石原料价格下跌的拖累,塞拉利昂几乎所有的采矿厂陷入停顿,经济增长在全球经济增速排行榜上急剧下跌,到了12月份,变成负增长。

当然,像埃博拉病毒这样的事件,放在任何一个国家都会影响经济统计数据,但至少表明,将GDP作为经济繁荣的唯一指标是有其局限性的。《华盛顿邮报》的文章仅仅依据塞拉利昂产业单一、靠铁矿业拉动的GDP增长,就把塞拉利昂的经济发展置于非洲经济的引擎——尼日利亚之上,显然是一种误导。要知道,尼日利亚的经济规模是塞拉利昂的50倍,而且一直保持着经济的多元化发展。

最后,我们来看看非洲经济增长的包容性问题。2014年,在塞拉利昂和尼日利亚,大批适龄青年涌入劳动力市场,但失业率飙升至两位数。许多非洲国家都经历了类似的问题。非洲广受关注的十年经济增长传奇进入一个新的历史阶段。一方面,两位数的增长奇迹仍在吸引全球的目光;另一方面,仅仅靠骄人的GDP数据已远远不够,人们开始关注非洲国家如何将经济增长转化为工资增长,提高生活水平,创造更多的就业岗位——这些是全球范围内考核一个国家经济成功的核心标志。对某些非洲国家来说,仅仅靠GDP增长已不足以让它们迈向21世纪的经济繁荣。

非洲在世界经济舞台上的突出地位

2014年美国-非洲领导人峰会经济论坛的召开，是对撒哈拉以南地区过去十年经济增长最大的肯定。这场峰会在美国首都华盛顿召开，由白宫负责组织，美国商务部部长佩妮·普利兹克（Penny Pritzker）和纽约市市长迈克尔·布隆伯格（Michael Bloomberg）主持，峰会汇集了200多位来自非洲和美国的CEO、两任美国总统和多名非洲政府首脑。

美国和非洲企业在峰会上签署了140多亿美元的协议，其中最引人注目同时也最具象征性的协议，是由来自非洲最具知名度的亿万富翁阿里科·丹格特、美国私募股权投资大佬史蒂芬·施瓦兹曼（Stephen Schwarzman）和大卫·鲁宾斯坦（David Rubenstein）签订的。在比尔·克林顿（Bill Clinton）主持的一个投资研讨会上，丹格特宣布，与施瓦兹曼的黑石集团和鲁宾斯坦的凯雷投资共同投资，建立一家合资公司，为非洲基础设施投资提供资金，协议金额达60亿美元。研讨会现场坐着几位全球最具影响力的商界领袖，通用电气CEO杰夫·伊梅尔特坐在丹格特旁边，他指指丹格特，然后又示意施瓦兹曼和鲁宾斯坦，打趣说："别忘了谁来卖发电设备。"

我们在本书中一直强调，非洲经济转型过程中有许多不同的侧面。从2010年开始的经济增长，尽管起初规模并不大，但此后伴随着撒哈拉以南地区以及世界范围内的人口、地理、政治和文化现状的剧变，这种增长无论是在增长动力上，还是在稳定性或范围上，都在不断发展。21世纪非洲经济的传奇无疑将远远超越其商业内涵。经济统计并不仅仅是通过数据所反映的,而是由非凡的人民所推动的未来趋势。非洲的经济奇迹就像催化剂,将这片大陆推到世界经济舞台的中央。经济增长拉开了非洲地位变化的大幕,所有对非洲经济和非洲人民的创纪录投资都表明,未来,非洲将成为全球经济的发动机。在金融流动性上,如果说非洲过去是靠外国援助,那么,在未来,外国直接投资将很快成为非洲资本流动的主流。

第二章

资本为王：全球对非洲的投资

我们不在乎过去，我们都在往前看。

——约瑟夫·纳塔巴拉(Joseph Ntambara)

卢旺达贸易公司高级采购经理

关键是不断地投资，以增强我们的实力。

——卢旺达总统保罗·卡加梅(Paul Kagame)

从小石城到基加利

2010年，没有多少人注意到非洲经济的增长。在阿肯色州的小石城，几位美国商人却把目光投向了非洲，他们看中的不是南非、加纳或肯尼亚，而是卢旺达。1994年的卢旺达战争和种族屠杀已经过去多年，在2001年至2010年全球十大经济增长最快的国家中，卢旺达成为少数几个入选的非洲国家之一。卢旺达总统保罗·卡加梅带领这个东非小国摆脱了战争的阴影，并为经济发展设计了一张蓝图。其核心理念是通过鼓励私营经济，改善经济基础设施，利用外国直接投资(FDI)取代外国援助等手段，减少贫困，提高人民生活水平。但是，无论是卡加梅本人(以前是军方将领)，还是卢旺达，在如何吸引全球私人投资方面都没有经验。卡加梅向美国商界领袖发出倡议，呼吁他们出谋献策，来卢旺达踊跃投资，他甚至亲自来到小石城与美国企业家面谈。

2005年，美国企业家斯科特·福特(Scott Ford)与卢旺达总统有了一场不期而遇的谈话。当时，福特是阿肯色州一家电信公司奥特尔(Alltel)的CEO，他和妻子以及3个孩子正在卢旺达参观一所名为桑莱斯(Sonrise)的学校，这所学校由主教约翰·路亚哈纳(John Rucyahana)创办，斯科特·福特赞助，专门招收那些问题少年以及种族大屠杀后的孤儿。就这样，一位美国南部的CEO和一位非洲总统，在投行家戴尔·道森(Dale Dawson)的撮合下，最终凑到了一起。道森曾经是福特的老板，他发起组织了一个名为"卢旺达之友"的小范围社交圈子，主要是一批对卢旺达私人投资感兴趣的美国企业家。

卡加梅听说有一位美国电信企业的CEO正在基加利，立刻决定要和福特见上一面，讨论卢旺达电信公司的现代化问题。"当时，我其实并不想去，我根本不知道他是什么人。"福特回忆说，"我谢绝说：‘不用了，谢谢，我只是带着老婆和孩子来这里玩玩。’但他们回话说：‘太好了，总统也有老婆和孩子。星期天晚上7点，去他的家里吃晚餐，他会派一辆车把你们所有人都接过去。’”

晚餐后，第一夫人卡加梅负责招待福特夫人，卡加梅的孩子与福特的几个孩子在总统官邸的院子里踢足球，福特本人则与卡加梅总统聊天，一起讨论西方文明，谈到了政治、宗教和经济。“他说：‘单凭卢旺达一己之力，不可能实现经济自由化，我们需要懂得赚钱的商人来教会我们如何去赚钱。’”福特说。两人都认为，经济和市场，如果运用得当，能够比单纯地依靠外国援助更能让卢旺达及其人民迅速强大起来。卡加梅给福特派了一个任务：“能否请您帮一个忙，如果您能找到，哪怕一个人来卢旺达投资，您对我们国家的贡献也是巨大的。”①

那顿晚餐，他们足足聊了4个小时，后来，卡加梅仍经常给福特打电话，咨询一些经济问题。2007年，福特将奥特尔电信公司以280亿美元卖给了威瑞森电信公司（Verizon）。此后，他决定投入更多精力帮助卢旺达，于是加入了卢旺达总统顾问委员会。

2009年，斯科特·福特认为，帮助卢旺达吸引更多外资最好的办法是他自己创办一家企业。“在我和总统那天晚宴上谈话敲定的事项中，一项一项地勾选，如果都能够完成，就能为吸引外资树立一个

① 福特回忆说，卡加梅总统还谈到，西方国家一直呼吁要尊重人权，却忽视了像卢旺达这样的国家，经济的自由往往能够带来其他领域的自由。卡加梅说：“关键在于，一贫如洗的人，如果能够尝到一种体制在经济上带来的好处，他们就不会认可另一种剥夺他们政治和宗教权利的政治制度。”

榜样。"福特说。他对卢旺达多个行业进行了审慎的考察，最后决定投资卢旺达的咖啡出口业，这与他的电信和银行业背景大相径庭。

福特找来另一位阿肯色州人托德·布罗格登（Todd Brogdon）共同负责这个项目。布罗格登之前已经通过"卢旺达之友"在基加利建立了一家小微贷款银行——卢旺达乌维购机遇银行（Urwego Opportunity Bank of Rwanda）。布罗格登是会计师出身，有私募基金投资经历，他在咖啡行业的经验——同斯科特·福特一样，几乎为零，创办乌维购机遇银行的时候，他对非洲毫不了解。"当时，我连护照也没有，对卢旺达说不出个所以然，只知道它在非洲什么地方。"布罗格登回忆说，"所以，当别人跟我谈起援助和发展时，我唯一能够想起来的就是80年代的援助非洲音乐会。"布罗格登和福特搭档，开始学习如何做咖啡生意（卢旺达是全球第二大咖啡出口国），他们很快找到一家经营不善的国有咖啡厂，把工厂买了下来。

2009年4月，他们投资200多万美元，收购了卢旺达咖啡厂，工厂位于基加利的山区，占地约8000平方英尺①。咖啡厂原本属于一家欧洲公司，破产清算后收归卢旺达中央银行。这个外资项目由斯科特·福特设在美国的维斯洛克资本（Westrock Capital）投资，他们创办了卢旺达贸易公司（RTC），隶属于维斯洛克咖啡公司。②

一开始，咖啡贸易圈内人根本不把托德这帮人当回事儿。"这个行当，我们谁也不了解……连美国首屈一指的贸易组织——绿色咖啡联合会，我们还是通过谷歌查到的。他们在大西洋城开年会，我

① 1平方英尺约合0.093平方米。——译者注

② 维斯洛克资本耗资160万美元买下工厂，并投入50万美元固定资产使工厂运作起来。

们三个人在网上注册了一下，就直接去开会了。”布罗格登说，“就这样，三个从阿肯色州来的菜鸟……来到会场，说：‘我们新开了一家公司叫卢旺达贸易公司，我们准备从卢旺达进口咖啡到美国。’”他们一开始什么反应？“这些人看着我们：‘什么？’在这个行当，我们完全无法适应咖啡贸易行业几十年来形成的传统做派。”布罗格登说。

托德回忆说，他们感觉就像在高中食堂里不受大家待见的学生，从会场经过的时候，旁边有人轻声嘀咕：“这帮从阿肯色州来的家伙，居然想卖卢旺达进口的咖啡。”①

抛开众人的质疑，两位咖啡贸易行当的新手在2009年4月买下被封存的工厂，当年8月就出口了首个咖啡集装箱。同时，他们还在卢旺达建立了最重要的关系——与雇员的关系。在卢旺达的咖啡贸易中，成功的关键一方面是制定战略，升级工厂设施；另一方面，必须在工厂利润和当地员工利益之间找到平衡。福特和布罗格登在这两方面都做得很好。两人的成长背景促使他们给维斯洛克咖啡公司的卢旺达工人开出的不是一份最低工资。从小受基督教教育的影响，福特和布罗格登自认为是“有信仰驱动的商人”。两个人都有祖辈生活在阿肯色州乡下（布罗格登的曾祖父是佃农，他和福特的祖父一辈中许多都是农民）。他们相信，工人阶级家庭应该享受到社会向上流动的好处。“我们必须赚钱，否则没办法生存下去。但是，这并不影响我们保障工人的权益。”福特说。

① 据布罗格登说，他们首次在绿色咖啡联合会（创立于1923年）露面的遭遇，如今已成为董事会上津津乐道的逸事，当年也在现场的咖啡贸易界的大咖现在讲起这个故事，也笑得前仰后合。在联盟会员的帮助下，卢旺达贸易公司在全球扩张，建立起分销网络。

当初,福特和布罗格登在考察卢旺达的咖啡产业,调查他们准备收购的这家工厂的历史时发现,咖啡业的现状以及工厂以前的操作规范都不符合他们的价值观。首先是农民手中的咖啡豆售价过低。“整个卢旺达,只有两家工厂可以收购农民的咖啡豆,双寡头的价格体系形成事实上的垄断。在肯尼亚或坦桑尼亚等国,有很多家工厂收购咖啡豆。根据我们的估算,相比而言,卢旺达农民的咖啡豆价格只有这些国家的一半。”福特说,“所以我们决定重新定价,按照10%到20%的利润率从农民手中收购咖啡豆,比起当时市场上普遍50%到80%的利润率,我们的定价更为公平。”

他们也看到,以前在这家咖啡厂,工人的工资非常低,缺乏基本的员工设施。例如,几十名负责分拣咖啡豆的女工没有浴室。“他们告诉我,经理有自己的浴室。我问:‘女工呢?’他们说:‘女工就躲在工厂后面,背对着墙角洗澡。’”福特回忆道,“我想,换位思考,如果我住在那里,这种事发生在我身上,妻子去咖啡厂上班,养家糊口,而工厂老板却不能给她们一份合理的工资、一间能够正常使用的卫生间。”福特接着说,“因此,我决定,工厂开业后第一件事就是为员工修建一些合理的设施,让我们的员工工资在最低工资标准的基础上尽可能地高一点。”

据布罗格登说,卢旺达贸易公司付给员工的工资比卢旺达市场工资标准平均高出25%,并根据工作业绩另外还有奖金。工厂还对工人提供技能培训,对于许多季节性工人(只干3个月),提供工作机会,让他们能够全年工作。

5年后,我们参观了基加利的卢旺达贸易公司,这家咖啡工厂几乎全部为手工操作,大部分员工都是当地人。在基加利的工厂里，据运营经理克莱·帕克(Clay Parker)介绍，有120名全职工人，约300名季节性工人，季节性工人全部为妇女。卢旺达贸易公司培训了许多当地的管理人才，有些人被派送到美国接受进一步的咖啡贸易培训。

在卢旺达贸易公司的仓库里，装满咖啡豆的箱子和麻袋被工人运过来，堆放整齐，女工一排排坐着，负责将咖啡豆分拣，扔进摆放整齐的罐子里。其中一名高级分拣女工名叫贝娅塔·坎培尔(Beata Kampire)。2009年，她的丈夫在一次车祸中因伤致残，她来到卢旺达贸易公司，想找一份工作。贝娅塔有两个孩子，现在她已经当上了外婆。她说，在卢旺达贸易公司，她在工作中最喜欢的是"能够同其他女工一起上班，并且能够帮助她们"。贝娅塔已经成为许多年轻分拣女工在工作和生活上的精神导师。"我喜欢教她们如何分拣咖啡豆，她们在日常生活中碰到烦恼，也愿意找我开导。"她说，"自从我丈夫车祸不能工作以后，我们家几乎丧失了希望，卢旺达贸易公司重新给了我们机会，我成了家里的顶梁柱。这家公司让我变得年轻了。"

在卢旺达贸易公司，33岁的经理约翰-博斯科·尼瑞嘉博(John-Bosco Nyiringabo)在管理层崭露头角，公司给他提供了一个学习如何经营企业的机会，尼瑞嘉博对此充满热情。他的工作是在车间里指导农民如何操作咖啡清洗机，如何改进基本工序，以及从记账到质量控制。尼瑞嘉博希望有一天能自己开办一家公司，帮助农民销售农产品。"许多农民不知道如何接触市场，我可以教他们怎么做生意。"尼瑞嘉博说。

卢旺达贸易公司高级采购经理、42岁的约瑟夫·纳塔巴拉从1995年开始就在咖啡厂工作，他是在卢旺达战后重返家园的，期待着重建自己的生活。纳塔巴拉有5个孩子，当被问到现在这个岗位给他和其他卢旺达人带来了什么的时候，他说："咖啡豆让我能够重建家园，把我的孩子送进学校。"他还提到，像卢旺达贸易公司这样赚钱的公司，能够在卢旺达形成经济增长的良性循环，包括他妻子开的一家五金小店也能从中受益。"有些农民已经开始熟门熟路，他们有信息，可以自己选择。这是自由市场，他们可以对各地的咖啡价格进行比较。"纳塔巴拉说，"有些人一年能挣到100万卢旺达法郎，他们买了汽车、电冰箱，修了新房。说不定他们也会从我老婆的店里买东西。"说到这里，纳塔巴拉咯咯地笑起来。我们问他在战争刚刚结束时的生活是什么样的，在卢旺达贸易公司工作之前是干什么的。纳塔巴拉回答："我们不在乎过去，我们都在往前看。"

斯科特·福特和托德·布罗格登也在往前看。福特当年花了200万美元买下这家破败的咖啡厂，如今，卢旺达贸易公司已经投产5年，生意越做越大。它的成功证明了外国直接投资要比外国援助更加有效——而这恰恰是福特和卡加梅总统第一次见面时就达成的共识。2014年，卢旺达贸易公司出口咖啡超过700万磅，占卢旺达咖啡出口总量的20%。许多美国人喝的咖啡，说不定就是经过女工贝娅塔·坎培尔的手分拣的，或者是由约翰-博斯科·尼瑞嘉博和约瑟夫·纳塔巴拉送到市场上的。卢旺达贸易公司(RTC)这个牌子的咖啡如今已经进入沃尔玛和克罗格超市，咖啡分子、星巴克和奥姆尼连锁酒店的咖啡豆选用的也是RTC的，只是重新贴牌而已。卢旺达贸易公司如今在卢旺达拥有员工超过400人，年收入达1500万美元，每年给当地的补贴超过100万美元。卢旺达贸易公司向卢旺达政府纳税，并且参与政府新推出的社保计划，让类似贝娅塔·坎培尔这样的分拣女工以及其他几百名妇女能够享受到政府新推出的退休福利计划。

卢旺达贸易公司同时还打破了卢旺达咖啡业的双寡头垄断局面，重新制定了价格体系，让农民有利可图。斯科特·福特说："我们进入市场后，立刻将咖啡价格从每磅50美分提高到每磅80到90美分，仅此一项就为卢旺达农民额外增加收入1亿美元。"卢旺达贸易公司的母公司维斯洛克咖啡公司进一步向坦桑尼亚扩张，2014年，它收购了猎鹰咖啡，这家公司从埃塞俄比亚、乌干达和刚果(金)等国收购咖啡。维斯洛克咖啡，这家总部位于阿肯色州的合资企业在非洲总共雇用了500名工人，销售收入将近1亿美元。

谈到未来，卢旺达贸易公司CEO托德·布罗格登说，他能够想象，总有一天要让卢旺达人自己来经营这家公司。"我们希望有一天，卢旺达贸易公司能够在卢旺达证券交易所公开上市，50年后，它能够成为一家卢旺达人自己经营管理的上市公司。"

曼德拉对于非洲投资的远见

随着越来越多像卢旺达贸易公司这样的外国直接投资进入卢旺达，从2009年到2014年，卢旺达的外国直接投资额几乎翻了3倍，达到5亿美元，再加上卢旺达刚刚发行的10亿美元国外债券，这个曾经饱受战乱蹂躏的国家，已经成为国际资本新的目的地。在21世纪的超活跃经济时代，能否吸引、利用并且用好国际资本是一个国家成功的关键。过去20年新兴经济体的崛起充分证明了这一点。随着国际投资流向新兴和边缘市场的比例越来越高(2013年第一次超过发达国家),争夺外资的竞争也日趋激烈。在亚洲或拉美地区,基础设施和劳动力是关键,吸引外资的往往是那些大力投资改善道路、桥梁和发电厂,努力创造就业岗位、提高收入、改善民生的国家。成功吸引并且积极利用国际资本,让一些之前徘徊在国际主流经济圈边缘的国家(如印度、巴西和中国),成功地跻身国际商业的精英俱乐部,并成为举足轻重的角色。

在这场吸引外资的游戏中,撒哈拉以南地区姗姗来迟,因此,纳尔逊·曼德拉(Nelson Mandela)所表现出来的远见卓识显得更加弥足珍贵。作为南非废除种族隔离制度后的第一任总统,从1994年开始,曼德拉带领南非不断探索各种经济发展道路。在每一个关键性的转折点上,曼德拉都做出了正确的抉择。人们在回顾曼德拉的丰功伟绩时,往往忽略了他在经济上的成就。在南非的经济政策上,正是曼德拉提出了自由市场经济和吸引外国投资的举措。

考虑到南非非洲人国民大会(ANC)以及曼德拉本人的共产主义倾向,并且作为一个社会活动家,曼德拉与古巴的卡斯特罗关系密切,曾公开呼吁将南非企业国有化,他能够提出坚持市场开放的道路,非常不容易。作为南非总统,曼德拉适时地在经济上提出开放政策,吸引国际投资,制定了有利于贸易、投资和对接国际资本市场的发展方针。

曼德拉选择拥抱市场经济,背后原因很多。据说,曼德拉在监狱里就已经开始改变他对于市场开放的观点。但是,在1992年达沃斯世界经济论坛上发言时，他并没有公开表明观点。[①]曼德拉的转变，不仅出于远见卓识，也是一种战略选择。他看到了世界趋势的转变，金融、商业和市场正走向全球化。同时，他也清楚地看到，南非需要为不断增长的年轻人创造就业岗位。2000年，曼德拉说："我在世界各国出访，许多赫赫有名的经济界大佬和经济学家为我开出各种经济增长的药方，希望实行自由市场经济，我也深信这一点。"

曼德拉深知，废除种族隔离制度后的南非，经济陷入停顿，必须实行开放，吸引外国投资。为了迫使南非废除种族隔离制度，国际社会对南非实施多年制裁，让南非经济陷入孤立，政府濒临破产。曼德拉必须让南非重新融入国际市场，为此，他开始启用一批得力干将，如副总统塔博·姆贝基(Thabo Mbeki)、财长特雷弗·曼纽尔(Trevor Manuel)，实施开放政策。

多年以后，南非收获了经济开放的红利。非洲迅速成为全球下一个经济增长地区和经济新引擎，即使尼日利亚超过南非，跃居非洲最大的经济体，南非仍然是非洲经济的标杆。南非拥有撒哈拉以南地区最大的证券资本市场，贸易流通最广泛的货币，评级最高的主权信用，国际化持有率最高的政府债券以及非洲大陆最强大的中产阶

① 南非前财长(特雷弗·曼纽尔，时任曼德拉顾问)称，1992年达沃斯论坛是曼德拉经济政策一个关键性的转折点。曼德拉坚持要修改非国大强硬的左翼立场观点，加入符合时代发展的新内容，要吸引外资，"以私营经济为核心……创造财富和就业"，他在演讲中6次谈到要在废除种族隔离制度后的南非积极吸引外资。曼德拉向市场经济的转变，也要归功于1991年他与中国时任总理李鹏的谈话。据世界经济论坛前主席兰斯·诺伯尔(Lance Knobel)回忆，曼德拉曾谈到，他与李鹏说起非国大早期的经济政策方针："我们试过(那些政策)，没有用。"

级。同时,南非拥有非洲最先进的经济基础设施,吸引外国直接投资的数额最多,因此云集了大批跨国公司的非洲总部。

尽管近几年南非经济停滞,但过去20年的成功已经充分证明曼德拉市场开放、吸引投资决策的英明。与此形成鲜明对比的是,曼德拉刚刚执政时的那种传统经济理念,如今还能在津巴布韦找到,没有人会把那种模式视为非洲走向繁荣的模板。

我们在理解非洲转型过程时必须把握的一个核心主题是,当前所有的这一切在五到十年前是不存在的。这些戏剧性的变化(尤其是在经济领域)在撒哈拉以南地区表现得尤为强烈,越来越多国际资本的涌入就是其中一大趋势。曼德拉为南非成为外商在非洲直接投资的桥头堡奠定了基础,但即便如此,随着国际资本大量流向非洲其他地区,寻找新的投资目标,情况仍有变化的可能。

国际资本新的投资目标

最能说明撒哈拉以南地区与全球市场脱节的标志就是投资,或者说是国际投资相对较少进入,这一情况直到近几年才有所改变。21世纪初,从资本流入的几种主要形式看,撒哈拉以南地区的排名都不尽如人意。这也是过去那些非洲悲观论者唱衰非洲的主要原因,因为历史上没有一个国家或地区能够在不参与国际经济体系的情况下保持繁荣。

在非洲经济增长的刺激下,撒哈拉以南地区的投资也在迅速增长。谈到外国投资,有许多技术性的分类。简单地讲,我们将国际资本进入非洲的渠道分为三种:

• 外国直接投资(FDI):一个国家(一般是通过公司)对另一个国家的公司或实体进行投资。这是国际资本流动最普遍的形式。

• 国际证券投资(FPI):国外的投资人或实体对某一国家的证券或债券市场进行投资。

•海外亲属汇款:非洲的海外人员将外汇寄回给国内的亲戚朋友。

外国直接投资

2010年,斯科特·福特悄无声息地在卢旺达通过FDI的方式投资200多万美元,创造就业岗位,建立咖啡出口产业。而与此同时,国际投资界被三笔高达数十亿美元的对非投资震惊了。2010年6月,印度最大的移动通信运营商巴帝电信(Bharti Airtel,如今改名为Airtel)以107亿美元的价格收购中东扎因电信(Zain)的非洲业务。当时,巴帝电信在印度的用户数量(约1亿)已接近瓶颈,巴帝电信CEO、亿万富翁苏尼尔·巴蒂·米塔尔(Sunil Bharti Mittal)把目光投向非洲,大胆决定在非洲寻找新的用户增长点。巴帝电信称,这是迄今新兴经济体之间最大规模的跨国收购案,收购完成后,巴帝电信将进入15个非洲国家的电信市场,从而成为全球第五大移动通信运营商。紧随其后,2010年9月,又一笔数十亿美元的投资横空出世:IBM以15亿美元的价格赢得巴帝电信在非洲16个国家的后台技术支持运营权。同样是在这一年的9月,沃尔玛宣布,投资46亿美元,收购南非零售商大众超市(Massmart)。《纽约时报》援引沃尔玛发言人安迪·邦德(Andy Bond)的声明称,这一收购"旨在打造一个向非洲其他国家扩张和增长的平台"。

2010年，短短8个月的时间，财经新闻界就被三笔总额达168亿美元的外国直接投资搅得沸沸扬扬。同许多投资人和CEO一样，我们当然也注意到这些新闻，它让我们在讨论非洲在移动科技和消费产品领域发展潜力的时候，显得有理有据。一时间，全球的商业大咖们在讨论非洲经济潜力的时候，不再只有GDP一项指标了。他们可以列举出一连串的大手笔投资，由全球知名企业直接操刀，这些投资动辄以数十亿美元计，而非几百万美元的毛毛雨。

非洲投资在2010年频频抢占报纸头条其实并不奇怪，它与撒哈拉以南地区自2000年以来外国直接投资不断上升的历史性趋势一致。显然，非洲GDP增长背后的推动力(譬如政治稳定、财政预算良好、生产力提高以及经济多元化)同样促进了外国投资的增长。从2000年开始，撒哈拉以南地区的外国直接投资增加了7倍。从2004年(120亿美元)到2008年(380亿美元)，外国直接投资增加了2倍多。从2008年到2014年，外国直接投资增加了42%，达到550亿美元。

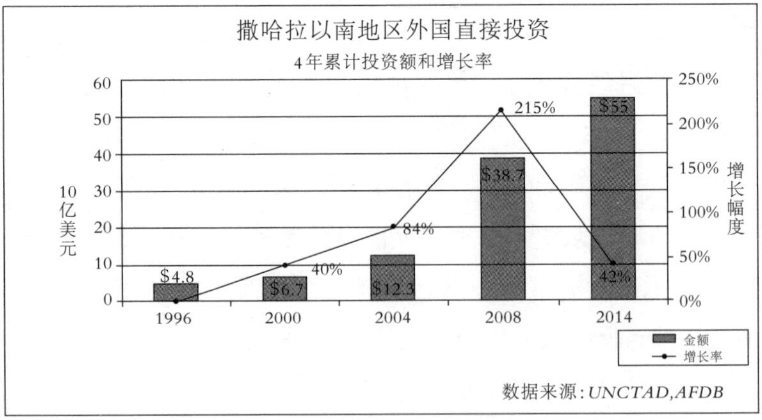

图2.1

非洲吸纳外资的不断上升,使撒哈拉以南地区外国直接投资金额全球占比终于摆脱长期徘徊在3%以下的局面,2014年接近4%,相比之下,2000年则不足0.5%。

外商投资回报率的显著提升——尼日利亚高达36%,整个非洲大陆为9%,而全球FDI投资回报率仅有6%,对许多投资者而言,这是一个极具说服力的事实。

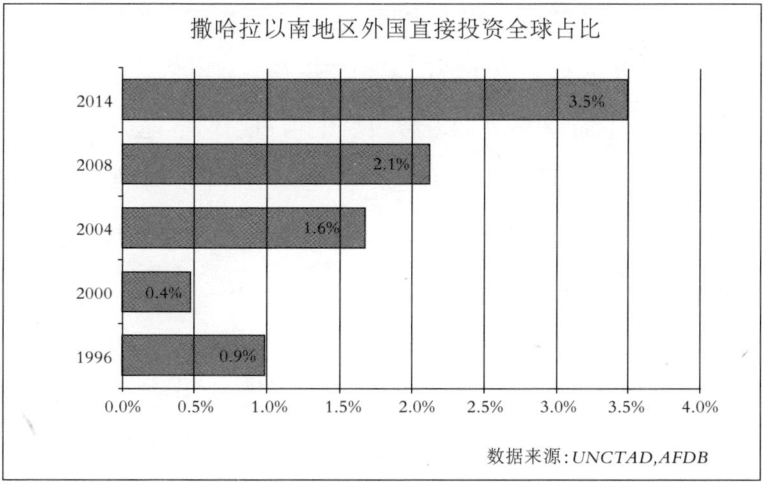

图2.2

尽管撒哈拉以南地区的外国直接投资主要集中在这一地区三分之一的国家(2013年15个国家的外国直接投资占89%),但投资项目的数量不断增加,非资源性产业领域的投资不断扩大。整个非洲大陆在全球外国直接投资项目中所占的份额增加,2013年达到创纪录的5.7%,64%的投资集中在科技、媒体和电信领域,金融和商业服务业以及消费产品领域。[1]2013年，撒哈拉以南地区在绿地投资领域（即投资新建企业）出现显著增长（10.76%）。根据《金融时报》（*Financial Times*）外国直接投资市场数据库提供的资料，2014年信息通信技术（ICT）最新的数据显示，撒哈拉以南地区2014年在科技产业基础设施领域的外国直接投资为58.6亿美元，其中29.6亿美元投资额流向南非、尼日利亚和肯尼亚。

除了修建道路、桥梁和发电厂，随着非洲经济的数字化和上网人数的增加，越来越多的非洲国家相继在信息通信技术基础设施建设方面加大投资。许多外商直接投资的项目纷纷落地，一个非洲科技产业生态系统渐具雏形。在尼日利亚，从2009年到2014年，阿联酋电信集团（Etisalat）投资10亿美元，升级尼日利亚的移动电话和互联网系统。英特尔的投资公司"英特尔资本"2013年在拉各斯设立办事处，负责扩大英特尔对非洲初创企业的投资。2014年，IBM在内罗毕和约翰内斯堡分别设立了两个大型机中心，为非洲的客户、商业伙伴和大学提供大数据、云计算和移动通信服务。

在撒哈拉以南地区，外国直接投资和绿地投资正在迅速扩张，不仅为创造就业岗位、提高专业能力带来了积极效果，同时也推动了基础设施建设和服务业的发展。

---

① 2013年，撒哈拉以南地区吸收外国直接投资最多的4个国家分别是南非（81亿美元）、莫桑比克（59亿美元）、尼日利亚（56亿美元）和加纳（32亿美元）。我们的数据来源于联合国贸易和发展会议（UNCTAD）。同时，参考了安永《2014年非洲吸引力调查》。外国直接投资的回报率数据来自德意志银行的研究报告。

国际证券投资

虽然政府债券市场不像股市那样充满诱惑,但实际上,全球投资者每年在主权债务市场上的交易量高达数万亿美元。美国国债、德国国债或中国十年期债券,这些固定收益工具为投资者提供了比股票更加稳定(当然一般也比较低)的回报,同时也为各国政府的基础设施建设和服务业提供了融资渠道。同时,通过国家评级和收益率,主权债券也是各国政府信用度的衡量标尺。在国际市场上,评级和收益率会因为经济政策的好坏而上下波动。

那么,在过去几十年里,撒哈拉以南国家在主权债券市场的表现如何?答案是:基本上没有表现。当然,南非除外。这是非洲在金融领域与全球脱离的又一表现!直到21世纪初,撒哈拉以南国家甚至连主权信用评级也没有(这是发行国际债券的基本要求)。但是,这一局面在过去两年开始得到改变,非洲国家在全球的债券发行出现爆发式增长,许多国家是第一次发行主权债券。2013年以来,撒哈拉以南国家发行了119亿以美元计价的欧元债券,从2013年到2014年的15个月里,发行的主权债券超过之前4年的总和。

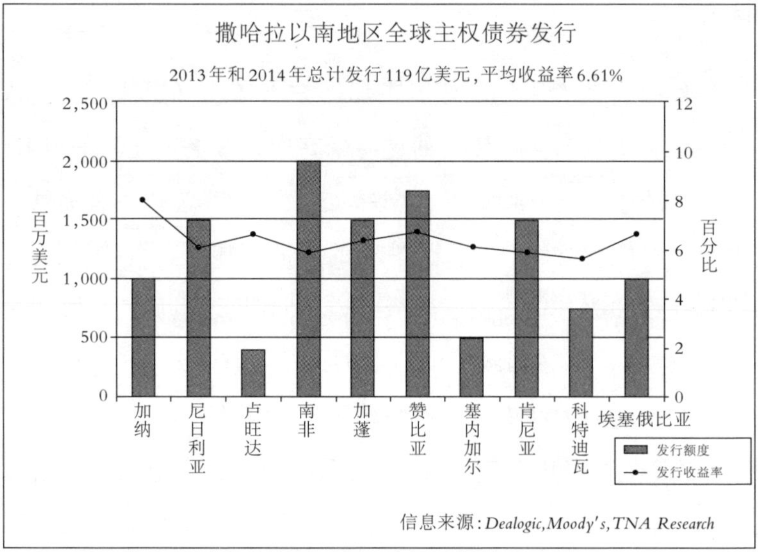

图2.3

实际上,许多美国人在他们的投资结构里已经持有了不少非洲债券。国际上一些主要的投资机构,如太平洋投资管理公司(PIMCO)和富达投资(Fidelity),在较高收益率和主权风险降低的利好刺激下,同时为了分散投资并将其作为新的地区性资产配置手段,都在不断地增持非洲债券。与国际债券市场接轨,让非洲国家在私人贷款或外国援助之外有了一种新的金融工具,从而能够改善基础设施,以满足经济增长和日益壮大的中产阶级的需求。尼日利亚最近发行了15亿美元的融资债券,用于扩大电力产能。肯尼亚利用其2014年发行的欧元债券改善电力、道路和港口设施。赞比亚计划将国债融资用于改善医疗和铁路设施。

许多主权债券发行国由于可靠性和透明度提高，第一次获得国家信用评级，从而能够在资本市场上融资，这在以前是不可想象的。此外，国际标准债券指数之一，摩根大通全球新兴市场债券指数（EMBIG）也开始将非洲国家纳入其中。“EMBIG是一种标准指数，一旦进入这一指数，对投资者来说，这些国家就不再陌生了。”PIMCO新兴市场基金经理弗兰塞斯克·巴尔塞尔斯（Francesc Balcells）说。他指出，当摩根大通开始给予非洲债券评级并列入债券指数之后，国际投资者对这些债券开始表现出越来越多的好感。

撒哈拉以南国家进入国际债券市场（在我们看来，相比非洲过去对外国援助的依赖以及经济上的长期与世隔绝，这是一个积极的进步），引发了一些非洲悲观论者小小的骚动。考虑到非洲政府此前在财政上的困境，一些财经记者和经济学家对撒哈拉以南国家近来热衷发行主权债券提出警告也不足为奇，其中颇具代表性的有诺贝尔奖获得者约瑟夫·斯蒂格利茨（Joseph Stiglitz）。[①]他们指出，相比其他国家的多边借贷协议，这些主权债务附加的条件过于宽松，缺乏对政府的严格监管，容易导致新的非洲主权债务危机。

主权债务市场上，风险当然存在。但非洲国家如何为国内重要的基础设施建设筹集资金呢？那些对非洲债券持批评意见的人，也拿不出更好的办法。为了让本国戒除对外国援助的依赖，由“前沿市场”过渡到“新兴市场”地位，撒哈拉以南国家需要像巴西和中国

① 我们是斯蒂格利茨的粉丝，他的经济学教科书让我们受益匪浅。但在非洲债券的问题上，我们对他的观点不敢苟同。对此，在2014年5月29日出版的《大西洋季刊》上，我（杰克）写了一篇文章《市场的愤怒》，对此有详细阐述。

一样，依靠主权债券输血。既然撒哈拉以南国家在国家信用评级上已经采用了与其他国家一样的标准，被列入国际通用的标准指数，在全球顶级的债券基金市场接受了投资人最严苛的审视，为什么它们不能通过发行国际债券为经济发展提供融资呢？即使某些国家由于糟糕的财政和经济治理而让评级机构和投资人不得不严格审查，这种可信度不正是这些国家需要的吗？

主权信用评级和不断变化的债券收益率为市场提供了迅速直接、一目了然的反馈。投资人和非洲人民都在密切关注着这些新发债券，看看它们是否按照发行时的承诺将这些债券绝大多数用于改善基础设施。如果腐败盛行或经济政策失当，投资人必然会抛售这些国家的债券，从而使借贷成本飙升。尼日利亚政府在央行腐败案曝光之后就尝到了这一苦果。尼日利亚央行行长拉米多·萨努西是国际知名的金融专家，《时代周刊》(*Time*)百位最具影响力的人物之一。2014年，萨努西在尼日利亚议会曝光有200亿美元国家收入不知去向。随后，尼日利亚总统古德勒克·乔纳森(Goodluck Jonathan)解除了萨努西的央行行长职务。这一事件的影响迅速蔓延，尼日利亚新发行债券受阻，股市大跌，货币贬值，标准普尔降低了尼日利亚的主权信用等级。

主权债务时好时坏也很正常，就像当年的阿根廷一样。某些撒哈拉以南国家难以兑现对投资人的承诺，财政失衡，希腊也碰到同样的问题，但很少有人因此建议希腊不要参与国际债券市场。

撒哈拉以南国家与国家信用评级、主权债券市场和新的数字化交易平台接轨，有助于这些国家吸引更多的国际证券投资方式。例如,非洲的证券市场,尽管还不够成熟,交易体量上也比较小,但比起主权债券市场,更受投资人关注。非洲大陆总共有29个证交所,但绝大多数证交所上市公司不超过40家。2011年前,撒哈拉以南地区(南非除外)的证券市场资本总规模不足1000亿美元,仅仅是今天星巴克市值的两倍。到了2014年,仅尼日利亚和肯尼亚两国的股票市值就超过了这一数额。许多撒哈拉以南国家开始着手完善它们的证券市场,鼓励更多的企业上市。

根据2015年年初的数据显示,撒哈拉以南国家的证券交易市场,以市值和股票数量计算,排名靠前的分别是:南非(1.01万亿美元,392只股票),尼日利亚(840亿美元,193只股票),肯尼亚(250亿美元,65只股票)。展望未来,撒哈拉以南国家的证券市场将呈现三大趋势。

第一个趋势是随着政府管理水平的提高和财务报表制度的完善,证券市场交易平台将更加现代化。在东非,各国正在讨论通过东非共同体政府间合作,整合肯尼亚、卢旺达、坦桑尼亚和乌干达等几大核心成员国的股票市场,建立区域性证券交易所。通过这种合作方式,内罗毕证交所的信息基础设施得到很大的改善升级。这些措施增强了股票流动性(投资者能够在股市里快进快出),为肯尼亚拓展股票衍生市场和未来发展创造了条件。在法语区的西非,总部设在科特迪瓦的西非区域证券交易所(BRVM)整合了16个成员国的全部交易,并且完成了数字化。尼日利亚证交所最近与纳斯达克合作,采用了纳斯达克超高速X-stream交易平台OMX。在财务报表方面,许多撒哈拉以南国家的证交所采用了新的标准,要求上市公司必须提供经四大会计师事务所(如普华永道或毕马威)认证的财务报表。

第二个趋势是随着证交所的现代化而带来撒哈拉以南地区证交所上市公司数量翻番,融资金额增加了3倍。尼日利亚、肯尼亚和加纳等国以各种方式鼓励更多的公司上市,提高上市公司经济类型的多元化。非洲股市专家、乌干达基金经理拉里·塞如玛(Larry Seruma)预计,未来两年内撒哈拉以南地区证券市场总值将翻一番,达到2.2万亿美元,并且以后每隔三四年都将以翻番的速度发展。

撒哈拉以南地区证券市场第三个,也是最普遍的一个趋势是非洲股票正在被全球越来越多的投资人列入投资范畴,这一趋势反映了非洲的未来。拉里·塞如玛是这一趋势的领军人物。通过拉里设在美国的尼罗河泛非基金,普通投资人最低只须投入1000美元(这是对个人投资的最低资金要求),就能够在非洲快速成长的股市里分得一杯羹。

尼罗河泛非基金是第一个,也是目前唯一一个通过彭博新闻社在全美打广告的非洲共同基金,资产总额4500万美元,通过网络选择投资。2014年,尼罗河泛非基金荣获著名的利铂奖(Lipper-Award)"新兴市场最佳基金"荣誉。2013年,该基金年均回报率约为9%。

"未来,非洲股票在全球的发行将会越来越普遍,持有率越来越高。"塞如玛说,"一个明显的标志就是欧洲和美国正在增持非洲股票。"一般来说,美国人投资非洲股票主要是看中了其高收益率,以及出于投资多元化的考虑。但塞如玛认为,尼罗河泛非基金代表了外界对非洲大陆一种新的认识,而不仅仅是慈善事业。"帮助非洲,最好的办法就是投资。投资首先能够给美国人带来高回报,在非洲经济中占据一定份额。同时,投资也能够降低资本成本,提供更加稳定的工作岗位,促进可持续增长,消除贫困。"我们非常赞同这个观点——旧非洲:向名人慈善事业捐钱;未来非洲:将非洲股票纳入你的退休基金401(K),赚取12%收益率。

海外亲属汇款

尽管汇款(海外人员将钱汇给国内亲属)并不属于国际投资的传统范畴,但我们认为,它很大程度上揭示了撒哈拉以南地区正在发生的剧变。2010年和2011年,非洲有一个明显的趋势,撒哈拉以南国家的海外移民,连续两年汇回国内的钱超过外国援助。据非洲开发银行提供的分析数据,2010年和2011年,整个非洲大陆收到的海外汇款(300亿美元至350亿美元)超过外国直接投资总额。海外亲属汇款仍在继续增长。2013年,撒哈拉以南地区的海外汇款为320亿美元,超过双边援助额(262亿美元),并且这个汇款额只是通过正规的资金转账渠道如西联汇款,能够被官方统计的数据。还有许多资金是通过私人携带方式,装在口袋或行李箱里带回非洲的。[①]

① 2014年,非洲海外移民汇款的手续费约为10亿美元,成为一个热门话题。据海外发展基金会2014年的报告,撒哈拉以南地区海外汇款的手续费全球最高(约为12%),从而部分蚕食了非洲经济的产值。但我们认为,海外汇款及其手续费(希望能够通过技术进步和竞争进一步降低)的总额,代表着这一地区数字化金融的巨大机遇。

非洲的海外汇款规模充分证明了非洲正在发生的根本性变化。过去几十年来，外界一直有一个概念，非洲和非洲人缺乏致富能力。但出人意料的是，这些去发达国家打拼的非洲人，通过他们的辛苦工作和成功，把在海外挣的钱寄回国内，居然超过了经济发达国家给非洲援助的总和。

非洲的海外汇款促进了撒哈拉以南地区的消费，帮助支付各种开销，比如为他们在非洲的兄弟姐妹支付学费。同时，这些汇款也成为初创企业重要的资金来源，从路边小店、科技初创公司，到尼日利亚的尼莱坞(Nollywood)电影。同美国的初创企业一样，第一轮的种子基金往往来自家庭和朋友。

超越中国

财经媒体喜欢炒作中国在非洲大手笔投资的新闻，但在2013年3月，抢占头条的却是这样一则新闻："马来西亚取代中国，成为亚洲地区在非洲最大的投资国。"路透社的这篇报道被广泛转载，还被列入《时代周刊》"本周全球必读新闻"。根据这篇报道，马来西亚在非洲的外国直接投资为193亿美元，超过中国的140亿美元。文章称，来自金砖国家，如巴西、俄罗斯和印度的外国直接投资增加，表明非洲正在成为许多国家的投资目的国，在全球投资领域的地位正在逐渐上升。2012年，巴西、俄罗斯和印度在非洲投资总额为477亿美元，中国为277亿美元。[①]在外国直接投资额年度统计中，2012年，

① 金砖国家包括巴西、俄罗斯、印度、中国和南非。

从传统的资本输出国家,如美国(37亿美元)、英国(74亿美元)和意大利(36亿美元)等国流入非洲的资金达到147亿美元。

目前,中国持续加大对非洲的投资,但随着越来越多的国家重新优先考虑非洲,不断加大在撒哈拉以南地区的贸易和投资,非洲将拥有越来越多的重要合作伙伴。我们预计,未来美国在非洲的直接投资也将大幅增加,尤其是在2014年历史性的美国-非洲领导人峰会之后,美国企业对非洲的承诺投资已经达到140亿美元。

题外话:中国在非洲

过去十年,中国加强了在撒哈拉以南地区的投资。事实上,中国对非投资已经成为许多媒体和专著热衷讨论的课题。对于许多不熟悉这一话题的读者,我们简单地解释一下(可能有点像社论)。过去十年,中国与非洲在政治和经济上的联系迅速加强,中国深化与非洲的外交关系和文化交流,扩大商品和服务贸易,通过与非洲政府的合作,积极参与撒哈拉以南地区的经济活动和投资。尤其是过去5年,中国参与修建肯尼亚锡卡高速公路,为非盟耗资2亿美元在亚的斯亚贝巴兴建新总部大楼提供金融贷款,等等。这些合作项目的特点在于,中国政府提供贷款,中国企业负责修建基础设施,非洲人则以大宗商品作为交换。对此,过去的舆论分析认为,非洲需要基础设施建设,而中国则需要非洲的资源(主要是大宗商品)来支撑国内工业发展,同时也要为其商品开拓新的市场(非洲有十几亿人口)。

但是后来,对中国在非洲的发展,开始出现批评的声音。有人认为,中国的对非合作缺乏透明性,是一种不公平的伙伴关系(比如,坚持在重大的工程项目中必须使用中国的原材料和工人;或者在与非洲国家签订协议时不附加条件,不强求东道国政府必须改善民主和人权状况)。这种批评还算是比较轻的!还有一种意见几乎可以算是“中国阴谋论”了!

那么,我们在这个问题上是什么立场?经过仔细讨论,我们决定在本书中不把中国在非洲的话题列入重点讨论的范围。尽管中国在撒哈拉以南地区的影响日趋活跃,值得重视,但我们认为,这个话题在许多政策讨论中已经被炒得过热了,掩盖了非洲大陆其他的一些更重要的趋向,乃至许多人都没有看到。事实上,撒哈拉以南地区在不同层次的国际投资伙伴中影响力都在扩大。更何况,有时候我们觉得这种针对中非关系的指责,就像一种父权下的谩骂。(非洲各国政府是主权实体,有权根据自己国家的利益做出选择。)至于那些拿人权说事,或者指责商业条款苛刻、透明度不高的,我们当然知道,中非关系中许多商业协议或具体实践肯定存在缺陷,但大趋势是这些问题可以在发展中得到解决。在非洲直接投资的国家越来越多,表明世界各国越来越愿意同非洲做生意,中国面临的竞争也就更加激烈。

机遇爆发

曼德拉在1994年就已经预见到投资对于后种族隔离时代的南非的重要性，如今，他的预言正在撒哈拉以南地区变成现实。世界正在见证历史性的一幕：私人资本大规模地流向非洲，对许多非洲国家来说，资本将扮演关键性的角色，它将激发非洲更大的经济潜力。在尼日利亚通用电气的新工厂里，在基加利的卢旺达贸易公司的咖啡厂里，数十亿美元的外国直接投资促进了私营经济的发展和技术转移，带来了新的就业岗位。如今，非洲各国都在大力发展基础设施，通过发行主权债券筹集数亿美元资金，用于道路、医院和水电站建设，这些债券具备国际通用的评级，收益高低可以通过标准普尔指数反映出来。美国普通投资者，以前只能通过可以抵扣所得税的慈善捐款与撒哈拉以南地区发生关系，如今，他们可以通过购买股票为非洲的社会和私营经济发展提供资金，说不定还能拿到10%的收益回报。

随着涌入非洲的外来投资增加，非洲国家内部必然会产生竞争，这些国家必须创造良好的投资环境吸引外来资本，而这将在未来成为非洲经济的常态。未来几年，南非作为非洲第一大外国直接投资目的国，其地位将受到尼日利亚的挑战。另一大趋势已经开始显现，以南非为代表，非洲国家内部的跨境投资不断增加，尼日利亚和安哥拉都已经建立了自己的主权财富基金。可以预见，不远的将来，外国直接投资的报告里将出现一个新的指数——非洲在美国或欧洲的直接投资额。“这种事一定会出现。”在2014年美国-非洲领导人峰会的经济论坛上，阿里科·丹格特告诉我们。就在他说这句话的几个小时前，他跟凯雷投资和黑石刚刚签署了一项价值60亿美元的合作协议。

阿里科·丹格特谈到印度几年前签署的几项惊人的协议，他表示，未来，非洲企业家走出非洲并在全球签下投资大单将成为家常便饭。“20年前，没有人能够想象，印度公司会买下那些企业巨无霸，比如，米塔尔钢铁收购阿塞洛，或者塔塔收购捷豹。这只是时间问题。”

第三章

非洲消费能力的提高

2007年，我（奥布里）从乌干达出发，准备前往埃塞俄比亚，途中经过内罗毕，正值周末，我决定在内罗毕待两天。我在内罗毕有几位朋友，我也想在那里买点东西。周六早晨，天空湛蓝，美好的一天，我打算去一趟托伊市场（Toi Market），淘点宝贝，这是内罗毕最大的露天市场。

在非洲逛市场，简直就是一场无与伦比的视觉盛宴。空气中混杂着的气味、噪声和斑斓的色彩，令人眩晕。从假发到手机充电器，从斧子、蔬菜到服装，你可以在这个市场找到任何你想要的东西。小摊儿一个接着一个，密不透风，留出迷宫一般的人行道。托伊市场的儿童服装最有名，在堆积如山的"米突巴"（斯瓦希里语，指旧衣服，字面意思是"一大捆"）里，我想淘一件怀旧风格的衣服做礼物。

最后，经过一场混战和扯破嗓子的讨价还价，我终于拿下一件橙色碎花衬衫，有着20世纪80年代的旧式风格。

离开托伊市场，我继续朝市中心走去，那里有个名叫马赛(Maasai)的市场，专卖旅游纪念品：耳环、木碗、牛角手镯、色拉勺、长颈鹿木刻——马赛市场汇集了这一地区所有的工艺品。作为砍价的老手，我可不屑于让那些"拉客"的家伙带路，这些人专门带着不熟悉行情的游客帮忙砍价，从中赚一笔好处费。我买了一些小东西，然后去朋友家吃晚饭。她让我帮忙在路上买些东西给她带过去，所以我顺路去逛了一趟纳库玛特超市(Nakumatt)，这是肯尼亚一家24小时营业的全国连锁超市，目标客户是地位上升的城市阶层。店内灯火通明，货架整齐排列，有许多半成品的食品，新鲜蔬果明码标价，营业员训练有素。付款的时候，营业员问我有没有电子会员卡，很遗憾，我只能说没有。回到车里，开车穿过熙熙攘攘的车流，我们来到朋友家里。路上，一个男孩儿在路边摆摊儿卖各种小百货，我想买一张东非地区的大开本地图挂在办公室。

在内罗毕街头悠闲地逛了一天，我却把非洲购物的几种方式都体验了一遍——非正规的市场、街头小贩以及现代的城市购物中心。相比发达国家，在非洲的购物体验中，有着更广泛的人际的交流。从这个角度来说，它比美国的市场更加自由，很少纳税，几乎不受监管，缺乏讨价还价的规范，也没有太多的广告。最近一窝蜂地想挤进非洲市场的那些西方社会的消费品牌，如肯德基、路虎、帮宝适、凯歌香槟，其实根本不用它们来培育市场。因为市场早已存在，而且还非常活跃——只是它的存在不那么正规。任何地方，任何东西(纸巾、手机充电器、水果、花生等),你都能在非洲找到。在非正规的经济体系下,没有强制要求必须办理执照,也没有法律来规范买卖,所有的东西都是可以讨价还价的,付款都是通过面对面直接交易。卖货的,可能只有7岁,也可能已经70岁,他们如果不做生意,就没有其他收入来源。

据麦肯锡统计,非洲超过60%的劳动力从事某种非正规的、"脆弱"的商品经济活动。在路边市场上,精明的谈判技巧、卖力和运气决定了谁更赚钱。当你开着车堵在路上的时候,你可以从路边小贩那里买到各种各样的家庭用品和消费产品。就算他没有你想要的东西,他只要朝几米开外的伙伴大喊几声,没多久,东西就会奇迹般地送到你的车窗前,从而赶在车流重新蠕动之前做成这笔生意。这种迅捷的客户服务和高效的供需解决方案,着实令人惊叹。

成功的商人

现代非洲的消费文化植根于这块大陆古老的贸易传统。早在欧洲商人来到西非之前几个世纪,非洲商品就已经在欧洲进行交易了。中世纪,非洲三大贸易王国加纳、马里和桑海的骆驼商队驮着黄金、可可果、奴隶以及其他出口商品,穿越撒哈拉沙漠,抵达北非和欧洲。14世纪,富裕的马里王国将廷巴克图打造成高端教育和文化中心。马里国王曼萨·穆萨(Mansa Musa)以创纪录的324次前往沙特麦加圣地朝圣而声名远扬。传说中,穆萨国王每次穿越撒哈拉沙漠的商队有6万人,80头骆驼,每头骆驼驮着300磅黄金。

当英国、法国、荷兰和葡萄牙的商人来到西非，他们看到的是一个理性睿智、见多识广的商业阶层。马里是世界上最大的黄金生产国，但它的出口并不仅限于资源性商品。马里工匠打造的精钢超过欧洲，精致的成衣价格高昂。因此，相比20世纪，11世纪到19世纪的非洲与全球贸易的融合度更高。

现代社会许多成功的非洲商人，他们的商业人脉和精明的谈判技巧可以追溯到这种文化传承。阿里科·丹格特出身于尼日利亚北部一个富裕的商人家族。他的祖父靠可可和花生贸易起家，父亲从大宗商品贸易中赚得盆满钵满。阿里科·丹格特从叔父那里借到一笔钱，开始买卖大米、糖、盐和面粉，最后将他的多元化商业帝国发展成为非洲首屈一指的企业。

像丹格特这样成功地传承了非洲贸易文化的商人还有许多，许多尼日利亚企业家天生精于生意，他们往往从贸易起家，然后一步步扩大经营范围。奥巴福卢克·奥图德科(Obafoluke Otudeko)1972年创立了哈尼威尔集团(Honeywell Group)，最初只是一家酵母、鱼和牛奶的进口商，如今已经发展成为横跨食品加工、机械、能源、石油和天然气、建筑、房地产等多种行业的大公司。伊布鲁集团(The Ibru Organization)由迈克尔·伊布鲁(Michael Ibru)创办于1957年，如今这家公司已经从最初一家贸易公司成长为工业巨擘，拥有员工1.3万人，经营项目从家禽到酒店，从出版到航空，从航运到渔业，几乎无所不包。

成功的商人不仅仅局限于西非。东部非洲也有类似的传奇故事。尼古拉斯·比沃特(Nicholas Biwott)是肯尼亚著名的政治家和房地产大亨,他的父亲是一名水果和蔬菜贸易商,比沃特从父亲那里学会了经商。他从肉、蛋和日用品的买卖做起,逐渐多元化经营,并且把触角伸向全球的地产和酒店,甚至进军政坛。在坦桑尼亚,穆罕默德·德吉(Mohammed Dewji)是非洲最年轻的百万富翁。从乔治敦大学毕业后,德吉接管了父亲的大宗商品生意,并且把它扩大为包括制造业、农业和房地产在内的产业集团。

在一个充满机遇的地方,大型产业集团往往是从最普通的生意一步步成长起来的。在撒哈拉以南地区,这种情况尤为普遍,已经成为当地文化的一部分。任何东西都可以买卖,这是非洲经济脉动的基础。以旧衣服市场为例,在我们去过的非洲国家,几乎任何地方都能找到活跃的旧衣服市场。旧衣服市场在东非叫“米突巴”,在塞拉利昂叫“破烂货”,在尼日利亚叫“奥科瑞克”。旧衣服市场规模庞大,关联性强,流程复杂,并且高度国际化。美国人每年捐赠的大量旧衣服,约有10亿磅出口国外,其中大部分流向非洲。

旧衣服的收集和买卖一般通过中间商进行,许多中间商都是黎巴嫩人,这些旧服装(牛仔裤、T恤等,应有尽有)打包以后通过集装箱运抵非洲几大港口。走在非洲的小村庄里,你会看到穿着说唱歌手图派克·夏库尔(Tupac Shakur)或演唱组合“辣妹”(Spice Girls)头像T恤的老人,或者穿着印有美国某高中篮球队字样背心的年轻人,或者穿着李维斯时装的少女。作为非洲人口最多的国家,尼日利亚禁止买卖“奥科瑞克”,但据统计,80%的尼日利亚人都在市场上买卖过旧衣服。肯尼亚每年通过蒙巴萨港进口2.2亿磅旧衣服,大部分通过内罗毕的吉克巴市场(Gikomba Market)交易,这是东非最大的批发市场。在吉克巴市场，旧衣服被重新分拣，卖给小批发商和分销商，最后再通过村头集市或路边小摊儿卖给最终消费者。

撒哈拉以南地区历史上就缺乏本地制造业，许多生活消费品无法生产，这给商人提供了巨大的机遇，航空运输的普及也为企业主的涌现提供了条件。传统意义上的商业精英，如银行家或电信业高管，往返于拉各斯和伦敦；一个新的商业阶层正坐在经济舱或公务舱里，飞往迪拜、印度或中国——这个群体更加雄心勃勃，他们在亚洲谈生意，买卖各种产品，回国的行李只要不超重，总是塞满各种产品（从手袋到插头转换器，什么都有）。几个星期后，他们会在港口等着自己订购的集装箱抵达。迪拜机场附近的龙城市场（Dragon Mart）挤满了非洲商人，他们一个摊位挨着一个摊位地砍价，用各种产品塞满集装箱。20世纪80和90年代，几乎没有什么人意识到非洲市场的存在，除了非洲人自己。他们根本不需要什么咨询公司报告或者商业报道，却已经意识到把日常消费品卖到非洲，这是一个价值几十亿美元的潜在市场。

2020年市场达万亿美元

据麦肯锡全球机构预计，到2020年，非洲消费支出将达到1.4万亿美元，消费品工业产值增长达4000亿美元。但是，如果想估计非洲中产阶级的规模究竟有多大，却不得不面临定义上的模糊和数据预测的混乱。[①]我们看到各种报告，预测中产阶级的数量从3000万

① 对非洲中产阶级规模的估计，很大程度上取决于对“中产阶级”的定义标准——主要看收入多少，以及究竟是以个人还是家庭收入为统计标准。

到3.5亿不等,差距甚大。如果标准银行的预测是准确的,并且非洲未来的经济增长仍保持走在正轨上,到2030年,包括安哥拉、埃塞俄比亚、加纳、肯尼亚、莫桑比克、南苏丹、苏丹、坦桑尼亚、乌干达和赞比亚在内的非洲国家,中产阶级家庭将达4000万户。

由于缺乏数据以及数据缺乏可信度,很难准确地估计非洲人的收入,也很难分析他们的消费模式。美国和其他发达国家所倚重的数据服务,在撒哈拉以南国家几乎不存在,即使有,也不发达。多数非洲国家的调查数据让人看得云里雾里。尼日利亚的人口数量,根据取样方法和调查标准的不同,在1.65亿和1.8亿之间。缺乏准确的数据,外界很难估计这个非洲人口最多的国家中产阶级的规模。

抛开数据统计困难不谈,撒哈拉以南地区人口发展最显著的趋势是年轻化、增长迅速以及城市化。根据估算和数据模型,撒哈拉以南约有3.5亿人居住在城市,而且这一数字还在以每年4%~5%的速度增长。按照这个速度,很快将有一半以上非洲人居住在城市。联合国预计,到2020年,撒哈拉以南地区将有57个百万以上人口的城市——接近欧洲。

随着城市化的发展,寻找投资目标的公司在进行市场分析的时候开始将城市作为重要的样本。这一趋势不仅仅是在非洲,世界其他地区也是如此。企业不再以国家边境为界来定义市场,而是考虑城市中潜在的购买力。例如,在婴儿食品领域,麦肯锡认为一个有利可图的市场至少需要人均家庭消费水平维持在2700美元以上。肯尼亚的国民平均收入为1623美元(少于1000美元),而内罗毕的人均消费水平为2827美元,因此对婴儿食品生产商来说,内罗毕有着巨大的市场机遇。

到2025年,世界排名前600位的城市贡献了60%的全球经济增长。如果把这个范围扩大为排名前2000的城市,这些城市对全球的经济贡献率将达到75%。未来,中等规模城市——麦肯锡称为“中量级”城市——比超大城市的经济贡献率更大。在阿克拉、达喀尔、坎帕拉和达累斯萨拉姆等城市,具有品牌意识的年轻消费人群将吸引更多跨国公司的注意力,这些巨头期待着在不远的将来能够撬动这一万亿市场的消费潜力。

从电话到啤酒,从服装到美发——消费者无处不在

过去15年,非洲本土企业在电信、啤酒和消费类产品等行业取得的成功,让正在开拓消费市场的跨国公司看到了新的希望。整个非洲大陆,许多产品供不应求。撒哈拉以南地区的手机革命为这一地区的消费类产品投资战略提供了例证。过去十年,电信业在非洲的扩张是惊人的,手机在基础设施建设和普及率方面已经超过固定电话,实现了跨越式的发展。2013年,在全球固定电话总量中,非洲仅占1%,装机数已经接近顶峰。相比之下,从1998年到2008年,移动电话公司的年复合增长率达到2000%。2001年,非洲手机持有量为5400万部。到2012年,这一数字增加了10倍,如今已经超过了6亿部。

苏丹企业家莫·易卜拉欣(Mo Ibrahim)就是因为找到了预付电话卡这一被许多非洲人忽视的市场而成为亿万富翁的。1998年,易

卜拉欣创立塞特电话公司(Celtel),2005年以35亿美元卖给中东扎因电信。这家公司白手起家,从一个小小的主意,发展成为业务遍及14个国家、用户超过2400万的电信巨头。在2012年《哈佛商业评论》的一篇文章中,易卜拉欣讲到他当年创业的情形:"需求压抑得太久,一旦爆发就势不可挡。我们一直供不应求。举个例子,我们在加蓬开了一家分公司,开张时顾客一拥而入,把我们办公室的门都挤破了。可见当时人们是多么需要打电话。"

撒哈拉以南地区的消费者需要的不仅仅是电信服务,几乎所有的日用消费品都能在这里找到市场:肥皂、洗发产品、尿布、厨具、吸尘器和小家电。除了日用必需品,非洲人对美容、健身和娱乐消费的兴趣也在增长。最近,我(奥布里)去了一趟乌干达,惊奇地发现以前的小店已经改造成现代化的商场,年轻人坐在懒人沙发上排队等着玩一把最新的Xbox或PlayStation游戏。

针对非洲的女性消费群体,欧莱雅集团在撒哈拉以南地区推出了几个品牌,包括巴黎欧莱雅、美宝莲和Mixa。欧莱雅集团在南非和肯尼亚设有研发中心和工厂。2013年,欧莱雅集团以2000万美元的价格收购了市场的领头羊、肯尼亚美容产品公司Interconsumer,从而将东非地区中等价位美发产品市场的第一品牌Nice&Lovely收归旗下。

Interconsumer的创始人保罗·基努西亚(Paul Kinuthia)当年投资仅40美元,从自己家里的厨房起家,最终将公司发展成为零售业巨头。在内罗毕的公寓里,基努西亚将研发的洗发膏用巨大的塑料鼓包装,然后用手推车推着卖给街边的美发师。凭借低价和个人推销,他的公司赢得了一批忠实的客户,欧莱雅和南非的虎牌都想把Interconsumer收入麾下。欧莱雅集团更有耐心,同基努西亚谈了18个月,最终说服了基努西亚,收购Interconsumer将更有利于这一品牌进一步做大。欧莱雅集团驻东非地区的营运总监帕特里夏·伊豪(Patricia Ithau)在向肯尼亚媒体解释欧莱雅集团并购Interconsumer的动机时说:“这是一个巨大的发展机遇,我们不可能视而不见。这里已经形成了成熟的个人护理市场,我们将进一步加强市场渗透。过去我们主要通过中间商打市场,结构上缺乏分销系统。”在肯尼亚迅速扩张的消费市场,欧莱雅拿到了一张重要的入场券。

在高端的美容美发行业,东非也展现了强烈的需求。莫琳·穆鲁嘉(Maureen Murunga)及时地抓住了这一需求。2010年,这位前银行家在内罗毕收购了一家小型的美容连锁店,并且逐步将美容店的运营正规化和专业化。莫琳将美容店更名为“新阿玛女神”。2014年年初,荷兰一家私募基金TBL影子基金希望能够在非洲快速增长的消费市场上分得一杯羹,入股穆鲁嘉的公司。此后,穆鲁嘉通过特许经营的方式在东非展开疯狂扩张。南非一家媒体问莫琳·穆鲁嘉是不是扩张得太快,穆鲁嘉回答说,当年离开巴克利银行时,她就“没想过要一辈子守着一家美容店经营到老”。她想成为当地美容行业的大佬,而国际上那些著名的美容连锁公司还没有意识到东非蕴藏的市场机会,从而给她提供了增长空间。

当跨国公司的注意力主要集中在金砖国家(巴西、俄罗斯、印度、南非和中国)时,许多非洲老牌企业抢在国际竞争者的前面扩大经营,跨越国界抢占市场份额,进军邻国市场。南非酿酒业巨头南非米勒酿酒公司(SABMiller)就是一个很好的例子。南非米勒旗下拥有许多响当当的品牌,如米勒清啤、佩罗尼、蓝月、福斯特、强弓苹果酒。南非米勒创建于19世纪末,当时的约翰内斯堡还是一个像美国野蛮西部一样的淘金中心。20世纪90年代末到21世纪头十年,南非米勒在撒哈拉以南不断扩张业务,通过直营以及与法国卡斯黛乐酒业公司合作经营,生产和销售范围遍及30多个非洲国家。如今,南非米勒在非洲占领了60%的啤酒市场,并且在软饮料领域迅速扩张。2013年,南非米勒营收达64亿美元,其中非洲(包括南非)的收入占31%。

南非米勒在撒哈拉以南的成功主要源于悠久的历史,如今,它面临两方面的竞争:一是全球排名前五的跨国酿酒巨头,一是非洲本土主打当地市场的酿酒商。眼看着南非米勒在撒哈拉以南地区的业务红红火火,过去5年,国际啤酒巨头也开始急于打开这个市场。喜力啤酒正在加大对非洲的投资。帝亚吉欧(Diageo,旗下拥有健力士和红带等品牌的洋酒公司)扩大在非洲的生产设施建设和并购,投资超过了15亿美元。为了阻挡喜力啤酒在埃塞俄比亚的市场攻势,帝亚吉欧以2.25亿美元收购了埃塞俄比亚的酿酒企业Meta Abo。这些酿酒公司的扩张不仅是为了抢占市场份额,同时也是为了培育新的消费市场。对健力士而言,尼日利亚的市场规模已经超过了爱尔兰。事实上,非洲还有许多潜在的市场需求没有挖掘出来。

南非米勒在战略上取得成功的一个经验就是产品符合当地消费者的偏好。据统计,本土啤酒在非洲占据了超过67%的市场。相比商业化酿酒公司的产品,本土啤酒更便宜,口感也更强烈。南非有一首用科萨语唱的歌,几乎家喻户晓,经常在聚会时演唱。这首由伊冯娜·查卡·查卡(Yvonne Chaka Chaka)演唱的《乌姆卡布提》(*Umgombothi*),指的是当地非常著名的一种玉米酿造的啤酒。非洲人在自己家里聚会时喜欢喝自产的啤酒,这种啤酒一般杂质多一点,相比在商店里买的啤酒,自制啤酒口味比较粗糙,有些甚至是用香蕉提炼出来的。大型酿酒公司当然非常清楚这种传统饮料对非洲人具有的吸引力,它们也试图推出新的品牌,重新调配口味和产品特性,以低价抢占市场。南非米勒研发了一系列新产品,配方用料与当地家庭自产啤酒完全一致。"鹰牌"是南非米勒模仿家庭自制啤酒推出的旗舰产品,是世界上第一款由主流酿造企业推出的高粱啤酒,2002年在乌干达生产,如今已成为东非地区最畅销的啤酒。2011年年末,南非米勒在莫桑比克推出黑斑羚木薯啤酒(Impala),同样大获成功。

过去15年间,酿酒业和电信业取得的成功让全球其他领域的品牌开始重视非洲市场。许多公司通过战略性的并购或以绿地投资的方式直接建厂,从而打入非洲市场。在非洲市场人口和经济增长的鼓舞下,快消品巨头联合利华加速了在撒哈拉以南地区的投资。2014年,联合利华CEO保罗·波尔曼(Paul Polman)访问尼日利亚,他表示,联合利华已经投资1.95亿美元在尼日利亚建立工厂,占联合利华在非洲投资总额的50%。联合利华同时宣布,2015年将在埃塞俄比亚新建一家工厂。

随着非洲消费者手中的可支配收入不断增长,越来越多的人在体验式消费方面的投入也大幅增加,如出行、旅游、娱乐等。据国际航空运输联合会的数据，未来20年，非洲航空旅游市场规模每年将增加4.7%(2034年旅客人数将达3亿人次)，按百分比计算，全球十大增长最快的航空旅游市场中，有8个将位于非洲。因此，像拉各斯、阿克拉等原本就拥挤不堪的机场，以及大量破败、年久失修的机场，将让国际游客难以忍受。绝大多数游客在非洲旅行时都体验过被困在机场。在尼日利亚，从拉各斯到阿布贾，尽管航线不长，但重要性不言而喻。希望未来通过增加航班，改善机场设施，提供更多的购物选择，非洲大陆的航空旅行能够变得高效，让人更加愉悦。

非洲旅游市场未来将面临更大的发展机遇，无疑让国际酒店业巨头深受鼓舞，它们纷纷在非洲几个重要的大城市加大布局。过去几年，雅高、瑞享、希尔顿、温德姆、凯宾斯基、喜达屋等国际酒店巨头相继投资开张了多家高星级酒店。

万豪目前是非洲最大的酒店运营商。2014年，这家美国连锁豪华酒店收购了南非连锁酒店帝王花(Protea)，引发媒体关注，这是万豪试图进入非洲中产阶级消费群体市场战略性的一步——这个群体在社会流动性和购买力方面，都有了长足的进步。伴随着经济增长，“这一群体不仅在非洲内部出行的机会增加，同时，也会经常在非洲以外的地方旅行，”万豪CEO苏安励(Arne Sorenson)在接受《今日美国》(*USA Today*)采访时说，“我们必须确保他们能够知晓我们的品牌。”

除了拔地而起的新酒店，在非洲一些主要的大城市里，购物中心、汽车经销店、餐馆和夜总会也如雨后春笋般涌现。为了多挣一些肯尼亚先令、埃塞俄比亚比尔和尼日利亚奈拉，当地品牌和国际品牌打得头破血流。自2008年开始，肯尼亚的连锁餐饮行业每年增长170%。为了赶上这一潮流,在肯尼亚的地铁里,肯德基、达美乐、酷圣石冰激凌纷纷抢滩占位。非洲消费市场是丰富多彩的。在肯尼亚,腰包鼓起来的新贵喜欢去内罗毕的寿司餐厅。在尼日利亚拉各斯的购物中心里,由电信公司赞助的购物抽奖赢汽车活动搞得热火朝天。在埃塞俄比亚,亚的斯亚贝巴的夜总会同美国首都华盛顿的夜总会并无二致。

这场消费盛宴仍在继续。在肯尼亚,私募基金买下咖啡连锁品牌(2012年,新兴资本伙伴公司投资了爪哇屋),跨国企业与当地企业合作,新的非洲品牌成为当地家喻户晓的热词。撒哈拉以南地区快速增长的消费市场为各种创新性的业态发展提供了机会,譬如电子支付企业,儿童服装零售企业,快餐加盟连锁店,冲浪用具快闪店,等等。这些旨在为年轻一代城市居民打造的购物体验未来将变得更加丰富,更加多姿多彩,因为它们代表着一个处于上升阶段、朝气蓬勃的非洲。

货架与地摊儿,购物车与杂货店——撒哈拉以南方兴未艾的大卖场

对大多数非洲顾客而言,大卖场里自助式的服务、琳琅满目的商品、大批量的购买,无疑还是新鲜事物。在非洲,大卖场的出现与中产阶级的崛起密切相关。无论是本地的,还是区域性的大型超市,都在跨越国境,不断开店。国际上的超市巨头也在撒哈拉以南地区迅速扩张,加入这一竞争日趋激烈的零售市场。大卖场不仅服务于中产阶级客户,同时也创造了大量的就业岗位,尤其是在供应

链环节。它们为当地农民和厂商售卖产品提供了稳定的渠道，创造了各种工作岗位，如卡车司机、理货员、仓储管理员。与传统的露天集市不同，这些岗位大多数属于正式员工，收入稳定，不像露天市场那样难以预料，充满不确定性。

尽管大型超市在肯尼亚已经有着30多年的历史，但真正的崛起只是过去十年间的事情。纳库玛特(Nakumatt)、塔斯基(Tuskys)、乌楚米(Uchumi)和纳瓦斯(Naivas)等几家大型超市瓜分了东非的日用品零售市场。从2012年到2013年，东非零售市场增长了22.3%，从而吸引了4家国际连锁超市加入这一竞争激烈的市场。尽管如此，潜在的市场仍然巨大。大多数肯尼亚人还是习惯在杂货店或路边小货摊儿上买东西，因为比较便宜。非正规商业年均销售额是现代百货商店销售额的2倍，而本地小商小贩每年的销售额则是百货公司的3倍。虽然这种趋势正在改变，但变化是缓慢的。随着肯尼亚中产阶级工作时间延长，每天因交通拥堵而花在路上的时间越来越多，或者忙于照顾孩子和家人，对于超市的需求增长很快。内罗毕的大型超市，跟丹佛、西雅图或纳什维尔等地的超市没有什么区别，因营业时间超长、能够提供各种方便食品以及一站式购物的优点，在内罗毕同样颇受消费者青睐。

激烈的竞争促使肯尼亚的大型超市更加注重消费者体验，许多发达国家零售业常见的服务纷纷被引进，如会员制，提供咖啡小食，增设快速结账通道，24小时营业，引入自有品牌产品，房产租售代理，等等。食品杂货店也在扩大非食品类货品。例如，引入家居用品和消费电子产品，消费者能够在这里体验到如同美国的塔吉特或沃尔玛一样的服务。

与此同时,为了适应当地消费习惯,大型连锁超市也有许多创新。纳瓦斯推出小包装产品,深受欢迎。这种零售方式更适合当地顾客口袋里的现金,从而让大型商超能够与当地所谓的“卡多购”(kadogo)经济展开竞争。“卡多购”在当地语言中的意思是“小”,这个词来源于贫民窟,大致的意思是“口袋里有多少钱,买多少东西”,跟美国好市多超市(Costco)的理念恰恰相反。在街边百货摊儿上,顾客可以根据自己手里的钱,买一勺糖,一杯面粉,甚至蔬菜也可以论个单买。肯尼亚的经济增长让居民的收入也随之上升,这些街头小贩也开始推出各种包装规格的日用品,从极小装、小包装、普通装到大包装。因此,卡多购也从街头巷尾走向大型连锁超市。一些大型商超的创新体验也影响到小型的独立零售商。许多商店也开始努力让自己的店铺看起来更干净,货架排列更整齐,东西品种更丰富。

为了迎合不同收入层次的顾客,肯尼亚的超市也为高端和低端的消费人群提供了多样化的选择。纳库玛特超市近日试探性地推出一种新的业态,名为“轮子上的纳库玛特超市”。这是一种类似街边小摊儿风格的“超市”,用厢式卡车将现代化的超市消费体验送到偏远地区和农村。用冷藏货运集装箱改装而成、配备电脑结账出口的轮子上的迷你超市非常适合在重大活动现场、采矿或油田开采营地、军事训练基地或企业疗养地售卖。2013年6月,这个试验性的轮子超市首次出现在一场越野赛车的现场。而在零售模式的另一端,连锁零售巨头乌楚米超市、纳库玛特超市和塔斯基超市都在为城市消费者打造网络购物和快递平台,这个消费群体对逛商店毫无兴趣,他们宁愿多付一点钱,坐在家里就能收到想买的东西。

与东非的情况类似,在南非,激烈的市场竞争促使各大超市不能安于现状,必须不断创新。南非的连锁超市巨头绍普莱特(Shoprite)长期占据行业领头羊的地位。以市值计算,绍普莱特2013年在南非的市场占有率达19%,在其他16个非洲国家均有布局。

不过,像绍普莱特这样的连锁超市巨头,尽管市场知名度很高,非常成熟,但面对蓬勃的消费需求和未来增长,它们也只是分食了一小部分蛋糕。越来越多的本土超市和国际性的商超巨头开始抢食这一市场。博茨瓦纳的零售商俏皮士(Choppies)1986年在一个中型城市开了第一家店铺,苦心经营了十年却一直不温不火,挣扎在破产边缘。直到1993年,俏皮士的经营才有所好转,开出了第二家分店。20年后,俏皮士已经成为博茨瓦纳最具规模的商超领头羊,拥有店铺100多家,员工超过1万人,年收入高达5亿美元。目前,在南非市场,俏皮士与各大商超巨头展开竞争,并且雄心勃勃地向津巴布韦、赞比亚、纳米比亚和坦桑尼亚扩张。2014年,俏皮士财报显示其利润增长31%,渣打私募基金收购了该公司13%的股权。

20世纪80年代,俏皮士CEO拉马查兰·奥塔帕修(Ramachandran Ottapathu)从印度移居博茨瓦纳的时候,口袋里揣的钱不足200美元。凭借不信邪的毅力,奥塔帕修将一家普通超市打造成如今的商超巨擘,目标坚定,生机勃勃,充满闯劲儿,随时准备向更广阔的商业边疆开拓。"在非洲,成熟的零售企业并不多,只是在博茨瓦纳、南非和毛里求斯等国渗透率较高,"奥塔帕修说,"在其他区域,超市渗透率很低,所以机会巨大。"

正是看中了这一迅速变化的市场机遇，沃尔玛2012年开始进入非洲。经过漫长的政府审批过程，2012年，沃尔玛获得南非零售商大众超市的控股权，这是过去十几年沃尔玛最大规模也是最具争议性的收购案。大众超市为沃尔玛进军非洲消费市场提供了桥头堡，沃尔玛宣布，将在3年内在非洲大陆开设1246家超市。由于南非经济的停滞和当地消费增长乏力，沃尔玛与大众超市的并购是否成功，很大程度上要看沃尔玛在非洲其他国家是否能够有效运营。沃尔玛正在虎视眈眈地寻求新的并购目标。2013年，沃尔玛向肯尼亚的纳瓦斯抛出绣球，试图出资3300万美元收购纳瓦斯超市51%的股权，但纳瓦斯最终还是没有同意。沃尔玛只能退一步，通过大众超市在当地的玩具店品牌，直接投资肯尼亚。

在非洲大陆积极扩张的国际性超市巨头，并不仅仅是沃尔玛一家。2010年，荷兰零售商SPAR通过与Artee集团的合作，进入尼日利亚市场。法国零售巨头家乐福计划到2015年在8个非洲国家开店。尼日利亚由于其巨大的人口优势，一直是全球、非洲大陆和尼日利亚本土连锁超市扩张的兵家必争之地。尼日利亚的人口总数将近1.75亿，但大型超市的数量只有84家。博茨瓦纳的大型超市数量差不多，而其人口仅有200万。

2012年，绍普莱特公司CEO惠特尼·巴松（Whitey Basson）描绘了尼日利亚零售业的未来场景："这个石油储量丰富的西非国家之前缺乏正规的零售企业，对我们来说，未来十年，它代表着最重要的机遇……并且将成为我们销售和利润增长的主要源泉。"尽管绍普莱特在尼日利亚的主流零售市场上已经成为行业领先者，但令人难以置信的是,绍普莱特只占据了1%的市场份额——充分说明这个市场的分散。2013年,街头巷尾的小杂货店占据了尼日利亚61%的市场份额。尼日利亚本土以及跨国零售商纷纷制订了雄心勃勃的扩张计划。尽管大多数非洲人还是喜欢在杂货摊儿上买东西,或者在露天市场上讨价还价,但大型连锁超市在非洲大陆上的涌现正在改变非洲人的消费体验。

尼日利亚的电商竞争

在撒哈拉以南地区的加纳、尼日利亚和肯尼亚,各大超市忙着抢夺新兴中产阶级市场,而与此同时,来自网络电商的竞争也日益激烈。在尼日利亚最大的城市拉各斯,两大电商巨头Jumia和Konga的货车、摩托车穿梭在车流中,司机正在将货物快递到这座城市新兴的中产新贵和上流阶层手中,从平板电脑、智能手机到电冰箱,什么都有。电子商务的繁荣,要归功于过去15年来非洲移动通信革命的第二阶段:移动互联网接入。几乎人手一部基本款的翻盖手机,通过简化的互联网和短信功能,将一个巨大的消费平台送到数百万非洲消费者的手上。

2010年,非洲活跃的手机上网用户约1400万。到2013年,用户总数达到1.17亿。通过共享手机和订阅方式上网的用户数量更多,2013年达到1.72亿。在肯尼亚和尼日利亚,三分之一的人经常上网,四分之一的塞内加尔人以及一半以上的南非人经常上网。随着手机普及率的提高,上网人数仍在不断增长并且增速越来越快。在撒哈拉以南地区，100美元以下的基本款手机日益普及，涵盖了非洲消费市场重要的一块。

尼日利亚是全球最大的移动用户市场之一，用户数量年均增长率达到25%。如今，超过6000万的尼日利亚人能够上网，尼日利亚政府也在努力改善电信基础设施，以更好地支撑电子商务和移动支付的发展。从2008年到2013年，电信领域的资本投资增长了196%，2011年达到顶峰。但是在尼日利亚，人均资本投资仍比较低，且主要集中在南部地区的城市中心，导致北部许多农村地区不得不转向更加昂贵的移动上网解决方案。移动上网的普及，带来的溢出效应十分巨大。通信和互联网为非洲人民与世界的连通提供了桥梁，同时也让世界有机会与非洲大陆直接沟通，其中包括那些处于金字塔底部以及之前被企业忽视的人群。“这个行业的活力已经激发出来了。”Konga公司CEO西姆·沙加亚(Sim Shagaya)说，“在商品的买卖和流通方面，非洲有着庞大的人口基础，缺乏的只是将这些商业活动盘活起来的21世纪运作体系。”

口袋里揣着一台“小电脑”，越来越多的非洲人能够接触数字化市场，与他人交流，与世界沟通。2014年年底，脸书(Facebook)宣布在非洲的用户数量达到1亿，其中8000万是通过移动设备登录社交网络的——比上一年增加了一倍。在卢旺达和肯尼亚，乘客们坐在陷入拥堵车流的小巴上，用手机上网。在南非，上班族靠手机游戏打发时间。越来越多的人喜欢在网上购物，非洲人开始拥抱电子商务时代。①

① 有学者认为，用“移动电子商务”(m-commerce)来定义非洲市场应该更准确一点，因为大部分的电子商务都是通过移动设备来完成的。

沙加亚所说的“21世纪运作体系”需要的不仅仅是互联网接入——电子商务还需要一个交易媒介。在撒哈拉以南地区，手机已经变成移动支付的平台，让之前那些没有机会或很少能够享受金融服务的人群，最终成为消费群体的一部分。在移动支付的发展和使用上，非洲国家处于世界领先地位，数百万人脱离了传统的实体银行和实体信用卡，一步跨越到虚拟支付。肯尼亚移动运营商Safaricom开发的移动支付转账体系M-PESA，让数千万用户只要有一部简单的手机，就能够实现转账、付款、购物、购买服务、存款、生息、借款、在教堂缴纳什一税、管理医保账户等。同时，转账也变得更加安全：不用携带大量现金，避免了被盗的危险。由于M-PESA的成功，肯尼亚成为移动支付平台发展的全球性典范。

尼日利亚也正在积极推动移动支付技术的发展，但采取的战略截然不同。尼日利亚的移动支付市场竞争极为激烈，有十几家主要的运营商，由于监管的原因，这些运营商主要是银行而不是电信公司。为了建立起类似肯尼亚的M-PESA支付系统，各家平台运营商的竞争日趋激烈。由于运营商太多，尼日利亚人传统观念上仍偏好现金，加之在打造与消费者对接平台的过程中不可避免的试错成本，未来尼日利亚的移动支付市场必将面临一轮残酷的洗牌和淘汰。正是因为看中了支付平台的前景，私募基金凯雷集团意欲在这个增长迅速的市场分一杯羹。2014年，凯雷向尼日利亚钻石银行投资了1.47亿美元。

在尼日利亚等国，电子商务的发展使移动支付领域的信息和金融基础设施竞争日趋激烈。Jumia经常被称为“非洲的亚马逊”，它在非洲近10个国家建立了运营平台,无疑是这一市场的领导者。Jumia最早是由德国风投基金"火箭网络"(Rocket Internet)于2012年孵化投资的。此后,Jumia成功地从美国和欧洲公司获得了多轮融资。

Jumia的模式与亚马逊类似,但它为了迎合非洲市场不断进行大胆创新,例如在客服咨询上采用广泛使用的WhatsApp平台。更重要的是,Jumia找到了在数字化的交易市场上如何解决买卖双方缺乏信任的办法:客户在网上下单,但并不是直接用信用卡结算,他们可以在家等着,货到付现金,这样可以确保客户满意才付款。这种第三方保管账户的办法最早是由阿里巴巴在中国率先采用的,有效地解决了信用建设问题。总体而言,尼日利亚的电子商务销售在名牌服装和电器方面表现尤为强劲,因为这些东西很难通过传统的零售渠道买到。

2013年,Jumia的联合创始人杰里米·霍达拉(Jeremy Hodara)在接受路透社采访时,谈到尼日利亚的网购快速增长,他说:"大多数人都有手机,但(在拉各斯)2000万人才有3个购物中心。这是一个独一无二的时代,人们迫切需要消费,因此也是一个跨越'线下'阶段的最佳时期。"由于消费市场远未充分开发,尽管面临对手Konga网络购物公司的激烈竞争,但Jumia仍赚得盆满钵满。Konga网购公司旗下拥有Konga和DealDey两家购物网站。过去两年,Jumia和Konga展开了强劲的广告攻势,提高公众对整个电子商务门类的认知,培育新的消费习惯。在尼日利亚各大城市繁忙的十字路口,面对面竖立着两家公司的广告牌。广告横幅上写着Jumia的宣传语

"网购第一名",旁边彩旗上挂着Konga的口号"最大的网络商城"。

有意思的是,在2014年埃博拉病毒暴发期间,电子商务销售却取得了一个小的高潮。2014年夏季埃博拉病毒暴发后不久,尤其是当病毒侵袭尼日利亚的时候,Jumia的订单量增加了三倍。尽管尼日利亚政府扼制了病毒蔓延,但人们仍不愿去公共场合,尤其是去露天市场购物,网购让他们可以舒舒服服地待在家里就能买到日常所需。清洁用品和消毒产品,如漂白剂、洗手液等的订单数量激增。其他的网购平台同样销售火爆。虽然对非洲人来说,埃博拉病毒无异于一场灾难,却打开了非洲的网络销售市场。在埃博拉危机持续蔓延期间,许多人出于方便,第一次尝鲜在网上购物。

但是,非洲电商在开拓市场方面仍存在巨大的挑战。在尼日利亚,它们不得不面对电力短缺、路况差、落后的邮递系统以及不到10%的宽带接入率等问题。Jumia和Konga都建立了自己的车队(大多数为摩托车),以保证及时送货。但摩托车的运输距离毕竟有限,对于农村地区(甚至是城郊接合部)的顾客而言,就有点鞭长莫及了。

为了应对供应链体系的不完善,相比其他零售企业,网络零售商不得不囤积更多的货物作为备货缓冲,成本巨大。Konga和Jumia出售的大部分商品为进口货,迫使两家公司不得不建立漫长的供应链。供应链问题以及非洲市场上的其他挑战,让许多全球性的电商企业陷入困境。无论是亚马逊,还是易贝(eBay),在撒哈拉以南地区的业务量都很小。在努力克服障碍、完善电子商务的基础设施之后,这些公司有可能在一些表现突出的市场加大投资。

虽然亚马逊仍在观望非洲电商业务的增长，但并不意味着其没有从非洲消费潜力的增长中获益。如果一名尼日利亚人想在亚马逊上买东西(许多尼日利亚人确实经常上亚马逊网站)，他们一般是通过自己的关系网络，比如在美国的亲戚朋友。他们在亚马逊上买好东西，快递到亲戚朋友在美国的地址，然后再从美国寄回尼日利亚。这种代购业务的兴起甚至催生了专业性的服务公司，称为“包裹合并服务”。例如MyUS.com，可以派人在美国的电子商务网站上购物，然后由估价员将几个包裹打包，统一计算运费，全球几乎所有国家和地区都能运送到。

供应链在撒哈拉以南地区存在巨大的市场需求，却又是最薄弱的环节。正是看到这其中蕴含的商机，2011年，尼日利亚一对兄弟克里斯·弗拉亚(Chris Folayan)和托普·弗拉亚(Top Folayan)创办了“非洲购物街”(Mall for Africa)。两人分别毕业于圣胡安州立大学和斯坦福大学，他们的灵感来自海外非洲人持续不断的代购需求。“在尼日利亚和美国之间跑来跑去的那些朋友，以及朋友的朋友，总是不断地给我开列清单，要买美国货，其中很多是名牌服装。”克里斯·弗拉亚说，“后来，要买的东西越来越多，金额也越来越大，超乎我的想象。我们看到了这个需求和它背后存在的市场，于是就建立了一个门户网站，以满足这种需求。”4年后，“非洲购物街”从英国私募基金赫利俄斯(Helios)获得融资，并且与美国的零售巨头巴尼斯、博洛茗、布克兄弟建立了合作关系。通过专有平台、整合支付和送货服务，“非洲购物街”在美国零售商和尼日利亚消费者之间扮演了数字化中间商和货运管理服务商的角色。尼日利亚的中产新贵可以通过下载“非洲购物街”应用程序，在其合作商的网站购买任何东西。2014年，这个门户网站销售额达1700万美元，平均每单货价约为260美元。“非洲购物街”甚至为美国创造了不少就业岗位和机遇，在俄勒冈州的货单处理中心就有15名员工。

非洲电商如何获得最大的市场份额？有人认为，eBay的模式比亚马逊模式更适合非洲。Konga公司的西姆·沙加亚认为，Konga并不太像是一个“网络零售商”，而更像是一个“让各方进行交易的数字化平台”。进一步说，“未来非洲电子商务的主流应该是数百万中小企业跨国界、跨边界的交易。关键是要给其提供能够实现这种交易的技术”。沙加亚说，Konga目前的销售额“只是为了打造这一系统的投资，我们未来的操作模式应该是eBay、优步和PayPal的混合体”。

如果说能够在非洲填补eBay的空白，在网络平台上将那些非正规的店家聚合在一起，就不得不提电商平台Kaymu。Kaymu在“火箭网络”的支持下，创立于2012年。作为一家电商，Kaymu在17个非洲国家运营，为买卖双方提供了一个价格透明稳定的交易环境。平台上售卖的绝大多数商品都可以选择货到付款，同时，Kaymu也在积极采用新的支付方式。“在非洲，每一个国家都有着巨大的市场容量，足够支撑一个类似eBay的交易平台。”Kaymu公司CEO伊莱亚斯·舒尔茨（Elias Schulze）说，“我们的优势在于交易量很大，能够在非洲各国市场让数百万电商展开交易。”Kaymu的理念其实很简单，就是给尼日利亚和其他国家及地区的小卖家提供一个交易平台。因此，它不需要大量供货，而是集中精力为卖家提供服务和交易支持。如今,Kaymu平台上有4万多个卖家,仅在尼日利亚就有1.2万个卖家。"这个蛋糕增长得实在太快,很难想象它以后会发展成什么样子。"对于公司的未来,舒尔茨说,"或许我们最终会选择IPO。短期内,我们还是会集中精力应对爆发式的增长,走出一条盈利之路。"

在非洲消费市场上,跨国巨头模式在零售技术领域的运用只是刚刚开始。美国出租车业务创业公司优步最近刚刚在拉各斯运营,尼日利亚著名的说唱乐手冰王子(Ice Prince)参加了开业首乘活动,坐着优步豪华的"黑优步"专车,在尼日利亚富人圈内轰动一时。此外,本地化的房产交易应用Zillow,外卖应用GrubHub以及旅游订票网站也在尼日利亚纷纷涌现。这个市场的低门槛,使得这些以消费者为导向的企业在非洲年轻人和技术控的企业家人群中颇有市场。

新的玩家仍在络绎不绝地涌入这个市场。据欧睿国际统计,尼日利亚约有200多家电商,销售的商品无所不包。这些电商的先行者正在努力为尼日利亚人打造一种全新的购物体验,他们需要形成一个竞争集群,以推动电商行业的变革。

移动宽带的爆炸式增长使许多非洲人能够摆脱固定电话或有线宽带等基础设施的不足,在互联网接入方面实现跨越式的发展。没有移动宽带,无论是Jumia,Konga,Kaymu,还是优步,都不可能在非洲发展起来。但是,非洲的电子商务仍处于初级阶段。尼日利亚通信技术部预计,该国的电子商务市场2014年将达到5.5亿美元,同时,大型超市和传统的小商贩仍有相当大的增长空间。[①]谁将在尼

① 尼日利亚通信技术部采用广义统计口径,包括互联网在线销售、旅游订票、机票销售和二手车买卖在内,电子商务的市场规模将达5.5亿美元。

日利亚以及其他非洲国家取得成功,现在还很难下结论。

同美国一样,非洲的初创企业在成功的道路上走得也不容易,许多企业还没有开始盈利就倒下了,像Jumia、Konga这样的企业,仍在拼命地烧钱。尼日利亚破败的道路和电力短缺带来运营成本高涨,它们不得不在努力应对这些困难的同时一点点地打造电子商务的基础设施。但是,它们发现有些挑战例如快递或电子支付,有时反而会成为难得的商业机遇。

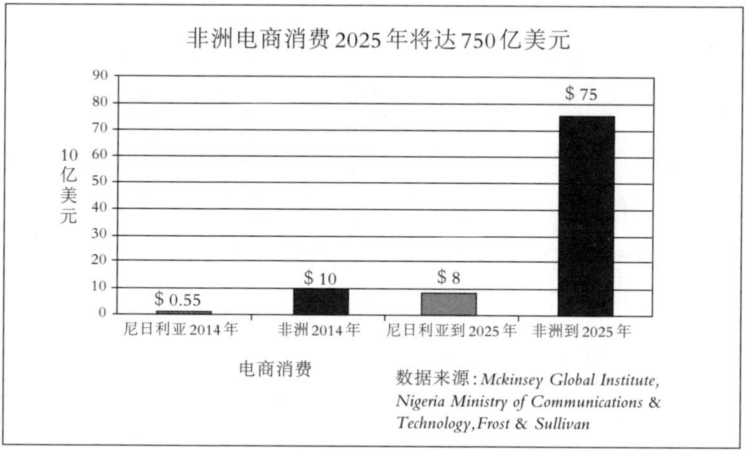

图3.1

尽管背后面临如此众多的挑战,但庞葛奈克[①](Poignonnec)、沙加亚、弗拉亚和舒尔茨这些CEO们却充分相信能够在尼日利亚率先打造出一种电子商务模式。到2025年,尼日利亚电商市场每年的营收规模预计将超过80亿美元,这一数字足以让这些电商企业

① Jumia公司联合CEO。——译者注

垂涎。抛开尼日利亚不谈,麦肯锡预计,整个非洲电子商务的潜在规模约为750亿美元。不远的将来,数百万非洲人在他们的手机上将有着更加丰富的购物选择,不仅有本地电商,还有全国性甚至跨国电商巨头,消费者只须动一动指头,就能够在全世界买买买。

非洲:未来终极消费体验的源泉

我们认为,未来在发达国家市场的消费体验将非常接近如今非洲社会渐渐展现的那样——不再是孤立的消费,而是更具公共空间性,能够提供更多迅捷的、个性化的选择。无论是就商品种类而言,还是从消费的场合来说,非洲人都面临着更加广泛的消费选择——街头小贩、露天市场、大型超市、杂货卡车或者网上购物直接快递到家。近5年,美国一些城市里也出现了卡车食品摊儿,给予顾客混杂选择的消费体验——对于这种形式,非洲人早已熟悉,并一直乐在其中。

非洲国家还在尝试无人机送货,而这在美国和欧洲都还未能实现。在美国一些城市,律师仍在试图拟定出一个法律框架,允许商业无人机使用城市空域,而非洲企业已经抢先一步。无人机起降,即使是在大中型城市,也面临基础设施不足的难题,但仍具有强大的商业诱惑力。尽管目前大规模的无人机测试和驾驶培训计划尚未启动,但未来几年将陆续展开。网络初创公司Kilimall正在同监管部门协商,试图在肯尼亚推出微型无人机当天送达业务。乔纳森·莱贾德(Jonathan Ledgard)以前是一名作家,也曾担任驻非记者,后来迷上了无人机。目前,他正在策划建立世界上第一条商业无人机货物运输航线,预计2016年在坦桑尼亚、卢旺达和乌干达开始运营。

莱贾德撰文称,这项未来科技将在非洲的发展道路上扮演重要角色:“货运无人机是运输系统的补充……像亚马逊Prime Air那样仅仅满足于最后一英里送货服务的快递无人机是没有意义的……货运无人机应该是中型的——中等重量的无人机,中等大小的货物,在中等规模的社区间运营,中等的飞行距离。天上跑的骡子不会跟地上的骡子打架,最多不过是让那些摩托车或自行车变得没什么用而已。但无人机能够改善医疗和紧急救援服务,能够连通市场,并且在非洲发展的关键历史时期促进工业增长。”未来的无人机将极大地方便日益增长的非洲中产阶级群体。

虽然无人机送货仍在试验阶段,但非洲的消费版图已经发生了天翻地覆的变化:积极扩张的大型超市、独具特色的小商小贩以及电子商务共同塑造着非洲消费市场的未来。靠短信或脸书朋友圈里喊话的时代终究会成为过去——“下周有人从首都华盛顿回亚的斯亚贝巴吗?能不能帮我妹妹带一个最新款的iPad?感激不尽。”非洲亲戚去美国或欧洲扫货拖着如山的行李等着安检的日子也将一去不复返。那些只能提供简单的包裹拼箱托运服务的公司和卖箱包的企业最终将会倒闭。非洲人在电信基础设施领域实现了跨越式的发展,他们同样将跨过自有经营,而直接进入优步、爱彼迎(Airbnb)和声田(Spotify)[①]创造的共享经济时代。无论富人还是穷人,他们都将进入一个混杂的消费体验时代——随时随地,想买就买,不管是堵在塞车大军里,还是躺在家里,或在工作中,非洲人将重新定义未来的消费体验。

① 声田(Spotify)是一个正版流媒体音乐服务平台,2008年10月在瑞典首都斯德哥尔摩正式上线。——译者注

第二部分

困境和顽疾

CONSTRAINTS AND DEAL BREAKERS

简要介绍非洲在冷战结束后与全球市场割裂的历史（“不足3%”的困境）；非洲面临历史性的发展机遇，但挑战可能毁掉这些机遇

第四章

全球化差距：不足3%的困境

2007年，我（奥布里）参观谷歌总部，随行的有来自7个非洲国家的贸易代表团和财政部部长，他们到美国西海岸参加一个商业活动。

这家负责世界网民搜索查询的科技巨擘一向以精致周到的企业文化著称，不但接送员工上下班，还给他们洗衣服，允许他们一边工作一边打游戏，从而保持思维活力如汩汩泉涌。我们抵达谷歌公司园区，负责接待我们的是谷歌传奇人物陈一鸣（Chade-MengTan），他引领我们进入主楼大堂。大厅中央，一个巨大的谷歌地球悬在半空，缓缓地旋转，上面用成千上万个五彩斑斓的光点标记着全球使用谷歌搜索引擎的情况，每一个国家用不同的光点颜色标注。

我们站在那里，目不转睛地看着。巨大的地球上，可以清晰地看到整个美国都是亮眼的光点，然后，可以看到墨西哥、巴西、日本、欧洲，印度部分地区以及中国——闪亮夺目。我们把目光投向非洲：这块大陆居然消失不见，就像一整块黑色的海洋，只是在北部和南非偶尔有亮点闪烁。时任加纳财政部部长夸杜沃·巴阿·维雷杜(Kwadwo Baah Wiredu，已故)当时也在代表团里，他说："加纳好像从来没有存在过一样。"

我们一行人向谷歌工作人员询问非洲的情况。他说，非洲在谷歌搜索全球点击量上所占比例不足3%。我和这些非洲部长们久久地站在谷歌大厅里，感慨着我们挚爱的这些非洲国家为何与世界有着如此惊人的隔绝，期待着谷歌能够在不远的将来看到非洲和非洲人民与世界相连。

"不足3%！"这个数字深深地触动了我。非洲，这片有着十几亿人口的广袤土地，只存在于"不足3%的世界"——占全球商业活动的比例不到3%。从技术、经济和互联网接入等方面来衡量，非洲是世界上最孤立的大陆。我研究美国非洲贸易政策多年，曾经无数次地推动跨国企业向非洲投资，但非洲在全球贸易额的占比仍不到3%，非洲在世界GDP总量上的占比也不足3%。美国负责非洲事务的助理贸易代表弗洛里泽尔·利泽(Florizelle Liser)经常说，如果美国和他的伙伴国能够努力促进撒哈拉以南地区在全球贸易所占的份额提高哪怕是一个百分点，将给这一地区每年新增700亿美元收入，相当于该地区所获外国发展援助总额的3倍。

抛开贸易总量不谈，撒哈拉以南地区在美国对外直接投资中的比例不到1%，消耗的能源占世界能源总消耗量不足3%。尽管在21世纪初撒哈拉以南地区的人口总量占全球人口的14%左右，但在全球经济活动中远未达到与其人口规模相应的份额。

火车仍未离站

除南非以外，撒哈拉以南地区大部分国家基础设施薄弱，缺乏成为世界工厂所必需的多样化工业布局。非洲出口商品中，70%为基础原材料；在全球排名前100位的集装箱港口中，只有德班入选。非洲国家内部的贸易额仅有12%——只有54个边境口岸，缺乏铁路运输，道路状况差，导致相比世界其他地区，运输成本居高不下。

据世界银行《2014年营商环境报告》，从撒哈拉以南地区出口一个集装箱的平均成本为2108美元，几乎是拉丁美洲的两倍。尽管这一地区国家间的联系日益紧密，但东非自从殖民时代开始就没有修建过一条铁路。旧有的铁路线，由于长期缺乏维护保养，设施长年累月被盗窃，早已面目全非。好一点的铁路线，效率低下，成本高昂，设备老旧；差一点的，则完全不能使用。

2009年，我在一个研讨会上与一名来自BNSF铁路公司的代表对话，BNSF是北美第二大铁路运输企业。这名代表应卢旺达总统保罗·卡加梅的邀请，来卢旺达考察建设一条从基加利到坦桑尼亚达累斯萨拉姆的铁路线，支线最远可以抵达乌干达的坎帕拉和布隆迪的布琼布拉。BNSF公司提供了一份可行性研究报告，勾画出最佳线路走向，经济前景也非常看好，投资回报率可观。这项铁路工程不仅是刚需,同时也会取得不错的收益。但是,5年过去了,这条线路一根铁轨都没铺。考虑到国家政治风险以及难以从财政上协调铁路沿线4个国家的利益,BNSF最终撤回了这个项目。[①]

据世界银行估计,非洲国家每年需要在基础设施上投资930亿美元,才能减小与世界其他地区国家的差距。其中,三分之一的投资必须用于维修养护,而效率改善带来的投资回报同样也非常可观。天气恶劣和过度使用,往往造成道路、桥梁、下水道和输电线路不堪重负。坑坑洼洼是当地道路的一大特色,有时甚至会成为马路杀手,使整辆汽车陷进去。几乎所有的外国游客在非洲都有过这样的经历:坐在SUV上,沿着泥土飞扬的道路一路颠簸,前仰后合。2009年,我(奥布里)和星巴克的几名高层开车18个小时穿越布隆迪。离开首都布琼布拉时,由于前几天下雨,道路上布满泥土,几辆推土机正忙着清理马路,将泥土推到路边,堆得有10英尺[②]高。这一情形让我想起2010年那场著名的"末日暴风雪"后,交通瘫痪的首都华盛顿街头那一堵堵雪墙。

我们离开布琼布拉,在柏油马路上开了一个半小时——拿司机的话说,这算是"好路"。然后,就开始走上"中国路",建成不到4年。此后,就是"坏路"——泥土飞扬,到处都是重型卡车压出的车辙和坑洞。司机预计两个半小时的路程,我们开了足足5个小时。我们三个人坐在后排,变成一体,随着汽车一起摇摆,窗外,猩红的泥土和绿

① 2013年,中国国有企业中国路桥在东非开工兴建另一条铁路,以肯尼亚港口城市蒙巴萨为起点。工程耗资预计将超过130亿美元。

② 1英尺约合0.3米。——译者注

色灌木形成鲜明的对比，我们渐渐地进入半梦半醒的状态。每当汽车慢下来，每一次撞击和颠簸都让我们亲身感受到在一个“不足3%”的世界里基础设施究竟有多糟糕。假如我们开的是一开始那条高级的柏油“好路”，只需要一半的时间就到了。尽管非洲国家在新建和改善基础设施方面已经不断地增加投入，但仍面临着300亿~480亿美元的资金缺口。那些经济薄弱或者刚刚经历过战乱的国家，基建需求更大。而一些经济大国，同世界同等国家相比，同样需要在基础设施上补短板。比如尼日利亚的道路覆盖率只有印度的15%。

电力短缺

完善的基础设施是工业经济增长的基石，非洲国家从农业和资源导向型经济向现代制造和工业转型的过程中，电力不可或缺。但是，电力短缺严重阻碍了撒哈拉以南地区的生产率增长。国际能源署2014年的报告估计，撒哈拉以南只有32%的地区能够保证电力供应，其余6000多万人缺电！

没有电力，医院无法冷藏药品，学生晚上不能做功课，经济也无法繁荣。在非洲农村，电力短缺对妇女造成的负面影响尤其严重，因为她们白天不得不花费大量精力去找燃料，用来做饭、洗衣服。美国政府认识到电力问题的严重性，2013年拟定了一项名为“电力非洲”的计划，目的是为了推动在非洲扩大发电设施投资。美国总统奥巴马为“电力非洲”制订了雄心勃勃的目标，将帮助非洲新增发电能力3万兆瓦，使6000万户家庭和企业接入电网。美国参议院提出一项拨款法案，并于2014年在众议院获得通过。这项计划旨在扩大美国对电力项目的财政支持，并将持续多年，甚至到奥巴马政府任期结束后仍将继续进行。如果非洲每一户家庭的灯都能点亮，这将极大地促进经济增长。

而现在，许多非洲人仍生活在黑暗之中，并为之付出高昂的成本，因为他们不得不自己掏钱单独发电，一度电的平均成本要比美国高3.5倍。撒哈拉以南地区所有国家的发电总容量加起来还不如西班牙，尽管其人口总量是西班牙的25倍。同为发展中国家，尼日利亚的发电能力只有其对标国家的三分之一，电费支出占企业制造成本的40%，使这些企业失去竞争力。而在那些打入全球出口市场的新兴经济体国家中，电力仅占生产成本的10%到15%。也难怪，非洲的成衣出口只占全球成衣出口量的“不足3%”。在拉各斯，街坊邻里见面打招呼，话题除了天气，就是今晚是不是又要停电。尼日利亚有6000多万台发电机，几乎90%以上的企业都有自己的柴油发电机，30%的家庭要靠自己的发电机来解决电力供应不稳定的难题。尼日利亚电信公司MTN有6000台发电机，每个月仅柴油费就接近600万美元，而尼日利亚人每年要在柴油发电上花费48亿美元。

电力短缺严重制约经济发展，为了解决这一问题，尼日利亚政府制订了一项庞大的私有化计划，准备耗资30亿美元迅速扩大电力产能和输电能力。目标是到2020年，将尼日利亚的装机容量从1万兆瓦扩大到4万兆瓦，尽管这一目标仍低于工业经济国家的常用标准，即每100万人装机容量1000兆瓦。在非洲，仅看装机容量很容易受误导，因为实际获得的电力可能远远低于装机容量。拿尼日利亚来说，实际得到的电力可能在4000到6000兆瓦，大致相当于缅因州或蒙大拿州的电力容量，而尼日利亚的人口却有1.7亿。电力分销领域普遍存在的传输瓶颈和窃电，使尼日利亚实际得到的电力往往只有装机容量的一半，并且经常导致停电事故，或者轮番限电。如果将尼日利亚每家每户的发电机转化为规模化的发电厂生产，如果能够理顺电力生产领域的乱象，尼日利亚的年经济增长率将因此增加4个百分点，达到两位数的10%到12%。①

基础性宽带

任何人，只要有过在机场、餐厅、咖啡馆里到处找插座为手机和iPad充电的经历，都能够理解电力同样也是知识经济的重要一环。21世纪的关键基础设施不仅包括传统的道路和铁路，不仅是实体的东西，同样也包括“看不见摸不着”的信息技术。2010年，非洲移动宽带用户的数量还不到全球的3%，3年后，随着移动通信革命的迅速发展，加之宽带价格降低，非洲宽带接入数量在全球的占比提高了一倍，用户数量急剧增加。智能手机的价格越来越便宜，因而更加普及，占非洲手机市场总量的20%。

三星领先其竞争对手苹果，率先进入非洲市场，现在已经尝到胜利的果实。2013年，三星智能手机在非洲的市场占有率超过50%，随着城市中产阶级的壮大，智能手机市场年增长率预计将达

① 此外，尼日利亚的经济增长率也严重依赖石油价格。

19%。这种增长并不是平均分布的，非洲各国有着巨大的差异，其中，肯尼亚城市地区、尼日利亚和南非等国的智能手机拥有率最高。中国企业当然不会坐视韩国电信巨头在非洲一家独大。华为、联想和传音（TECNO）等针对非洲消费者，纷纷推出本土化的廉价智能手机。传音主攻非洲市场，目前已经在12个非洲国家销售手机。2013年，在肯尼亚，仅智能手机市场的销售额就达到23亿美元。按实际价值计算，相比2008年增长了328%。由于起点较低，所以很容易取得快速增长。难怪越来越多的手机厂商开始瞄准非洲市场。

在传统的互联网接入方面，非洲也取得一定的进展，但数字化鸿沟仍然存在。2005年，只有3%的非洲人家里有电脑，只有1%的人在家里上网。到2013年，上网人数的比例增长到了近10%。宽带基础设施渐渐从沿海地区的海底光缆向内陆延伸，从2007年以来，肯尼亚的互联网服务价格降低了1200%。世界经济论坛发布的2014年网络准备能力指数中，以信息通信技术的基础设施、价格承受能力和技术为指标计算，排名最后的25个国家中撒哈拉以南国家就占了22个。扩大互联网接入的渗透率，能够为信息、教育机会和电子商务的发展创造条件。尽管固定宽带的覆盖面正在拓展，价格也在不断降低，但在非洲，互联网接入基本上还是通过手机进行的。

灰色的借贷渠道和超高的利率

除了在信息通信技术领域基础设施缺乏，非洲同样也缺少与现代全球经济对接的大部分金融通道。据世界银行统计,平均每4个非洲人才有1个人拥有银行账户。当然,在非洲这样面积如此庞大和多样性的地区,国与国之间的差异极大。在南非,一半以上的成年人拥有银行账户。在刚果(金),这一数字不到5%。正规缺失,非正规的自然就会乘虚而入。尽管非洲市场上,银行几乎不会向穷人提供贷款,但这并不意味着老百姓不需要发达国家市场普遍使用的金融产品。实际上,越是现金流动受到限制或者非正常流动的地方,越需要在家庭财务管理上具有一定的技巧,而这一点,往往被忽略。虽然从统计数据上看,2013年,撒哈拉以南地区仅有5%的成年人从银行贷款,但47%的人有着其他的借贷渠道——譬如,从亲戚那里借钱,带有欺诈性的灰色贷款,赊账,社区集资,等等。穷人在融资手段上展现出来的精明,往往让学者大跌眼镜。

据世界银行统计,整个非洲约有近1亿人参与当地的民间存款圈子。所谓存款圈,有时也称“存款俱乐部”或“旋转木马”,是指亲戚朋友或邻居,每人出一点钱,存入共同基金池,这笔钱可以用于家庭急诊、婚丧嫁娶、交学费或装修。据国际劳工组织提供的数据,400万肯尼亚人参与这种合作性的集体,它们能够提供某种福利,比如支付葬礼的费用。这种“葬礼合作社”往往组织严密,规则公开,账目记录详尽。在埃塞俄比亚,这种组织被称为“伊地”(iddir),一个村子里至少有一个“伊地”,有十几到二十几位成员,几乎任何人都能参加“伊地”。儿子加入父辈们的组织,从而使这种丧葬合作组织能够代代相传。尽管存款圈承担了非常重要的社会服务职能,但它并不能取代银行,毕竟银行系统能够提供包括存款、信贷和保险在内的独有功能。

在保险费用方面,撒哈拉以南地区在全球的比例不到3%,其中绝大部分保险费用集中在南非。但是,强大的家庭纽带和社区关系从某种程度上起到了保险的作用。我们认识的许多身处海外的非洲朋友经常寄钱回家,供亲戚使用。在抵押贷款方面,一些最基础的抵押产品刚刚进入非洲。2010年,世界银行一位住房问题专家估计,非洲只有3%的家庭其收入水平能够支撑抵押贷款。不过,最近刚刚引入非洲的这些抵押产品表明,情况正在迅速改观。如果要将利息降低到可以管理的水平,推行还款期20年到30年的抵押贷款是一个必要措施。非洲的贷款利率一般在16%到18%,根据数据组的不同以及国与国的区别,差异很大。在非洲,从银行贷款买房或设厂开店,成本高到几乎难以为继,地方投资往往因此止步不前。

许多老板和那些有着雄心抱负的企业家在接受访问时,都把缺少金融支持作为阻碍企业成功的最大障碍。缺乏资金阻碍着初创企业进一步壮大。银行过于保守,缺乏风险投资,私募基金受到限制以及证券市场始终缺乏流动性,所有这一切,造成非洲的金融环境十分恶劣。对于一家成熟的企业来说,要开发一个新的项目,要么通过内部筹措资金,要么从银行贷款。但在撒哈拉以南地区,私募基金投资额在全球的所占比例远远低于3%。据新兴市场私募基金联合会的数据,2014年,全球私募基金融资达5000亿美元,其中9%投向了新兴市场。就在这微小的9%的份额里,只有40亿美元流向了非洲。

在非洲，成熟的企业可以选择的融资渠道并不多，而那些初创企业和绿地投资项目的境遇则更糟糕，虽然初创企业和绿地投资是全球普遍采用的公司模式。在非洲国家，如果你想开办一家企业，即使是有着最伟大设想的企业家，也只能从亲戚朋友那里求爷爷告奶奶，磨破嘴皮地借钱。这种基于个人关系的债务，成为一个年轻企业家的负累，就算最终企业倒闭，债务还是得还。2011年，尼日利亚仅有10%的小企业从银行获得贷款。非洲企业家没有机会频繁地创业失败，也没有可能在经营公司没多久就倒闭后还能获得原谅。这可不是在美国，有破产法和借款条约的保护。为了鼓励和支持企业家创业，尼日利亚政府与包括世界银行在内的许多机构合作，建立了一个地方发展金融制度（DFI），目的在于为中小企业提供金融支持，这些企业主要集中在增长前景良好的行业，如农业、制造业、服务业和贸易业。这项计划为期7年，投入资金5亿美元，希望能够为尼日利亚下一代企业家创造一个良好的运作环境。

在宏观投资领域，变化也在悄然发生。新一波国际资本开始扎堆涌入非洲，使非洲的外国直接投资在全球所占份额超过了3%的门槛。尽管非洲矿产资源丰富，但长期以来非洲接纳的国际资本投资远远低于3%。21世纪头十年过去，随着宏观经济治理的改善和大宗商品价格居高不下，这一局面才有所改观。据联合国贸易和发展会议（UNCTAD）全球投资年度报告，2014年，撒哈拉以南地区的外国直接投资增加到550亿美元，从而使非洲终于有一项指标能够稍稍突破“不足3%”的门槛。

这些不断涌向非洲的资本，其中大多数不过是因为2008年金融危机以后国际资本在发达国家市场一蹶不振的情况下急于寻找新的回报点。部分资本流入了非洲股市。撒哈拉以南地区证券市场的资本总额在全球的占比同样不足3%,而非洲与国际资本市场的脱节,反而能够吸引基金经理人来这里寻找投资机会,因为这样可以使他们的投资组合更加多元化,避免剧烈波动。金融市场渴望新的机遇,再加上一段时期以来高昂的大宗商品价格进一步助长并推进非洲经济的迅速崛起,从而形成我们今天所看到的局面。

历史根源:殖民主义、冷战阴谋和政变

非洲如何才能打破"不足3%"的桎梏?要想理解这一点,我们首先必须简单地回顾一下非洲是如何陷入这一境地的。[①]进入21世纪以后,非洲在全球经济中的地位不断下降,这其中有结构性问题,也有深刻的历史原因。尽管在有些人看来,历史并非线性发展的,非洲并不总是处于世界经济的边缘地带。在17、18和19世纪,罪恶的奴隶贸易将非洲大陆置于世界贸易版图的核心位置。三角贸易把非洲作为重要的产品(主要是人)出口地,通过奴役非洲劳动力,在欧洲和大西洋对岸出现了商业化的农业生产,促进了早期制造业的发展。据统计,通过所谓的"不归门",比如加纳的埃尔迈拉

① 我们不可能在这么短的篇幅内全面梳理非洲大陆的历史。对于想进一步了解非洲史的读者,我们建议参考下面几位非小说类作者的著作:阿里·马兹瑞(Ali Mazrui),马丁·梅里迪斯(Martin Meredith),弗雷德里克·库珀(Frederick Cooper),米凯拉·朗(Michela Wrong),杰弗里·埃布斯特(Jeffrey Herbst),理夏德·卡普钦斯基(Ryszard Kapuscinski),亚历山德拉·富勒(Alexandra Fuller)和卡罗琳·埃尔金斯(Caroline Elkins)。

城堡，1200万非洲人经过中央航道，被船运至美洲。

殖民主义造成新的经济不平等，人为划定的边界至今仍在影响现代非洲国家的发展。1885年，在柏林一家烟雾缭绕的吸烟室，欧洲列强划定了它们在非洲占领区的边界，从而建立起一个个完全无视非洲人口地理分布的政治实体。这些人为划定的新边界将部落割裂，改变了语言界限，用远在天边的敕令取代实存的地方治理传统。

英国、法国、比利时和葡萄牙允许私人公司通过特许权和许可证的方式管理和掠夺非洲殖民地，这些私人公司包括莫桑比克公司、西非法国公司和英国南非公司。英国南非公司的代表与恩德贝勒王国（Ndebele Kingdom，即今天的津巴布韦）国王洛本古拉（Lobengula）签署了一项协议，给予该公司在津巴布韦独家享有全部的金属和矿产资源开采权，并授权南非公司可以拥有武装力量以保护其开采权。尽管洛本古拉很快意识到这项协议极其不公平，试图废止协议，但塞西尔·罗得斯（Cecil Rhodes）回到伦敦后，从英国君主那里拿到一份专属的王室特许状，继续对津巴布韦实施殖民掠夺。

这些公司以及后来的殖民地当局只注重设计和修建以出口为目的的基础设施。在加纳，从1898年到1931年，铁路运输费用占殖民地政府预算的31.4%。资源掠夺是压倒一切的经济核心，修建铁路不是为了沟通广阔的非洲大陆，而是为了将矿产、橡胶、棕榈油、咖啡和可可运到港口。以加纳为例，英国政府修建了西部铁路，连接金矿和沿海；在四次阿散蒂战争之后，出于军事目的，又修建了连接阿克拉和库马西的东部干线。两条线路形成的铁路运输网络使加纳的可可种植业得以迅速扩大，从而能够满足全球日益增长的巧克力生产对可可的需求。在曼戈斯省,随着铁路的贯通,可可产量十年间增加了233%。

而另一方面,所有的工业制成品都来自进口,在殖民地首都以外的地区,经济很难得到发展。非洲大陆的资本渠道不是为内向型贸易设计的。欧洲的中央银行控制着汇率,英国、法国和葡萄牙将非洲殖民地引入全球金融市场,纯粹是为了其自身利益。非洲形成了以初级产品贸易为主的经济体系,而将附加值更高的加工业拱手让给了非洲以外的地区。殖民地当局将经济专营权和大片土地授予政治权贵阶层,包括殖民地的欧洲白人和非洲地方首领,这些政治精英逐渐习惯并认同了这种经济体系。

进入20世纪以后,非洲国家的人民和自然资源仍继续被压榨,在经济的各个领域,非洲都没有定价权,而只能被动地接受定价。20世纪50年代、60年代和70年代兴起的独立运动喊出了重整经济的口号,十几年过去了,许多国家开始稳步发展。从1961年到1970年,科特迪瓦的人均收入超过了韩国,这一时期,南非的人均收入与西班牙相当。但是好景不长,随着大多数农产品价格的崩溃以及70年代的经济萧条,非洲国家没有及时调整以农业为主的单一经济来促进经济的多元化转型,由于劳动生产率低下,经济“奇迹”最终没有发生在非洲,而是花落亚洲。

经济插曲:主权债务和资本外逃

20世纪70年代和80年代初,跨国公司实际上已经进入非洲

——并非像近几年一些新的“非洲崛起论”所说的那样是被美国企业彻底遗忘的角落。1974年，花旗银行在肯尼亚开设办事处，1975年在科特迪瓦开始运营，此后迅速进入六七个非洲国家。1980年，大通曼哈顿银行相关部门有350名员工，专门服务于对非洲感兴趣的美国重要企业客户。不过，在这些刚刚获得独立的非洲国家做生意的公司，主要从事的仍是贸易和资源开采，而非广泛投资。波音和通用电气向非洲出口飞机和机车，德士古和海湾石油公司从20世纪60年代就开始在尼日利亚开采石油。凡士通轮胎在利比里亚建造了世界上最大规模的橡胶种植园。嘉吉食品(Cargill)在加纳种植可可。70年代中期，几十辆卡特彼勒公司的挖掘机在刚果(金)忙着清理道路，修建一条输电线。大通、花旗以及其他跨国银行也在克服汇率转换的困难，为那些从事大宗商品贸易的公司提供转账和贷款服务。

这些银行在非洲运作的核心业务是给非洲政府提供国际收支贷款(通常是以大宗商品为担保)和债务重组。20世纪70年代，由于阿拉伯石油出口国的资金宽裕，这些“石油美元”远远超过海湾国家的国内工业投资需求，只得存入国际商业银行，导致全球主要商业银行现金泛滥，必须寻找出路。大通、花旗等银行决定向那些增长前景乐观的新兴市场，如拉美地区，提供浮动利率的长期贷款。非洲国家也没有被遗忘。1975年，石油禁运两年后，非洲国家外债对出口的比率平均为105%。到了1982年，这一百分比翻了一倍多，达到262%，非洲国家偿还外债达160亿美元。由于大宗商品价格上涨，这一投资目前看起来还是安全的。

1982年，墨西哥发生债务危机，对于向非洲政府提供借贷的全球几大商业银行来说，这无异于一记重拳。由于市场担心出现连锁性的债务违约，中东石油热钱流向发展中国家主权债务市场的循环往来突然急刹车。墨西哥危机表面上看起来最初只是一个流动性问题，但最后演变成债务违约，暴露出世界最具声誉的商业银行存在的严重危机，引发全球市场的普遍忧虑。在非洲，基于大宗商品的贷款一夜之间几乎完全消失。1982年，全球排名前九位的商业银行，平均20%的资本是在非洲债务国家手里；到了1986年，这一数据降低到6%。银行界不再认为非洲的风险是值得尝试的。利比里亚总统埃伦·约翰逊·瑟利夫（Ellen Johnson Sirleaf）1991年在为世界银行撰写的一篇文章中说，非洲国家突然之间被赶出了国际信用市场，因为银行界认为借款的风险预期已经超过了回报。

非洲国家失去了国际收支借贷，再加上美国反种族隔离运动风起云涌，许多跨国公司离开南非，结束了这一地区长期以来的投资神话。20世纪80年代，种族隔离制度下的南非占据了全球黄金产量的33%到50%，全球标普500强企业中近一半的企业在南非都有生意。随着社会舆论对南非种族政策的批评日益尖锐，1986年，通用汽车和IBM离开南非；此后几年，200多家美国企业相继撤离南非。1986年，美国国会推翻里根总统的反对，通过《全面反种族隔离法》，决定制裁南非，从而关上了向种族隔离国家进行贸易和投资的大门。由于南非经济的绝对优势，失去了南非，非洲经济也就失去了市场动力。在南非以外的地区，主权债务的风险极高。20世纪80年代末和90年代初，许多企业认为非洲根本不值得考虑投资。

1985年8月，大通曼哈顿银行正式撤出了它在南非的借贷业务。主权评级机构甚至不想为非洲国家发布评级，直到最近十年才开始为非洲评级。缺少国家评级和主权信用担保许可，再加上内战引起的合同违约风险，此后20多年，私人资本和国际银行很少涉足非洲大陆。

政府、枪炮和竹篮打水的努力

除少数几个国家之外，大多数独立后的非洲国家在经济上采取中央集权的政策，亟须为社会提供就业岗位。政府被视为经济背后的驱动力和繁荣社会的缔造者。非洲国家雨后春笋般独立的同时，借贷创下历史新高。截至1986年，在非洲现代产业中，公共领域提供的就业岗位占就业总量的一半以上，相比而言，亚洲只有三分之一。到1995年，撒哈拉以南地区外债与出口的比例超过240%，占国内生产总值的81%。1981年，尼日利亚经济下降了13%，5年后，继续下跌10%。非洲国家不但没有为70年代和80年代出生的这一代人创造就业岗位，反而将非洲的短期未来卖给了债务。经济机遇消失了，许多新生的（或者说人为划定的）国家仍很脆弱，导致政治持续动荡，社会暴力事件频发。

非洲国家独立后，政变或政变企图就超过200起。军政府走马灯似的换了一拨又一拨，许多人认为，后殖民时代的非洲繁荣梦想在枪杆子之下彻底破灭了。无法移民海外的年轻人只能在他们父辈独立传奇后留下的废墟中生存，他们没有其他选择，除了战斗。

持续20多年,整个南部地区被内战笼罩着,经济陷入停滞。莫桑比克内战和安哥拉内战几乎在两国从葡萄牙手中独立之后不久就爆发,导致200多万人死亡,600多万人无家可归。苏丹内战断断续续打了39年,使苏丹南部(2011年独立为南苏丹)成为全世界最穷困的地区之一。欧洲、美国和苏联参与的冷战使非洲人民沦为全球权力玩家的代理人,使原本就已经深陷内战泥淖的非洲各国,局势进一步恶化,战火经年不熄。

伴随着战争带来的溢出效应,非洲整个"邻里"文化彻底被摧毁。据牛津大学保罗·科利尔(Paul Collier)博士统计,非洲每一次内战造成的损失平均为640亿美元(不包括医药开支)。这是一个绝望的时代,经济急剧下滑,导致整个80年代成为失去的十年。1990年非洲的人均收入比前十年还要低,人才如潮水般加速外流,黑市和灰色市场盛行,极度腐败的传言令人咋舌,世界将非洲视为一个只会恳求捐款的要饭盒子。1985年,鲍勃·格尔多夫(Bob Geldof)为埃塞俄比亚饥荒举行慈善音乐会,拉开了名人为非洲募捐的序幕,而像我们这些为非洲发展出谋划策的专家,直到最近才大规模出现。

从失去的十年中崛起

过去15年,一批励精图治的非洲领导人一直在努力促使国家经济走出失去的十年,尽管这条路走得异常艰难。他们首先要做的是稳定宏观经济,通过民主的手段促进企业兼并联合。非洲的平均通胀率从1994年的47%降低到1998年的10%，财政赤字减少，各国掀起了一波私有化浪潮。政治变化给非洲经济政策的调整带来了积极效应。90年代，绝大多数非洲国家举行自独立以来首次多党参与的大选。2000年年初，在莫桑比克、安哥拉和苏丹，非洲持续时间最长的几场内战结束。南部地区再度恢复了和平，邻国之间终于能够将国防开支用于社会民生，鼓励海外人员回国。尽管各国情况不一，但进步是显而易见的。

1994年，南非结束种族隔离制度，从而为资本流入非洲创造了条件，在撤资风潮中离开的跨国公司重新在南非设立办事机构。1995年，南非吸引的外国直接投资达到12亿美元，比前十年平均增长了4000%。证券投资重新活跃，而且势头更加强劲。随着跨国公司的回归，金融市场开始用经济眼光重新审视非洲。作为非洲主要的出口项目，大宗商品价格的持续上涨进一步增加了国际市场对非洲的兴趣。如今，南非工商会50%的成员都是《财富》杂志500强企业，南非的美国商会据称有200家美国企业会员。

尽管20世纪90年代末和21世纪初出现了积极变化，但是对大多数非洲国家来说，经济增长之路仍然艰难，乐观仍为时尚早——博茨瓦纳和毛里求斯是例外，因为这两个国家长期政治稳定，经济相对繁荣。在经济振兴和繁荣的长跑竞赛中，非洲国家仍落后于其他地区的国家，仍然身处“不足3%”的世界。

第五章

非洲的顽疾

进入21世纪后的15年,非洲从“不足3%”的世界里崛起,进入一个经济快速增长的时期。按照目前的增长速度,许多撒哈拉以南地区的人民在其人均普遍寿命年限内,生活水准将得到大幅提高。道路、电力、教育和市场等方面的便利性迅速增长。美国人口咨询局的研究表明,健康保险和医疗设施的普及(使新生儿死亡率降低),使非洲有望出现婴儿潮,到2050年,非洲人口将翻一番多,达到24亿。在20世纪的后40年里,肯尼亚的人口期待寿命翻了一倍。非洲国家正在培育新的产业,如制造业、技术和金融服务,这将使数百万人的平均工资和赚钱能力获得显著提高,进一步推动非洲的城市化进程。未来50年,非洲将实现全面转型,无论是深度,还是广度,都与西方国家在工业时代和太空时代出现的转型类似,它的规模和激烈程度都是空前的，将是人类历史上从未经历的。[①]

尽管非洲经济取得了显著成就，未来具有跳跃式发展的潜力，但仍面临许多发展障碍。高速的经济增长以及人口地理上的剧变，既不是直线前进，也不可能一帆风顺。历史上，在经济财富的积累过程中“翻船”甚至“开倒车”的例子比比皆是，非洲国家在迈向发达国家行列的道路上没有捷径可走。在本书的前言中，我们强调对撒哈拉以南地区的分析要在乐观预测和批判性分析之间保持平衡。为此，我们梳理了许多非洲国家经济发展进程中可能导致“翻车”的关键性短板。我们认为，阻碍非洲经济变局的顽疾有三个——大规模的失业以及由此导致的社会不满；在调整富人和普通大众之间利益分配上产生体制性的失败；市场上出现“黑天鹅”事件[②]。所有这些问题都非常严重，而对非洲而言，几乎每一个问题，她都经历过。

美国、英国和其他欧洲国家在经济发展过程中也面临同样的挑战。美国曾经失业率高居不下，其经济命脉很大程度上被一小部分经济寡头把持(洛克菲勒家族、卡内基家族、范德比尔特家族)，社会管理机构花了一个世纪的时间，才让普通老百姓得以享受各种社会

---

① 如果我们仅从人口分布上对比，中国人口1980年为9.8亿，到2013年，增长了37%，达到13亿。中国预计到2050年，人口总数将达13.5亿，仅增长2%。而据世界银行统计，撒哈拉以南地区2013年的人口为9.361亿，相比1990年的4.8亿，增长了95%。撒哈拉以南地区的人口总数预计到2050年将增加到24亿，相比2013年，增长超过100%。

② “黑天鹅”事件是指那些难以预料、很少发生，却具有显著影响的事件，并且往往会在事件发生之后重新回归合理状态。这个词由纽约大学教授纳西姆·尼古拉斯·塔勒布(Nassim Nicholas Taleb)发明，并流传开来，特指2007年至2008年的金融危机。

公共服务。19世纪末和20世纪初,极度的收入不平等成为美国经济的主要特征。在俄亥俄州的克利夫兰,1910年,在百万富翁大道旁边有250幢豪宅,而绝大多数的美国人连基本的电力或卫生服务设施都没有,更不用说那些生活在南方种族歧视地区的900万美国黑人了。幸运的是,随着中产阶级的崛起,他们利用机构和社会力量迫使政府改变政策,促使超级富豪将他们的财富用于建设许多流芳后世的公共工程,如铁路、大学、图书馆和医院。

非洲国家尽管在经济上快速增长,但是如果不能促使市场规范化,机构成熟化,过去15年来取得的这些经济成就,大多数将化为乌有,甚至倒退。其中,最关键的考验在于政府能否创造就业岗位。

顽疾之一:缺乏足够的工作岗位

我(奥布里)2001年搬到开罗。全球刚刚从千年虫电脑病毒的阴影中走出来,世界安然无恙。美国刚刚经历了一场极具争议的大选。iPod刚刚推出。我们进入了一个崭新的世纪。

开罗是一座不夜城。无论何时,这里都充满着魔幻般的活力。同大多数发展中国家一样,开罗街头的熙熙攘攘也是出于生活的需要——埃及50%的GDP来自非正规产业,所有的东西都可以拿到街上来卖,大街旁边全被商贩占领:卖餐巾纸的小伙子,卖蔬菜水果的贩子,送早餐的快递员,还有大街上涂满金光闪闪装饰的出租车。拥堵的车流中,见缝插针的出租车、慢吞吞的驴车、胆大的行人,过马路就像是在打《青蛙过河》的电子游戏,能不能钻过去全靠你的运气。

但是,最让我感到吃惊的还是大街上有那么多的孩子和年轻人。我刚刚从欧洲搬到开罗。在欧洲,你很少看到童车,许多国家的人口出生率是负增长,而开罗却充斥着年轻人。1500万城市人口中,至少有200万青年从早到晚无所事事,在大街上游荡,在市场上瞎逛,在清真寺祷告——许多人没有工作,大部分人只是打打零工。

没有工作,这些年轻人就买不起房子。没有房子,他们就无法结婚。不结婚,他们就漂浮不定,陷入青春期焦虑,激情无处释放。他们的欲望爆炸式地增长,而实现欲望的手段却非常有限。他们的技能和教育水平无法满足公司的需求,市场上那只看不见的手仿佛一直压迫着他们。你可以感觉到他们内心的愤懑,感受到他们对美好生活的渴望。绝大多数年轻人一辈子只知道一位总统:胡斯尼·穆巴拉克(Hosni Mubarak),对于这个政治体制是否能够给他们带来一个光明的未来,他们持深深的怀疑态度。

在撒哈拉以南地区,官方公布的较低的两位数失业率实际上是不可靠的,因为这些数据只统计了拿工资的劳动力。事实上,非洲劳动力大多集中在农业(70%)和非正规经济领域(80%)。在非洲的失业大军中,年轻人占了60%,甚至更多,72%的年轻人生活水平不足2美元一天。即使是在南非,也有75%的失业人群是年轻人。如果非洲各国政府无法在能够创造就业岗位的产业领域(初级产品行业除外)吸引投资,无法尽快激发当地民众的企业家精神,又一波"阿拉伯之春"将引发社会动荡,撒哈拉以南地区过去十年持续稳定增长的经济成果最终将付之东流。①

2001年我在开罗看到的情形,15年后却与许多撒哈拉以南国家有着惊人的相似之处。喀麦隆总统保罗·比亚(Paul Biya)1982年上台,一直执政至今,而喀麦隆人的平均年龄仅为19岁。绝大多数喀麦隆人一辈子也没听说过其他总统的名字。对于安哥拉、乍得、赤道几内亚、厄立特里亚、冈比亚、苏丹、乌干达和津巴布韦的年轻人来说,同样如此。这些非洲领导人——他们中的许多人要比其国民的平均年龄大50岁——是否能够满足人民的期望,是否能够为数以百万计的年轻人提供经济机遇,这将是对非洲经济崛起的真正考验。

持续地创造就业岗位,需要具有广泛的基础教育和高等教育

每年,有1000万到1200万青壮年涌入非洲的劳动力市场,其中拥有大学学历的不到5%。绝大多数年轻人努力想找一份全职的正式工作,无论这份工作是否有职业上升空间。尽管许多非洲国家6%到8%的经济增长率让世人惊羡,却不能为这些职场新人提供足够的工作岗位。50个南非青年中,只有1个能够在学校毕业5年后找到一份收入水平远超贫困线的稳定工作。②

作为非洲最大的经济体,南非面临的挑战要比周边经济体量较小的邻国大得多。肯尼亚和尼日利亚是全球人口增长最快的国家,

---

① 有学者认为,一些非洲国家需要类似突尼斯和埃及的"阿拉伯之春"的社会抗议运动,以推进民主进程。但是,这种抗议活动具有强烈的不可预测性。在某些国家,由于特殊的历史、人口和政治原因,很容易演变为持久的冲突。此外,"阿拉伯之春"严重破坏了埃及的经济增长(投资、旅游等),而且时间长达4年之久。

② 2014年的贫困线标准为月收入418南非兰特,约合35美元。

到2050年，其人口增长率分别达到135%和175%，这将使尼日利亚在2050年成为世界人口第三或第四的大国。如何为这些数量持续增长的孩子提供教育和职业培训，这是摆在非洲各国面前的艰巨任务。根据联合国千年发展目标，过去十几年来，非洲绝大多数的儿童接受了基础教育。撒哈拉以南地区的儿童入学率得到极大改善，从2000年到2012年，入学率增长了18%，令世界瞩目。但是，这一成果被强劲的人口增长抵消了。2012年，相比2000年，仍有超过35%的孩子需要教师、课本和安全的学习环境。

然而，孩子们的学习热情往往被公共教育资源的不足和效率低下击得粉碎。在喀麦隆，公办学校的教室里1名教师要带教70到80名学生，即使是最有耐心的教师也无法给予每个学生平等的关注。非洲的师生比例一般为1∶50，师资缺乏一直是非洲教育的顽疾，就像一种悄然蔓延的病毒，长期侵蚀着非洲的教育水平。在南非，教师平均一学期只上19天课就辞职不干了，这个比例是邻国的两到三倍。

在非洲，无论是小学、初中，还是更高层次的教育，都面临同样复杂的问题，即使是在经济较为发达的地区也不例外。南非国家计划委员会主席特雷弗·曼纽尔(Trevor Manuel)说，在南非，平均只有54%的小学生成功升到初中，只有13%的高中生能够完成学业有资格进入大学。学生辍学往往是出于经济原因。尽管非洲大多数国家的小学教育是免费的，但课本费和校服费还是需要自己承担。在喀麦隆的巴门达，每个家庭每年要为一个孩子花费60美元的置装费、150美元的书本费和130美元的杂费。私立学校，包括教会学校，虽然在师生比例上有所改进，但也要收取额外的费用，价格从90美元到1000美元不等。开销之巨大,使许多家庭无法享受基础教育。

为了更好地理解非洲教育碰到的困难,我们采访了玛格丽特·安耶(Margaret Anye),她在喀麦隆不同的城市和地区教了40年的书。现在,在国家补贴下,安耶开办了自己的私立学校,叫作三一综合中学,为那些因各种原因无法稳定就学的孩子提供上学的机会。这些年来,安耶看到许许多多的孩子为了读书而付出了艰辛的努力,她给我们讲述了这些孩子背后的感人故事。

其中一个故事的主人公是冯钢·迪万(Fongang Divine)。迪万到了五六年级,父母就无力供他继续读书了。他只能辍学,在一个冰箱修理店做学徒工。勤奋聪颖的迪万很快就展现出在电器修理方面的天赋。12岁的时候,他开始自己出来单干,每天走街串巷为邻居修理家电。直到攒够了钱,他重新回到学校读书。为了支付每年的学费,他一边四处打工,一边上学。现在,迪万已经通过所有的高中测验,正忙着想办法挣钱上大学。在撒哈拉以南地区,像迪万这样的孩子还有很多,他们为了能够上学,往往要付出常人难以想象的艰辛和努力。

过去20年,为改善基础教育,为大多数孩子提供就学机会,非洲各国做出了巨大的努力,接下来更加艰巨的任务是提供更高质量的教育。孩子们需要具备合适的技能,职场文化需要培育,政府需要为他们提供创造性工作所需的机会,从而能够为全球经济创造更多的价值。在知识经济越来越占据主导地位的背景下,这种需求更为迫切。非洲必须把STEM(科学、技术、工程和数学)教育摆在更加重要的位置,让年轻人的想法和激情与21世纪和22世纪就业机会所需的技能结合起来。“高质量的大学教育,尤其是在应用科学、技术和工程领域的项目,能够有效地增强非洲的竞争力,提高生产率,促进经济增长。”世界银行负责非洲地区事务的副主席穆赫塔尔·迪奥普(Makhtar Diop)说。

随着互联网的普及而出现的教育民主化,将极大地降低非洲学生接受高等教育的成本,越来越多的人开始使用电子和移动学习设备,从而使非洲人能够跨越实体的大学和图书馆,从而节省高昂的学费。开放式学习革命在美国和欧洲已经展开,非洲人无需签证或大把的钞票——他们只要有Wi-Fi信号,有一条网速还可以的宽带就行了。2013年,苹果的iTunes U下载次数超过10亿,Coursera[①]在全球的注册用户数超过1000万。在教育领域,我们刚刚迈进一个技术不断创新的时代,未来的舞台将是非洲人自己为非洲搭建的。

弗雷德·斯旺尼克(Fred Swaniker)是加纳人,从小就在非洲十几个国家间颠沛成长,为解决非洲高等教育缺乏的问题,他找到了一条新的路径。斯旺尼克成功地在南非创办了非洲领导力学院(ALU),这是一所面向全非洲招生的世界级的寄宿制学校。斯旺尼克经常问自己,为什么非洲国家不能产生自己的斯坦福或哈佛？怎么样才能让非洲的大学教育发生质的变化？斯旺尼克推出了一个新的计划,叫作“非洲领导力开发倡议”,他准备建立一个由25所大学组成的网络——用他的话说,这就是“非洲的常春藤联盟”——这个高校集群将重新定义21世纪的非洲高等教育。25所大学中,首

① Coursera网站是目前世界上最大的免费公开课平台。——译者注

个耗资1亿美元的高校校区将于2015年在毛里求斯落成开学。肯尼亚和摩洛哥的校区也将随后建成。

ALU不设研究型的教职岗位，省却了招募终身制教授的高昂费用。它探索性地采用多种教育方式，例如，知识讲座，同伴协作学习，技能传授型院系，技术整合，聘请知名教授和退休高管作为导师。3年拿到文凭，花费只有美国一些著名大学费用的十分之一。斯旺尼克的目标是"为一代人打造高质量的劳动人军"。ALU先期推出200个名额，已经收到1万个申请。面对人们对教育的渴望，显然是僧多粥少。

非洲的职业技能教育在疾病的阴影笼罩下变得更加复杂。在婴儿和产妇死亡率、艾滋病发病率等方面，许多非洲国家遥遥"领先"其他国家和地区。此外，疟疾盛行也往往导致工作时间减少。在全球25个婴儿死亡率最高的国家中，非洲就占了23个。其实，非洲政府只要在健康和社会保障制度上增加投入，就能够减少产妇大出血的危险，降低婴儿和产妇的死亡率。2001年4月，在非洲联盟的努力下，非洲各国政府通过《阿布贾宣言》(Abuja Declaration)，同意将财政预算的15%用于改善民众健康。但是，十年过去了，只有卢旺达和南非完成了这一目标。在一个日益开放的世界经济体系中，只有健康的人力资源，才能获得竞争力。

由于缺乏工作岗位所必需的教育和技能，数百万人不得不转向非正规经济领域，实现非正规就业——计件工作、打短工或从事季节性工作，当地人称之为"小钱"。尽管南非在减少贫困方面取得了一定的进展，但仍有1000多万人生活在所谓的"食品贫困线"以下，每天不得不为了填饱肚子、获得足够的营养而疲于奔命——那些吃不饱的人显然也非常清楚哪些人是无须挨饿的。南非自1994年废除种族隔离制度以来,收入不平等的状况始终没有改变,至今仍是世界上贫富差距最大的国家之一。

为了满足年轻人的追求,必须提供一份城市的工作和向上流动的机会

不平等加上饥荒,在人口集中的城市很可能会产生政治上的不稳定。在非洲,大规模的城市化进程让越来越多的年轻人涌进达累斯萨拉姆、金沙萨、亚的斯亚贝巴和内罗毕。就算来一场农业革命,也不可能再把这些城市移民吸引回他们的村庄。2010年,为了一个金融服务市场的研究课题,我(奥布里)在肯尼亚实地调研养羊农户的生活。炎热的夏日,我灰头土脸地坐在阴凉处的椅子上,看着一名兽医正在给农民解释如何给山羊修剪蹄子,如何对付一些简单的疾病。我的目的是为了了解农民是如何为他们的牲畜获得贷款;除了自然繁殖之外,他们还有什么办法扩大牲畜存栏数。

但是,那天让我感触最深的却是这些农民的年龄,许多人都已经70多岁了。他们的故事几乎完全一样:儿女都到内罗毕去找工作了,年轻人不想继续留在农村,他们想要更加丰富多彩的生活,想要智能手机和电脑,想去听歌星的演唱会。肯尼亚的农村已经无法容纳年轻人的梦想。通过手机,非洲的年轻人了解到农村以外的世界——毕竟他们已经是地球村的一部分。他们渴望在全球经济繁荣和消费主义浪潮中分得一杯羹,而且最好现在就能得到。

同许多新兴经济体一样,非洲的年轻人往往有着强烈的消费欲望,却又因无力享受现代社会的舒适而变得沮丧。相当一部分尼日利亚青年是在消费文化的耳濡目染中成长起来的,少数人在物质上的富足被视作成功的标志,成为众人羡慕的对象。尼日利亚是全球香槟消费市场增长最为迅速的国家。2010年,为了庆祝尼日利亚独立50周年,轩尼诗特意出了一款纪念干邑。到2015年,尼日利亚的香槟消费很有可能将跨越100万升的大关,从而跻身世界十大消费市场。保时捷2012年在拉各斯开了一家专卖店,普拉达也传言将在当地开店。但是,橱窗里展示的和尼日利亚老百姓能够买得起的,中间隔了一条难以跨越的鸿沟。

如何妥善处理年轻人的激情是未来十几年非洲政府面临的主要挑战,他们的想法很容易被一些意见领袖所左右,并且这些人对现有的政府管理手段普遍缺乏信心。据非洲调研机构"非洲晴雨表"最近对非洲年轻人所做的一项调查,大多数人对自己国家的经济增长率表示不满——53%的人表示,他们国家的经济一团糟;48%的人认为他们国家的经济前景渺茫。如果年轻人没有钱去学习和出国深造,他们待在家里,就会丧失最新的机会。

在19世纪的英国和法国,满怀壮志的年轻人还可以去殖民地寻找发财的机会。在美国,他们可以西进淘金,美国不断地开疆拓土也给他们提供了成长壮大的机遇。无论贫贱富贵,不管你是家中长子还是次子,也不管你是移民还是当地人——所有人只要努力工作,都能在崎岖的人生道路上找到属于自己的机遇。而在非洲,许多没有门路的年轻人只能在大街上游荡,走街串巷,穿梭于车流之中，抓住稍纵即逝的赚钱机会，挣一点小钱勉强糊口。在非洲，这种情形已是司空见惯了。在西非，2014年所谓的创造新的工作岗位，大多数不过是街头摊贩，而这些非正规的小摊贩在大选的时候却往往成为各个政党的政治工具。

2008年11月5日晚，我(奥布里)乘飞机从达累斯萨拉姆抵达内罗毕。刚刚在达累斯萨拉姆结束了一场圆桌会议，带领一个制药公司高层代表团与坦桑尼亚卫生部举行会谈，加上旅途劳累，我迫不及待地想回到宾馆休息。过海关，换外币，买肯尼亚电话卡——急急忙忙地走完机场的一套例行程序，我看到了接我的酒店司机理查德。我们正准备上车向市中心开去，天空突然暗下来，紧接着来了一场倾盆大雨。我们在公路上一点点地往前挪，堵得水泄不通，总感觉其他车道不论快慢都比自己这条车道好。我已经习惯了内罗毕的堵车，但这一次感觉不一样。到处都是簇动的人群，气氛有点紧张。十几名年轻人围着我们的车，手里拿着各种东西叫卖——T恤、旗帜、纪念章、号角、手机壳、背包、招贴画——全部都印着美国国旗和奥巴马的头像。这一天，正好是肯尼亚“奥巴马日”的前夜。

为了庆祝奥巴马大选获胜，肯尼亚政府宣布11月6日为国定假日。短短几天时间，肯尼亚的各个厂家和艺术工作者就设计制作出来无数的纪念品。大街上，成群结队的年轻人拼命想抓住这一历史性的机会赚点钱。我从来没有见过这种场面，如蝗虫般涌上街头的卖家，以及像过节一样喜气洋洋的买家。人们在雨中跳着舞，有些人甚至下车，站在拥堵的车流中跟其他人聊天。他们互不认识，都是被困在马路上动弹不得的人，却突然间像朋友和邻居一样亲近起来。这种街头的情绪——热情，混乱，夹杂着对未来单纯的期望——就这样蔓延开来。

这是一个充满人情味儿的非洲，它曾是非洲的过去，也代表着一个更具人情味儿的未来。年轻人制造产品，年轻人再来卖掉，这将在很长一段时间内成为非洲的特色。人类社会还从未见过这么多的年轻人——不仅仅是指他们成群结队出现的规模之大，同时，年轻人在人口整体中所占的比重之高也是少见的。到2050年，非洲的工作年龄人口将达到10亿，按照中国和印度的人口年龄发展趋势，非洲的工作人口将超过这两个国家。联合国儿童基金会（UNICEF）最新的一份报告预计，到21世纪末，非洲占世界人口的比重将从目前的15%上升到40%，仅尼日利亚的人口就将达10亿。非洲国家正面临着前所未有的经济增长挑战，这种挑战将渗透到社会的方方面面，同时也需要非洲政府进一步提高社会计划和危机管理的水平。从经济的角度上讲，就是必须从单纯地追求速度向质量转变。

但是，至少从目前来看，快速的经济扩张并没有伴随质量的提升，没有创造多少就业岗位，也没有带来惠及广大人民群众的繁荣。近来，加纳、尼日利亚和肯尼亚重新计算GDP，暴露出贫富差距比之前想象的更为严重，同时也让更多人意识到贫困问题的尖锐性。尽管像尼日利亚这样的国家，在经济的多元化发展方面事实上已经做得非常成功，但是贫富差距和地区差异反而进一步扩大。尼日利亚的南部更富裕，北方更加贫困，其程度都超过原先的估计——这也是导致北方州，如包奇、约比、博尔诺和卡诺等地安全形势堪忧的原因。尼日利亚的经济虽然取得了增长，但如果越来越多的年轻人感觉自己被经济增长远远地甩在后面，就会被博科圣地的反现代化口号吸引，这个极端组织的名字意思是"禁止西方教育"。

所有的一切，从安全操作到职业训练，从金融支持到土地改革，都必须从有利于创造就业岗位的角度重新考虑。没有工作，就不可能维系一个家庭、一个村庄、一个国家乃至整个非洲大陆的健康发展。各国政府已经意识到这个问题，非洲联盟宣布2009年至2018年为"非洲青年十年"。但问题在于，各国能否迅速行动，取得实质的进展，以防止民众最终走上街头抗议？保罗·科利尔的研究表明，年轻人在人口总量中的比例如果增加一倍，5年内发生暴力冲突的可能性就会增加5%到20%。拿科利尔的一句妙语来说："暴力革命很少是由老大妈们搞起来的。"

按照目前的出生率，许多非洲国家因无所事事而发生暴力革命的危险性越来越高。投资的缺乏，经济环境的千疮百孔，有可能导致大范围的贫困和政治动荡。许多研究都表明，战争、冲突和暴力革命的危险，很大程度上取决于年轻人占人口的比例，取决于失业率和受教育的程度。危机何时会爆发，谁也说不清楚。在人口、社会分化和灾难爆发之间那条微妙的分界线，正在被非洲国家不断地侵蚀打破。

顽疾之二：体制僵化，无法适应

非洲国家能否应对人口数量爆炸式的增长，取决于体制是否稳定和完善[①]。体制不需要很完美，也没有完美的体制。体制所要的只是服务于公众利益，而不是与公众利益背道而驰，能够不受权势个体的影响而独立发挥主体作用。诺贝尔奖获得者道格拉斯·C.诺斯（Douglas C. North）、哈佛大学的尼尔·弗格森（Niall Ferguson）以及埃尔南多·德·索托（Hernando de Soto）的田野调查都认为，良好的政府、市场和公民社会机构是促使国家繁荣的主要原因。非洲亟需一个完善的体制机制，而许多非洲国家政府仍处于完善体制的早期阶段。

"腐"字当头

经济发展中的有些问题本质上是共生的，相互作用的。腐败与体制的低效运行有着密切的关系。糟糕的体制任由腐败滋生，腐败反过来又进一步弱化体制，久而久之，贪腐盛行。我们参加过各种有关非洲政策的讨论会，腐败是所有会议都无法逃避的议题，在美

---

① 衡量体制的完善性，评估体制运行的状态和改革的进展程度，有几个标准。由于没有绝对的标准，我们通常用其他对标国家来衡量，或者根据这些对标国家的体制效率来判断。世界银行推出了"全球治理指数"和《全球营商环境报告》。从合约执行力度到投资者保护，《全球营商环境报告》旨在评估各国对促进私营经济活动发展至关重要的政府职能。"全球治理指数"则是世界银行为了评估政府管理的有效性而推出的一个涵盖广泛的指标，涉及从人权保护、防止腐败到新闻自由等几百项内容。2013年，撒哈拉以南地区，除两项指标之外（政治稳定性/暴力活动降低，以及监管质量），其他所有指标仅比南非略低一点。整体上看，撒哈拉以南国家的各项指标普遍高于俄罗斯。

国政府官员的谈话中，腐败也已经成为永恒的话题——当然，这并非没有道理。尼日利亚央行主席报告的数百亿美元不知去向，还有肯尼亚的盎格鲁租赁公司政府采购丑闻等，所有这些腐败案都是为了一己私利而蚕食经济发展仰赖的公共资源。贪腐的范围之广，尤其是相对于这些国家的GDP规模和税收收入而言，更加触目惊心，让公众对于政府失去了信心。

在一些非洲较大的经济体中(尤其是尼日利亚和安哥拉)，腐败正一步步地侵蚀着政策制定者和企业高层的思想，但腐败不仅仅是非洲的问题。据透明国际(TI)2013年发布的贪腐感知指数，8个非洲国家的贪腐指数高于巴西，19个非洲国家高于印度，31个非洲国家高于俄罗斯。尽管这其中有对非洲腐败的固有印象，但即使不考虑成见因素，非洲的腐败问题仍必须严肃对待，从而为经济发展和高质量的增长提供动力。

完善法律制度，建立专门机构，集中精力做好流程设计、制度设计、监管和评估等默默无闻的工作，即使这些工作不会登上报纸头条，不会抢镜，也不会带来滚滚财富。

实现权和利的分离

要建立高效的公共体制，大多数非洲国家必须摆脱历史包袱，改变长期以来的管理缺失和对公共资源的掠夺。20世纪60年代，非洲大多数国家都已经摆脱了殖民的桎梏，获得独立，但在独立后的20年里，许多国家，或因武力高压，或因政治僵化，逐渐陷入路易十四“朕即是国家”的僵局。一位强势的领导人成为国家政治生活的核心，他的荫蔽成为生与死、财富或私有化的关键。从马拉维的海斯廷斯·卡穆祖·班达(Hastings Kamuzu Banda)到赤道几内亚的弗朗西斯科·恩圭马(Francisco Nguema)，几位非洲领导人宣布自己为终生总统。中非共和国的让-贝德尔·博卡萨(Jean-Bedel Bokassa)走得更远，甚至宣布中非为帝国，自称皇帝，并在1977年搞了一场闹剧式的加冕典礼。在这样的政治生态里，个人关系而非专业能力成为硬通货。

这种生态也给非洲的资本带来严重影响。在非洲的企业和投资圈子里，有一批人，即使没有几百人，也有数十人，他们以顾问、咨询师或掮客的身份活跃在这个圈子里，靠的就是在政治高层中的关系——所谓的“我认识某某人”——而这些人往往能够做成一笔笔的生意。美国也有游说组织，他们熟悉决策者，同时知道如何在法律决策程序间游走。而在非洲，游说者的价值体现在他们认识决策者，同时也认识那些能够影响决策的人。我们从来没有在非洲国家的议会大楼里碰到过那些专做非洲业务的游说师或咨询师，他们都等在总统府的客厅里，那里才是钱袋子和权力所在的地方。

这是因为，在绝大多数的非洲国家，没有一个历史形成的机构对总统的特权进行约束。尽管20世纪60年代独立的这些非洲国家，新制定的宪法基本上照搬了美国或英国的权力制衡架构，但在具体实施过程中，大多数立法机构是靠边儿站的，许多非洲国家领导人一手制定了总统中心制的政治体制，国家成为个人癖好的附庸，依法治国根本无从谈起。我们在非洲工作这些年来，不止一次地听到这样的解释，非洲国家依靠强势总统来治国是这一地区村落文化在国家层面的反映,他们需要“伟人”或头人作为政治管理的核心,通过领主保护来遏制冲突。无论这种体制起源于文化传统,还是自我中心膨胀,没有一个人能够仅凭个人有效地管理如此复杂的现代国家,不管他多么伟大。

体制内的政治精英同样也是这个商业帝国的大玩家,他们往往成为公共体制改革的最大阻力。在这个过程中,司法成为奴役滥用的对象。尼日利亚和肯尼亚的国会议员是世界上工资收入最高的议员(还不包括其他好处)。在肯尼亚,2013年议员工资占GDP的比例居然高达12%。这些议员还年年投票要求为自己涨薪。他们的逻辑是,只有当国会议员的收入高到一定程度,才不会被腐败拉下水。但是,高薪养廉的成果,我们至今仍未看到。

肯尼亚议员不断投票为自己加薪,而老百姓却经常被拖欠工资,2013年大选后,新宪法的公布终于引发了公众愤怒。抗议人群在议会大厦外,将议员们称为“议员猪”(MPigs),将这场抗议视为4200万肯尼亚人对抗349名议员的战争,因为国会议员的收入是普通老百姓的79倍。即使是在现代社会的议会中,进入这一立法机构的人多多少少还是有一点社会公仆的意识,而不仅仅是谋求个人发财致富的。在美国和英国,议员收入一般是人均GDP的2到4倍。2013年6月,在社会舆论的压力下,肯尼亚议员破天荒地第一次给自己减薪——将年薪从12万美元降低到7.5万美元。但是,减薪的力度其实并不大,因为他们一次性获得了近5.9万美元的新车购置补贴。人们一般批评美国时说,你必须有钱才能进入国会,而在肯尼亚,只要进了议会,一定会有钱。

因此，执政党的更迭，往往意味着不同团体敛财机会的变迁。米凯拉·朗(Michela Wrong)2009年曾撰写一本分析肯尼亚政治的专著，对这一现象有着入木三分的描述，书名本身就很能说明这一问题：《这一次轮到我们吃了》(*It's Our Turn to Eat*)。书中记述了记者兼反腐斗士约翰·吉松戈(John Githongo)的事迹，他在2014年10月接受《金融时报》采访时所说的一番话，让许多对非洲政治感到绝望的人深有感触。吉松戈说："我们有世界知名的艺术家、漫画家、作家，但我们的政治阶层仍停留在石器时代。这种政治模式下不可能产生一位能够带来除GDP增长之外任何发展的领导人。"2010年，肯尼亚通过了一部备受赞誉的宪法。它能否给下一代肯尼亚人带来一个更加负责任、反应更加迅速的政府？这个问题恐怕需要很多年才能知道。但问题是，年轻的肯尼亚人还有多少耐心？

作为国家附庸的媒体和私营经济

非政府组织在约束领导人方面也没有太大的作为。几十年来，大多数非洲国家的媒体缺乏新闻自由。政治活动家和新闻记者为了避免牢狱之灾，只能选择移民海外。"第四权力"在城市中崛起，又在城市中衰落，缺乏职业新闻人的地方媒体根本不可能对政府进行有效的监督。手机革命和社交媒体的崛起显然改变了这一切。即使是在全球新闻自由指数2014年榜单中排名靠后的国家，如苏丹、吉布提和厄立特里亚，民众获取信息的渠道也比以往大大拓宽。非洲妇女海外移民网络(DAWN)的创始人塞马哈·阿拉亚(Semhar

Araia)通过推特和脸书与“非洲之角”(Horn of Africa)地区成千上万的年轻粉丝保持联系,交换信息。这些年轻人把阿拉亚视为奋斗的希望之声。阿拉亚说:“在发展中国家,社交媒体如同一条关键的生命线,更加重要。推特让我能够接触非洲未来的主人,包括那些对现实不满的年轻人,他们能够更加方便地了解到非洲大陆发生的最新新闻,交流对领导力与司法体制的看法,网络社区能够为他们创造机会,发掘他们的能力、兴趣和潜力。”

从殖民统治时代开始,非洲的私营经济就非常薄弱(南非除外),对公有经济有强烈的依附性。商业大单往往被部长的亲戚或总统的家族成员拿走,而且几乎是独占专营权。政府合同往往是在高尔夫俱乐部和机场候机楼政府专属的贵宾室里敲定的。市场上,无论是想法、商品,还是服务,都很难孕育竞争。资源性财富和矿产资源由于必须依靠政府的许可证,导致权力和影响力进一步集中到少数有政府关系的商人那里。大宗商品一般都是直接出口国际市场,公司间的联系和产业价值链无法得到充分发展。哈佛大学管理学大师迈克尔·波特(Michael Porter)认为,工业集群是国家竞争力的关键。而非洲国家没有形成自己的工业集群。非正规经济(在GDP统计中经常被分解列入服务行业)虽然取得增长,但碎片化和边缘化的特征使它不可能对行政权力产生制约,人们更关心的是如何生存下去,而不是政府体制的运作是否有效。

由于这些体制上的薄弱性,从历史上看,私营经济和新闻媒体始终无法要求建立一个负责任的政府。过去15年,我们从非洲到美国,来来回回往返多次，我们总是在思考一个问题：19世纪末美国经济的快速增长和眼前的非洲形势究竟有怎样的相似性和不同之处？①

经济作为一种平衡力量

19世纪的大部分时间，美国联邦政府都维持在一个小规模、弱势的状态，远远无法满足随着疆域扩张而带来的行政管理需求，因此，联邦政府采取了放任私营经济发展的办法。从内战结束后到20世纪初，美国扩张了9个西部州，将两洋之间的国土连成一片。随着美国扩张到整个北美大陆，西部地区对首都华盛顿而言，实在有点鞭长莫及。

于是，商人自己制定规则——整个"镀金时代"，对于私营经济几乎没有任何监管。腐败的商人买来公司执照，滥用垄断经营权。托拉斯的出现使得企业能够大规模合并，并导致了定价权的垄断。约翰·D.洛克菲勒(John D. Rockefeller)高达9亿美元的财富，大部分是在1890年国会通过《谢尔曼反托拉斯法案》之前积累的，当时，大量的社会财富和权力被一小批精英权贵占据。美国商业寡头，如洛克菲勒、卡内基和摩根，已经为美国工业革命奠定了物质和金融基础，但经济发展到一定阶段，公共政策和社会必须从整体上对经济重新进行审视。

很多时候，美国的公共和社会机构是随着经济的做大而产生

① 就很多方面而言，我们认为，非洲国家目前正站在一条起跑线上，类似美国经济在19世纪80年代和90年代所达到的程度。当然，这种跨越时间和空间的对比颇有难度，但对于我们理解上述这些内容还是很有帮助的。

的。工业革命催生了新的政治阶层，他们要求得到权力，享受社会服务，要求对国家的未来有更大的发言权。当美国的工作岗位达到一定的数量，工人们就会组织起来，要求更好的条件。妇女解放运动不断扩大，日益成熟。调查报道成为一种正当的职业。所有这一切都发生在1916年开始征收广泛收入税之前。对美国的普通老百姓来说，虽然这还远远算不上一个理想时代（平均期待寿命较低，健康和卫生条件仍很差，工作环境恶劣），然而20世纪初，公民社会机构更加多元化，并且开始争取自己的权利，经济成果趋于平衡分享，政治结构对社会的回应更加迅速，责任感进一步增强。

我们认为，一些非洲国家开始甩掉历史包袱，正在朝这个方向努力。跟洛克菲勒、卡内基和摩根不同，许多非洲超级富豪一般都是控制国家自然资源从而获得滚滚财源的政客（虽然并不全是如此）。一提到那些穷奢极欲的非洲豪门，我们脑海中总能出现一些名字，如扎伊尔的蒙博托·塞塞·塞科（Mobuto Sese Seko），尼日利亚的萨尼·阿巴查（Sani Abacha），以及许许多多利用他们手中的政治权力大肆攫取巨额财富的人。1998年阿巴查死后，尼日利亚政府在瑞士、卢森堡和列支敦士登的相关银行账户里查获了阿巴查攫取的30亿美元资产。这些巨额财富，本应该用于非洲国家急需的基础设施建设。

变革正在发生。21世纪的非洲富豪，许多人靠实业发家，如电信业、水泥和建筑、银行、零售、消费品（糖、面粉、食用油）以及制造业。他们的致富之路表明，在私营经济领域而非公有领域通过正当透明的方式，也能够获得金钱、权力和尊严。

个人获得利益的同时，也反哺了公共利益。丹格特生产的水泥成为非洲大陆基础设施建设的必需物资，他在能源领域的投资将有助于降低非洲的商业成本。作为非洲首富，丹格特创造了无数的就业岗位，同洛克菲勒和卡内基一样，他也开始通过慈善回馈社会，不管他这样做是出于为自己留名，出于社会责任感，还是迫于国际富豪们的压力。但丹格特和其他一些富豪奠定的基础，凸显出非洲在公共利益方面存在的不足。

2012年，在接受《福布斯》杂志（*Forbes*）采访时，丹格特说："这些年来，我看到比尔·盖茨和沃伦·巴菲特等人为慈善事业做了大量工作，这对我触动很大。我想，我应该比以往捐得更多……每年，我将自己总财富的2.5%捐赠出来，我还在从事其他方面的慈善活动，关注贫困、健康和环境。"丹格特的思路体现出安德鲁·卡内基1889年在《财富的福音》（*The Gospel of Wealth*）中表达的观点。

在非洲的富豪和名人中，丹格特并不是唯一热衷慈善事业、希望造福后代的，许多名人积极投身慈善，其中包括苏丹电信大亨莫·易卜拉欣，津巴布韦企业家斯特拉夫·马希伊瓦（Strive Masiyiwa），尼日利亚银行家托尼·艾鲁姆鲁（Tony Elumelu）。这些业界领袖在商业圈子里营造出一种社会压力，让慈善成为一种习惯，他们挑战着以国家为主导的发展模式，让私营经济成为推动非洲国家完善体制的重要力量。

经济和公民社会迫使政府必须调整自己的角色，走向成熟。非洲国家的制度建设取得进展，官方开始公布国家预算情况，并允许讨论，越来越多的参与公职竞选的候选人开始参与公众讨论，司法机构的职业化和去政治化正在进行,越来越多的民众开始享有金融服务。税收体制的完善进一步促进这种良好的互动。麦肯锡报告指出,在经济快速成长的发展中国家,税收增加10%到15%,国家在健康和教育方面的支出将翻一番。公民收入上缴国库越多,他们对国家能否提供有效服务的要求也就越高。为了解释这一现象,津巴布韦经济学家丹比萨·莫约(Dambisa Moyo)经常喜欢引用美国独立战争期间的一句名言,不过是倒过来引用:“不纳税,就没有代表权。”

新中产阶级的崛起必然要求各国建立一个更加完善的体制和市场。体制是至关重要的,因为能够推出激励机制,建立市场游戏规则。只有一个完善的体制才能推动非洲国家顺着当下的经济增长浪潮,在未来几十年内进入中等收入国家行列,否则,就会陷入持续的政治动荡和经济停滞。

顽疾之三:全球市场中的“黑天鹅”

随着非洲经济的多元化发展和宏观管理的改善,非洲大陆与全球经济的融合度也越来越高,越来越容易受到外部环境的冲击。金融联系更加紧密,市场关联度更高,非洲国家与其他新兴经济体一样,将会遭遇更多类似2008年金融危机的“黑天鹅”事件。尽管“黑天鹅”事件从本质上讲难以预测,全球经济的复杂性让我们几乎不可能对其进行量化,但我们认为,非洲国家领导人应该进一步促进贸易伙伴的多元化,通过广泛的经济增长保持国内稳定,为私营经济提供良好的创新发展空间，只有这样，才能增强抵御外界风险的能力。

有一批职业的未来学家，他们的工作是思考未来大趋势，反乌托邦、科幻小说中的现实，以及一切都是游戏的未来场景。从小行星到外星人，从抗药性细菌到人工智能的突破性进展，从自然灾害到纳米科技，他们的想象力极其丰富，涵盖了从外部冲击到生命内部演化等人类已知的所有领域。许多未来学家在分析了非洲地理人口的变迁趋势之后认为，撒哈拉以南地区极富增长潜力，同时又很容易受到全球性突发事件的冲击。

世界经济论坛《全球风险报告》(Global Risks Report)和美国国家情报委员会《全球趋势 2030》(Global Trends 2030)是两份极具知名度的报告，旨在评估全球经济的系统性风险并提出预防措施。世界经济论坛和美国国家情报委员会询问了数百位专家，它们发现，几乎所有的专家都对非洲的决策者表示担忧。根据这些报告以及我们自己的前瞻性观点，我们确定了几个具有潜在可能性的“黑天鹅”，并试着探讨这些事件能够在多大程度上影响非洲国家的经济发展轨迹。

其中，全球专家担心的问题中排名第一的是由发达国家不可持续的债务水平引发的财政危机。美国的债务水平超过 GDP 的 100%，日本为 230%，英国和法国都超过 90%，因此，由于紧缩政策和高利率导致的经济下滑风险蔓延，成为业界最主要的担忧。

全球几个重要的发达经济体，尽管已经从 2008 年金融危机中恢复过来，但经济增长还远远算不上强劲。尽管这一局面推动国际资本寻求新的增长点而涌入非洲市场，但随着非洲与北美或欧洲的经济联络加强，欧美市场的消费增长减缓对非洲国家而言，显然不是一个积极的信号。虽然在非洲的贸易伙伴版图里，亚洲和其他新兴经济体国家的地位迅速上升，但美国和非洲之间的贸易额2013年达到850亿美元。美国是非洲第三大贸易伙伴，仅次于中国和欧盟。中国在2009年超过美国，成为非洲最大的贸易伙伴，中非贸易2013年超过2100亿美元。2010年，非洲对金砖国家的出口总额远超对欧洲。

中国经济减缓，印度经济停滞？

在非洲经济成长的故事里，中国的崛起一直是核心的主题，许多人担心，中国经济增长的速度变缓会影响非洲的繁荣。研究中国在非洲扮演的角色，在华盛顿和伦敦成为许多学者的业余课题。中非关系的迅速深化无论好坏（或者兼而有之），留待学者去争论，交给历史去检验。现实是非洲对中国的出口百分比正在迅猛增长。对华贸易在非洲对外贸易总额中的比重从2000年的3.8%上升到2012年的16%。来自非洲的矿产资源，如铜、铝、锡、铁矿石等，成为中国建筑产业蓬勃发展的助推剂，中国以各种形式在非洲的投资2013年达到250亿美元至400亿美元。中国对大宗商品的需求推高了价格，改变了资源性商品连年下跌的局面，成为非洲国家经济增长的强劲动力。

2012年，我（奥布里）在塞拉利昂多次往返，花了半年的时间近距离地观察非洲国家与中国的关系。当时，我在塞拉利昂帮助洽谈一个绿地投资项目，从甘蔗中提炼乙醇，项目投资达3亿美元，建成后将极大地改变塞拉利昂中部地区的面貌。在塞拉利昂期间，我抽空去一个采矿场实地考察，这是塞拉利昂最大的铁矿石开采基地，支撑着塞拉利昂27%的GDP年增长率，尽管这个增幅并不能持久。那天一大早，我和一位朋友离开弗里敦，开车沿着一条泥泞的山路前往伦萨。正值旱季，道路上满是尘土，我们不断地开窗关窗，尽量让车内的空气流动起来。

路上，我们碰到一帮工人，正在碎石路下面铺设排水管道。这是非洲道路上常见的一幕：脏兮兮的挖掘机旁，十几名塞拉利昂工人和一名中国工程师一起干活儿。中国资金帮助塞拉利昂人在偏远的农村修建道路，极大地改变了交通不便的状况，造福当地民众。距离采矿场还有一段距离，还没有看到铁矿石开采出来的情形，我们抄了一条小路，决定先爬到矿山的山顶看看。此时已是上午，天色大亮，我跳下卡车，地上有什么东西在闪闪发光，四面八方，到处都是，泥土里嵌着像云母一样的东西。我惊呆了，抬起头，原来我就站在一个巨大的铁矿石堆上。

我想起之前曾几次去北京看到的情形，这些铁矿石很快将跨越千山万水，化作亮丽的摩天大楼和子弹头列车。毋庸置疑，互利互惠显然是中非关系的一部分。

中非峰会，在热闹的舞龙和络绎不绝的总统车队之后结束，峰会描绘了一幅中非双边合作和发展共赢的图景。为了凸显撒哈拉以南地区在中国经济发展和外交政策上的重要性，中国总理李克强对非洲进行了首次国事访问，距离已故的周恩来总理1963年首次对非洲进行官方访问已50余年。访问期间，李克强宣布，通过中国进出口银行为非洲项目增加100亿美元的信贷，同时为中非发展基金额外注资20亿美元。2015年秋的中非峰会，中国又公布了一些大型投资项目。

中国自改革开放以来，实际经济增长率平均为10%左右，已成为全球经济的重要支柱。中国需求的减缓影响的不仅仅是撒哈拉以南地区。中国在非洲的主要贸易伙伴，包括刚果(金)、几内亚、毛里塔尼亚和赞比亚，主要依赖对中国的矿产品出口，这些国家将首当其冲受到冲击。非洲其他一些国家的经济增长可能会暂时出现幅度不等的停滞，直到它们找到新的出口对象。根据中国经济放缓的情况，如果价格下跌不太严重，(安哥拉、尼日利亚和苏丹)原油出口应该不会受到太大的影响，因为其他亚洲国家对石油产品的需求仍将维持强劲增长。全球趋势报告预计，到2020年，中国经济增长的幅度可能会减半，约为5%。但是，即使增长率腰斩，中国仍将贡献全球三分之一的经济增长，比任何一个国家的经济所占的份额都要大。从这个角度看，中国经济，尽管光芒减弱，但仍将足以支撑非洲市场的经济增长。

非洲国家同印度也保持着密切的贸易伙伴关系。印非贸易额从2005年到2011年增长了32.4%，达到630亿美元，投资额将近100亿美元。印度从非洲进口产品的种类更加丰富。尽管双方合作纽带加强，但随着印度经济的放缓，同样也将给非洲经济带来负面影响。奥马尔·迪亚洛(Oumar Diallo)和桑帕温德·J.-A.塔索巴(Sampawende J.-A. Tapsoba)为IMF起草的一份工作文件认为，经验表明撒哈拉以南地区与中国、印度之间的经济联系正在进一步加强，经济周期开始趋于同步。

金砖国家整体上对非洲经济的需求，推动非洲大陆逐渐摆脱对发达国家贸易伙伴的依赖，有助于新兴市场南南合作。巴西、马来西亚和土耳其也在非洲市场加大投资。世界多极化的趋势愈明显，经济增长的焦点愈多元，排着队等着买非洲产品的客户就会越来越多。推动主要经济伙伴的多元化，即使其中主要伙伴经济突然恶化，不管是中国、印度，或者美国、欧盟，非洲国家也能将损失降到最低程度。

非洲又将陷入新一轮的地区冲突扩大化?

随着市场和经济增长可能面临脱轨的危险性，非洲国家内部或国家间发生冲突的可能性也随之增大。大规模的武装冲突使非洲国家在人力和财力上付出了沉重的代价。刚果(金)那场惨绝人寰的战争从1998年一直持续到2003年才勉强停战，400多万人在战争中丧生，人称“非洲第一次世界大战”。为这场涉及9个国家的战争算一笔账是很困难的，尽管并非不可能。2005年，非洲委员会估计，重建刚果(金)至少需要花费200亿美元。但是，这个数字显然不够，因为刚果(金)后来小规模的暴力冲突仍持续不断。此外，损失还没有包括停滞的经济活动，以及那些原本可以在公开市场上出售，却被疯狂走私用于战争开销的矿产资源。驻扎在刚果(金)的联合国维和部队是世界上规模最大的维和部队，从2014年6月到

2015年6月，驻军预算开支高达14亿美元，而这距离官方宣布的停战已经过去了十年之久。毫无疑问，类似刚果(金)这样大范围的惨烈战争足以扭转整个经济的发展进程，使社会的发展在相当长的一段时期内趋于停滞。如今，刚果(金)远远落后于邻国，仍在艰难地复苏起步。

大规模的冲突给参战国带来毁灭性的打击，而国家内部的安全形势恶化带来的损失更大。保罗·科利尔在长期研究的基础上提出预测，未来的冲突很有可能类似单一民族国家出现之前的战争，它将是国家内部的冲突，各国政府将在很长一段时期不得不与各种组织作战，这些组织“有各种形式，可以称之为叛军、恐怖分子、自由战士或黑帮团伙”。过去20年，我们已经尝到了这种战争的滋味。问题在于，低强度的内部冲突能否剧烈地改变一个国家的经济增长曲线？

尼日利亚在尼日尔三角洲地带与武装分子的冲突断断续续地进行了20多年。那些肌肉发达、全副武装的年轻人开着摩托快艇，破坏油田开采设施，劫掠拒不合作的村庄。2009年，联邦政府与三角洲武装分子达成大赦协议，愿意放下武器回归社会的人，直接给予现金奖励。以每年5亿美元的代价，或者说，摊到每个武装分子头上每人每月400美元，尼日利亚最终回归和平安全，从而使政府从石油增产中获得的收益是以往的两倍。

三角洲地区刚刚平静下来，尼日利亚北部又出现新的问题，那就是博科圣地的出现。博科圣地涉嫌制造的武装冲突造成了4000到

7000人死亡。2014年,尼日利亚拿出国家预算的20%用于安全防卫,每年开支超过60亿美元。

显然,冲突的直接损失并非微不足道,如果再把资本的撤离、国家形象的破坏、生产力下降以及其他负面的溢出效应算上,战争的冲击无疑是巨大的。尼日利亚由于较高的经济增长率和丰富的石油资源,还能够承担这些后果,使得这些冲突不至于对经济发展造成毁灭性的影响。但如果博科圣地的力量进一步壮大,演变为整个北方地区的叛乱,尼日利亚的经济增长将严重受阻,它也不可能按照麦肯锡预测的那样,到2030年成为全球排名第20位的经济体。

肯尼亚同样面临类似的内部安全危机。索马里青年党宣布对肯尼亚开战,并且直接针对肯尼亚的工业设施。在青年党恐怖分子崛起之前,2011年肯尼亚的工业产值占GDP的13%。2013年西门购物中心袭击事件以及近来在肯尼亚沿海地区针对特定目标的枪杀事件,给旅游业造成严重打击。据官方披露的数据,相比2012年,肯尼亚外国游客的数量在2014年上半年下降了24%,连锁酒店和其他旅游相关产业的收入下降更加明显。TPS酒店集团旗下拥有塞雷纳连锁豪华酒店。2013年到2014年,TPS在肯尼亚沿海地区的酒店生意下降了30%到50%。为了应对索马里青年党的威胁,稳定安全形势,肯尼亚在2014至2015年度预算中安排了17.6亿美元作为国家安全开支。当然,同尼日利亚一样,尽管安全形势持续恶化,但肯尼亚的经济仍然保持了一定的增长,主要得益于亚洲地区新的贸易伙伴的投资,以及对安全形势并不特别在意的非洲企业。

除了政治和宗教上的原因,对稀缺资源,譬如水资源的争夺也可能引发冲突。一些利益集团在哥本哈根和巴黎的论坛上还在为气候变化究竟是否是人为造成的争论不休。可以肯定的是,地球人口数量的不断增加,将使人类赖以生存的自然资源愈发稀缺。按照目前的趋势测算,经济合作与发展组织(OECD)预计,到2030年,全球将有一半的人口面临水资源短缺的困境。根据世界资源研究所(World Resources Institute)的"全球水道"水风险地图和风险评估公司Maplecroft的水资源安全风险指数,绝大多数撒哈拉以南国家的水资源风险指数目前都比较低。但是,在各国内部,淡水资源的分布极不平均,某些特定人群和他们的牲畜、农场缺乏淡水,容易引发暴力冲突。

气候变化导致的人口迁移、水资源合理调配管理手段的规范应用、清洁淡水的迅速调拨以及海水淡化技术的提高,在未来20年到30年的时间里,所有这些因素都将极大地影响非洲的环境冲突风险。保罗·科利尔认为,气候变化和水资源冲突将构成21世纪地缘政治的主要难题:如何对国际公共产品的供应进行妥善管理和分配。由于其庞大的人口数量和新的多极世界的形成,非洲在这个问题上显然将具有更大的发言权,但它们可能并没有权力或资源改变国际市场的最终分配结果。

我们希望通过目前正在进行的数学建模,能够有助于预测类似水资源严重短缺之类的环境风险,帮助非洲国家和地区提前做好准备,指导企业家开发出符合市场需求的产品。风险一旦可以量化和预测,其危险性就会大大降低。最令人恐惧的是那些突如其来的风险。以非洲为中心的大规模疫情的暴发可能会在短时间内让经济发展陷入停顿或倒退。2014年埃博拉病毒的暴发，显示出疫情的强烈破坏性。埃博拉病毒造成的人员伤亡，对政府资源的占用以及投资的停滞，使塞拉利昂、利比里亚和几内亚等国的发展至少倒退了十年。

通过空气传播的超级细菌?

一种具有高度传染性的呼吸系统病原体，或者具有抗生素耐药性的超级细菌，无异于一场疾病海啸，所到之处引发强烈的政治和经济动荡。那些即使能够从超级细菌的阴影下走出来的国家，也将经历难以预料的剧变。14世纪的黑死病使欧洲三分之一的人口死亡，留下一个在社会和经济上彻底两样的欧洲大陆。1918年和1919年的西班牙流感在世界范围内杀死了4000万人，造成巨大的公共和个人损失。这些疫情造成的直接伤亡和传染后果，再加上由此产生的恐慌，显然对经济和社会发展造成严重的负面冲击，而且其程度和持续时间很难预料。2014年秋季，埃博拉病毒造成的损失有5亿到330亿美元之巨。截至2015年上半年，西非地区在未来3年的损失预计将达100亿到150亿美元。

世界银行推演出更加严峻的全球疫情暴发的可能性。根据世界银行的一份内部报告，如果设想最坏的场景，全球范围内7000万人可能因感染致命禽流感而死亡，损失超过3万亿美元。在这些对未来的假想情形下，疫情究竟是一场末日灾难，还是一种现实的威胁，取决于人类面对危机时的应对和有机互动。各国对紧急状态的应对决定了危机冲击的程度大小。尼日利亚对西非埃博拉疫情迅速而有效的应对,乌干达对疫情扩散持续而成功的遏制,使这些国家免遭塞拉利昂、利比里亚和几内亚那样的毁灭性打击。未来的病毒疫情暴发很有可能也会造成类似的"不公平"结果——有些国家能够保护自己的民众幸免于难,有些国家则惨遭打击。

对懒政的官僚机构的依赖

为了管控未来可能发生的金融和安全危机,非洲国家必须改革公共政策的制定方式。现代国家里,如果经济活动完全以政府为唯一的核心,往往会形成庞大的公共领域管理阶层以及集权化的、由上至下的问题解决方式。许多撒哈拉以南国家的官僚阶层不仅数量庞大,而且效率低下,在长期与国际援助机构双边交流和多层次的互动时,其弱点暴露无遗。

埃及就是一个很好的例子。我(奥布里)在开罗住的地方,就在摩嘎玛政府大楼的背后,这座庞大的建筑是埃及众多政府机关的办公总部。大楼内有1.8万名公务员,他们负责签发驾照,发放建筑许可证,办理签证申请,填税表。这座建筑一向是文化人嘲弄的对象——在美国人看来,它就像一座巨无霸的车管所——埃及人也很害怕到那里去:排长队,随意决定的关门时间,毫无理由的填表和费用规定,还有隔着柜台都能毁掉你一整天时间的办事员。埃及有一部非常有名的电影,鲜活地再现了这一感觉。1993年,电影《一个卖烤肉串的恐怖主义分子》(*Al-irhab wal kabab*)讲述了一个男人,连续几个礼拜去摩嘎玛政府大楼办事,想给他的孩子办理转学手续,却阴差阳错地成为一名恐怖分子。影片中,死板无情的官僚机构完全扼杀了社会的创新潜力和生产力。

如果要创造一个充满活力、能够适应21世纪的经济体，非洲领导人必须严格压缩政策制定的环节。经济发展中存在各种不确定因素和复杂性，新的问题层出不穷，如瘟疫、年轻的失业大军等，关键是保持灵活性，能够针对迅速变化的全球市场及时做出调整。我们并不要求政府一定要拿出解决办法，而是要努力保证公民有权享受某一解决办法。在现代非洲社会，我们至少能够找到一个例证，该例证显示在监管缺失或没有政府介入的情况下，非洲大陆仍催生出最为人津津乐道的技术变革。肯尼亚的移动支付就是在金融服务的灰色地带，在政府电信业放松监管的情况下成功地发展起来的。Safaricom公司的M-PESA支付体系从一部部手机、一条条街巷、一个个村庄迅速发展，逐步壮大起来，而与此同时，政府甚至连移动支付相关管理条例都还没有出台。

对于这几年取得的经济成就，非洲国家也在总结经验，谋划未来的经济发展。没有一种手段能够完全杜绝系统性风险和突如其来的挑战，世界各国在经济发展的不同阶段都经历过停滞。从叙利亚到希腊，市场的急剧下滑、对现状不满和走向极端化的年轻人，以及僵化的政府机构，都在一点点地侵蚀着社会的繁荣。我们将继续以这种历史性的宏观视角，进一步探讨横向的发展趋势，这些趋势将帮助非洲经济的增长和进步更具可持续性。

第三部分

变局者和开拓者

GAME CHANGERS AND TRAILBLAZERS

成功带领非洲走向新时代的人、地和事

第六章

“非洲也有科技产业?”
草原硅谷的崛起

作为全球IT企业和创新发明的标杆,科技圈内经常讨论的话题往往围绕着美国在转。从应用、设备到硅谷大佬,美国是世界技术发展的指南针。举个例子,交通导航软件HopStop就是纽约一家初创企业研发出来的,2013年被苹果公司以10亿美元的价格收购。如今,HopStop的用户超过数百万,遍布世界140多个城市,已成为人们日常生活导航不可缺少的应用。距离HopStop纽约总部仅仅几个街区的地方,是另一家刚刚创业的数字化媒体公司iROKO。iROKO的音乐流媒体和电影订阅平台已经在178个国家提供服务。如今,美国主流的音乐制作公司和电影公司都在使用iROKO在新兴经济体和前沿市场分销自己的数字内容产品并获取收入。这些新兴市场由于在知识产权保护问题上不到位，盗版猖獗，一向被视为利润黑洞而被美国主流公司抛弃。仅仅3年的时间，通过持续的创新和潜力发掘，iROKO获得了多轮数百万美元的风投资金。业内专家认为，iROKO可能会推动流媒体产业成为技术领域下一个利润高地，新的并购将不断出现，抢占媒体头条。

美国仍存在一些互联网接入的死角地带，比如华盛顿州的偏远地区，那里的人们用一种名为“BRCK”的设备来上网。它外观粗糙，大小如同一块砖头，使用太阳能电池，能够最多为20台设备提供4G网络信号。BRCK是艾瑞克·赫斯曼（Erik Hersman）发明的，他是佛罗里达州立大学的一名研究生，后来成为科技先锋，如今是公共演讲机构TED的高级董事。

如果你一直关注美国的科技新闻，一定会觉得很奇怪：怎么从来没有注意到这些风投初创公司！不用奇怪，因为他们实际上并不是美国人。BRCK，iROKO和HopStop，都是非洲人创办的科技初创企业。过去4年，当我们在向别人介绍自己的工作时，告诉他们在全球最不被看好的角落里，一帮人创造出不可思议的奇迹，人们的反应是：“非洲也有科技产业？”2013年，一位哈佛毕业的经济学家就是这样的反应（周围还有一帮专业的金融分析师随声附和）。那是在彭博社举办的一次商务接待会上，我（杰克）谈到肯尼亚的草原硅谷时，周围的人满腹狐疑地看着我。我站在彭博社的6楼，旁边就是彭博社的全球新闻直播间和互动平台终端，这儿就是纽约最成功科技公司的思想领导力舞台。

撒哈拉以南地区的科技产业正在蓬勃兴起，并且充满活力。这股潮流是在非洲一些国家的带动下，由创业者、初创公司和创新产业园区共同推动形成的。它不仅催生了类似BRCK这样的科技产品，还创造出非洲大陆最伟大的发展模式，即“非洲+科技+创新”，三个因素形成一个整体，突破固有范式，一个方兴未艾的非洲科技文化和产业生态正在兴起。

如果说硅谷植根于量子物理学和半导体产业的发展，撒哈拉以南地区的科技产业则更多是通过老百姓的需求来驱动的——就是那些普普通通的老百姓，比如在内罗毕街头，手里拿着装满钱的纸袋、站在公交站台上等车的工人们。非洲科技革命的起源要追溯到21世纪头十年中后期的肯尼亚。说起这个有着4000万人口的东非国家，人们能够想到的只是草原、长跑或殖民时代的爱情小说，谁也没有想到，它会因科技产业的崛起而声名大噪。从2005年到2010年，依靠大环境和个人的远见，再加上一些机缘巧合，肯尼亚着力从四个方面发展科技产业，从而为自己赢得了“草原硅谷”的美誉。这四个方面包括：

1. 移动支付；
2. 全球化的应用软件众包；
3. 非洲的技术孵化器模式；
4. 政府对信息通信技术的扶持。

在撒哈拉以南地区，创业者如雨后春笋般涌现。在他们看来，肯尼亚在移动支付领域取得的突出成就，是非洲能够在全球科技产业领域立足的第一面旗帜。

非洲科技产业发展第一阶段:对新经济的需求和草原硅谷的崛起

2011年,一家美国商业银行举办了一场移动金融展示会。美国的IT供应商在会上宣称,未来,美国人可以利用智能手机进行基本的银行操作,这项"前沿技术"的移动应用"未来一两年就会问世"。一位加纳裔移民山姆·哈耶曼(Sam Hyeaman)在旁边窃笑,他悄悄地对我(杰克)说:"这也算'前沿技术'? 算了吧,我们非洲几年前就有这玩意儿了。"

山姆说得没错。早在2007年,肯尼亚的Safaricom公司就推出了移动支付系统M-PESA,即使你手里是一台功能最简单的手机,也能揣着你的银行账户到处跑,随时随地转账。是什么力量驱动非洲的这一技术革命能够领先美国多年? 是需求! 有一句古话叫"需求是发明之母",如果再加上两个字——"机遇",这就是非洲科技产业发展第一阶段的最好表述。

21世纪前十年,围绕着"以需求促发明"这个中心,肯尼亚的移动科技创新开始从手机钱包起步,并逐渐兴起,肯尼亚最终成为非洲的科技创新中心。这其中,多种因素的结合促成了这一变革的产生。随着越来越多的肯尼亚劳动大军涌入内罗毕这样的大城市,他们发现没有安全可靠的办法能够把钱寄回农村的家。同撒哈拉以南地区的大多数国家一样,肯尼亚的金融服务机构少得可怜,银行网点分布不均。85%的肯尼亚人是通过他人把钱带回乡下老家的,或者把钱装在纸袋里,拿到汽车站,让长途公交司机塞到自己的驾驶室座位底下带给老家的亲戚。

2002年到2005年，一些技术专家去非洲调查研究，他们开始注意到一个现象，在肯尼亚、乌干达和刚果(金)等地，有人正在用手机进行转账。在这些国家，大多数人没有开设银行账户，银行的营业网点也非常少，但手机几乎人手一部，尽管多为低端的功能手机。当时，撒哈拉以南地区绝大多数国家的手机用户都没有订购月租套餐，甚至直到现在也没有这个习惯，他们更喜欢用预付卡，或者在街头杂货店里购买时长卡，这样可以通过短信转让和买卖。为了解决国内转账的困难，非洲手机用户别出心裁地想出来一个用手机转账的办法——在某地购买手机时长卡，然后通过短信，转发给外地的某人，让他在异地将这些时长卡兑换成现金。尽管非常原始，但这种非正规的转账方式体现出非洲人对于方便快捷的转账系统存在巨大的需求，而手机转账恰好迎合了这一市场，具有广泛的前景。

一方面是肯尼亚人对基本的银行服务需求越来越大，另一方面是手机的普及率越来越高，两者结合，一个应用系统应运而生。2007年，肯尼亚电信运营商Safaricom(英国沃达丰持有40%的股份)推出一款产品M-PESA，M代表移动，PESA在斯瓦希里语中的意思是“钱”。这个系统将手机变成了一台全能的ATM机，一张借记卡，或者说是转账机器。一机在手，商业银行的网点服务功能全都有了，肯尼亚的金融业由此被重新定义。

M-PESA系统背后有着先进的技术支持，同样不可忽视的是Safaricom公司强大的市场营销手段和精准的产品定位，它根据肯尼亚的消费人群度身打造，从价位、服务、代理网络，到品牌和广告促销，都堪称产品与市场衔接的典范。M-PESA一炮打响，不到两年就赢得了国际技术大奖，吸纳用户超过600万，每年转账金额15亿美元。

尽管Safaricom公司的移动支付系统在全球科技和金融领域还没有太大的影响力，但在肯尼亚老百姓的日常生活中，它已经产生了积极的效果，尤其是在资金的安全性上。“我们在开发移动钱包的应用软件时，就注意到肯尼亚人想尽各种各样的办法在国内把钞票带来带去，比如，通过公交车司机、出租车驾驶员、非正规的中间人，或者自己随身携带，风险很大。”Safaricom公司CEO鲍勃·科利莫尔(Bob Collymore)说，“因此，我们进一步完善了M-PESA，强调转账的安全性。”

克里斯汀·伍德(Christine Wood)是一位杂货店老板娘，M-PESA电子支付平台彻底改变了她的生活，同时也因为她，肯尼亚裂谷地带几千人的生活从此改变。2007年，距离首都内罗毕100多英里的小镇纳库鲁，45岁的克里斯汀·伍德开了一家小店，卖进口服装和手机时长刮刮卡。伍德一方面要忙生意，一方面还要照顾两个正在上学的孩子，家里还有一大帮亲戚。所以，她经常带着现金在肯尼亚境内跑来跑去，或者通过非正规的中间人帮忙携带现金。那个时候还没有移动支付，个中滋味伍德都尝遍了。“首先碰到的问题就是卖衣服。许多人都是赊账，不是当场付钱。有时候还会破财。”伍德说，“有一次，是一个星期天，我正在上班，突然几个强盗闯了进来。他们用枪顶住我，把店里所有的现金都抢跑了。”

经历过这些乱七八糟的事情以后，伍德再也不想卖衣服了，她只卖手机和时长卡。2008年年初的一天，一位M-PESA的推销员走进伍德的店。“他问我想不想试试这个生意，我说‘好的’。开始只是一个柜台，后来，手机转账的生意越来越好，我又增加了两个柜台。”伍德说。“我的代理业务做得很好……Safaricom公司的人又来找我，问我愿不愿意升级为总代理。作为总代理，可以在自己名下雇用其他人。”伍德解释说。从那以后，伍德的生意越做越大，成为肯尼亚裂谷地带规模最大的M-PESA代理商，她管理着100个次级代理商①。

伍德回想起没有M-PESA时的日子，她不得不麻烦司机帮她带现钞。“你必须走到公交站台，等司机来，把钱给他们，打电话给亲戚。然后，再打电话确认钱是否收到。很多时候，司机会说：‘哦，不好意思，钱弄丢了。’你一点儿办法也没有。”她说，“像蒙巴萨、内罗毕、坎帕拉这些城市，我们经常要把钱转来转去，以前只能利用司机，公交车和出租车司机，而现在，你只需要一部手机，装上M-PESA应用程序，就能寄钱收款。”

非正规的现金流动还影响到教育的时间和成本。“以前交学费，由于金额比较大，我们都是亲自到学校当面交钱。对我来说，从纳库鲁到内罗毕，要花一整天的时间。”伍德说。现在有了M-PESA，家长再也不用跑学校了，瞬间转账并收到班主任的确认短信，根本不用出家门或请假。

---

① M-PESA的代理商网络也是这个平台在肯尼亚得以迅速扩张占领市场的重要原因。通过遍布全国的杂货摊儿，销售代理可以处理M-PESA的用户注册和其他基本的管理，从而降低了运营成本。M-PESA上线以来，在肯尼亚的代理商已经发展到8万多名。

在肯尼亚，Safaricom公司的M-PESA平台所做的远远不只家长和学校之间的安全转账，它在一定程度上还提高了妇女的社会地位。就像美国在20世纪50年代兴起的家庭自动化，极大地方便了人们的日常生活，减少了工作强度，让人们有更多的时间可以自由支配。伍德说，M-PESA除了交学费，还可以用于在网上支付各种各样的账单，点点滴滴加起来，为她节省了大量时间。对于使用M-PESA系统的家庭主妇而言，好处很多。M-PESA让肯尼亚妇女第一次能够直接掌控自己的财务。“这对于许多做生意的女人来说，简直就是如虎添翼，也能鼓励其他女性出来自己开店。”伍德说。

从商业的角度来看，M-PESA改变了肯尼亚现有的金融转账体系，它的交易量超过所有个人对企业类金融应用(包括P2P、B2P、P2B)的转账和支付金额的总和。肯尼亚的传统消费者很快接受了M-PESA这种支付方式，甚至在地摊儿上买东西也用M-PESA。肯尼亚的老板们，例如公交小巴的老板们，也直接通过手机给员工发工资。

作为电子货币服务的先驱，自从2007年推出以来，M-PESA迅速成为全球技术最先进、增长速度最快的移动支付平台。M-PESA的火爆让它成为草原硅谷最具代表性的产品。事实证明，撒哈拉以南地区能够在科技上实现跨越式发展，移动钱包服务就是最好的例证，它让那些连银行账户都没有的非洲普通老百姓，超越实体的银行网点，直接迈向数字经济时代。

从宽带接入开始,引领发展信息技术

2005年12月,M-PESA仍在孕育之中。几位肯尼亚政府官员,其中包括比特安格·恩德莫博士(Dr.Bitange Ndemo),正在讨论如何在信息和通信部(MIC)开展工作。这些官员都是匆匆上任的,因为肯尼亚全民公投对新宪法草案说“不”,时任总统姆瓦伊·齐贝吉(Mwai Kibaki)宣布解散政府。当时,信息和通信部在内罗毕政府部门的权力架构中被认为是级别较低的部门。恩德莫担任信息和通信部常务副部长,主要负责日常运作和战略规划,向新任部长穆塔希·卡格维(Mutahi Kagwe)汇报工作。恩德莫博士回忆当时的情形,几个人商量着他们在信息和通信部新的岗位上能够干些什么事。“一开始,如果说我们能够在信息和通信部干出一番事业的话,所有人都觉得这简直是一个笑话……当时,这是一个靠边儿站的部门,没有人觉得我们能够利用技术做什么事情。”恩德莫说,“有人跟我们说,你们就坐在办公室,眼睁睁地看着电信产业走下坡路吧。但我们不相信!‘一定要在这里做出点成绩来。’大家说。我们制订了一个计划,将促使政府积极投身于电信业发展的新方向。”①

45岁的恩德莫进入信息和通信部工作,由于他的成长经历,恩德莫懂得如何在工作中激发年轻一代科技人才的潜力。恩德莫曾

① 恩德莫解释说,2005年,肯尼亚的信息和通信部与国家安全部门存在着许多职能交叉,与效率低下的国有电信运营商Telkom(Safaricom当时的母公司)有着千丝万缕的利益瓜葛。后来在肯尼亚的电信产业改革中,为了建立更好的宽带服务,肯尼亚将Telkom私有化,Safaricom也剥离出来,从而为沃达丰入股Safaricom以及后来在M-PESA平台上的合作创造了条件。

经是内罗毕一家商业学校的教授,也开过网吧。他从小在肯尼亚西南部一个偏远的地区长大,家里有40个兄弟姐妹,恩德莫是他父亲第五任妻子生下的第五个孩子。“作为一个肯尼亚的乡下小孩儿,我从来没有想过以后会从事IT行业。”恩德莫说。7岁的时候,父亲去世,他想尽一切办法继续上学,换了一个又一个学校,最后来到内罗毕,想上大学。

当时,许多非洲人千方百计想去美国读书,恩德莫的一个亲戚在美国拿到了博士学位,帮助恩德莫申请到了一所美国大学,而且还是排名前十的明尼苏达大学。恩德莫获得金融学学士学位,并担任明尼苏达国际学生联合会主席。为了求学,恩德莫在校园里勤工俭学,各种稀奇古怪的工作都做过。“我的确什么活儿都干:看门人、洗碗工、餐馆小工、冬天去送比萨。只要能让我生存下来的活儿,我都干。”恩德莫回忆道。

从明尼苏达州的一个送比萨的非洲小子到IT男,如此华丽的转身源自一个工作,美国医疗器材公司美敦力(Medtronic)聘请他担任金融系统分析师。后来,恩德莫继续深造,获得管理学和工业经济两项文凭。进入信息和通信部之后,这两个专业使他对全球各地取得成功的外包经济中心尤为关注。“我们开始寻找一些做得比较好的案例,例如印度,希望能够把肯尼亚打造成为一个外包中心。我们着手梳理在外包经济产业方面存在的障碍,首先就是宽带接入。”恩德莫和他的团队决定,首要任务是提高肯尼亚的宽带接入水平。2005年刚刚起步的时候,肯尼亚的宽带接入率不足人口的1%,接入费用却高达3000美元/兆,因为几乎全部依靠卫星接入。

改善宽带接入并不容易，经历了许多波折。在这个过程中，原先打造商业外包中心的目标也有了许多新的思路。恩德莫及信息和通信部的同事最初想借助东非海底光缆系统(EASSy)提升肯尼亚的宽带接入水平。东非海底光缆是一个区域性的合作项目，计划用一根光缆连接东非各国。“这个倡议是由非洲22个国家共同提出来的，但没有一个国家愿意率先启动。”恩德莫说，“每次我们大家见面、会谈，然后再决定下次谈判的地点，在马普托，在南非或其他什么地方，在非洲到处飞来飞去地开会，却没有任何成果。这个成本太高了，所以我们最后决定，还是自己单干。”

不过，2006年年初这段为肯尼亚到处寻求更高带宽接入的经历，倒是给了恩德莫和他的部长很大的启发，让他们看到了信息和通信部更重要的使命。“我们开始认识到，大力发展肯尼亚在信息通信技术的基础设施建设将促使肯尼亚成为区域性的信息通信技术中心。”恩德莫说，“我们有大量的年轻人在学习计算机技术，我们可以利用这一优势。同时，这也可以为人口膨胀的年轻人创造更多的就业机会。”①

恩德莫和他的团队开始借助大学和业内专家的资源，为肯尼亚

① 恩德莫同时表示，托马斯·L. 弗里德曼(Thomas L.Friedman)的书《世界是平的：一部21世纪简史》(*The World Is flat*:*A Brief History of the Twenty-first Century*)给了他很大的启发，让他看到在肯尼亚完善信息通信技术基础设施的可能性。在大使馆的安排下，2006年，恩德莫在他的办公室与弗里德曼会面。“托马斯·弗里德曼是一位大名人。我很紧张，甚至找不到问题来问他。”恩德莫回忆说，“他能够到办公室来见我，是我莫大的荣幸。他对我们所做的事情非常感兴趣，我解释给他听。他说：‘你们现在做的是对的，建设海底光缆，降低费用，然后，一切都会自然流向肯尼亚。你把这个世界拉平了，然后就能在全球范围内做任何事情了。’”

拟定了一份信息通信技术的多项发展计划,首先从宽带接入开始。“东非海底光缆计划拖的时间太长了,我们决定不等了,自己搞一套。”他们另起炉灶,重新设计了一个项目,名为东非海事系统(TEAMS),采用政府和社会资本合作的方式,其中包括肯尼亚政府、本土企业、阿尔卡特-朗讯(Alcatel-Lucent),以及阿联酋的公共电信供应商。

东非海事系统光缆从阿联酋开始铺设,穿过印度洋海底,抵达肯尼亚港口城市蒙巴萨,长达3000英里。当然,这个项目一路上也碰到了许多障碍,最明显的是政治因素。“项目刚开始动工,我们就碰到危机,肯尼亚大选后引发暴力冲突,国内一片混乱。”恩德莫说。从2007年到2008年,由于民众对肯尼亚总统选举结果不满,从而引发全国性的骚乱冲突。恩德莫说:“也正是在东非海事系统建设期间,我碰到了艾瑞克·赫斯曼。他正在思考如何吸引肯尼亚的年轻人投身科技产业,研发应用软件。”

四位非洲技术天才,他们的实时信息应用软件走向世界

初次遇见艾瑞克·赫斯曼,没有人会把他当作非洲人。他是一个身高1.9米的白人,说话轻声细语,带着美国口音,举止温和、友善。赫斯曼就是一个聪明、文雅的大个子。赫斯曼出生在苏丹,父亲是一名传教士,两岁时搬到肯尼亚,一直到中学。赫斯曼对东非充满感情,他说自己在那里感觉像是到家了一样。后来,他移民到美国,在佛罗里达州立大学拿到学位后重新回到非洲。“我甚至都

等不及去拿我的学位证书就登上了前往肯尼亚的飞机。”赫斯曼回忆说。

赫斯曼最早并不是学IT的，也没有打算一门心思从事IT行业。他在大学本科学的是经济学，回到肯尼亚后，开了自己的第一家公司，一个家具出口企业，但生意并不成功。他回到佛罗里达，赚钱还债，在奥兰多一家小型的网页开发公司工作。赫斯曼其实在非洲就对电脑非常熟悉。“我父亲是语言学家。所以，当我还是个孩子的时候，当时在肯尼亚没有什么人玩过电脑，我爸爸就在家里放了一台计算机。我经常在电脑上玩，因此，对我来说很容易就跳到技术世界里去了。”赫斯曼说。在奥兰多，他开始将美国的技术经验与对电脑的熟知结合起来。

在佛罗里达开发网络应用程序时，赫斯曼在美洲和非洲两个大陆的生活经历，让他不知不觉地将美国形成的成熟技术思路与非洲联系在一起，虽然当时赫斯曼自己并没有意识到这一点。2005年，他走出了关键性的一步，开了一个名为“非洲白人”(WhiteAfrican)的博客。“其实，这只是一个探讨非洲科技产业发展的博客，但这个博客让我经常思考如何在非洲推进技术的应用。”赫斯曼说，“我写了一些博文，从非洲的角度反思科技和互联网的发展。同时，我还建立了一个网络，这是非常重要的一部分，因为它让我能够理解什么东西适合非洲，什么东西不适合，也让我有了一定的知名度。”“非洲白人”让赫斯曼在推特上收获了5万多名粉丝，成为全球知名的科技热词。通过这个平台，赫斯曼与三名极具创新意识的肯尼亚技术天才建立了联系。赫斯曼回到东非，碰到了比特安格·恩德莫。

恩德莫所说的肯尼亚大选骚乱发生在2007年12月27日，阿尔卡特-朗讯刚刚签下7900万美元的合同铺设东非海事系统光缆，工程准备在2008年年初动工。2007年的总统大选在时任总统姆瓦伊·齐贝吉和挑战者拉伊拉·奥廷加(Raila Odinga)之间展开，但选举结果引发了争议。齐贝吉宣布获胜，但奥廷加表示质疑，声称投票异常，存在作弊。国际观察员仍在评估选票的真实性，肯尼亚选举委员会却宣布齐贝吉获胜，连夜搞了一个简单的仪式，齐贝吉宣誓就任总统。

肯尼亚随即爆发大规模的抗议示威活动，主要是奥廷加的支持者，示威很快演变为暴力冲突。在冲突背后，隐藏着强烈的民族矛盾和历史恩怨。齐贝吉是肯尼亚的吉库尤人，而奥廷加则属于卢奥族，两大族群从殖民时代开始就因政治和土地界线争议而埋下了仇恨的种子。

肯尼亚部分地区因暴力冲突而陷入战争的火海；恩德莫则忙着与银行接洽，因为阿尔卡特-朗讯要求必须获得银行担保，才能开始东非海事系统光缆的铺设工作；而艾瑞克·赫斯曼正在打造他的东非技术程序员网络。赫斯曼的博客让他在一帮非洲IT迷的社区里拥有很高的人气。2008年年初，随着肯尼亚冲突的升级，赫斯曼和几个朋友商量着能做点什么，其中有一位社会活动家奥利·奥科罗(Ory Okolloh)1月8日在她的博客“肯尼亚评论员”上贴出一篇博文，文章呼吁“程序员制作一款网络聚合应用软件，显示各地发生暴力和破坏的状况”。对此，“非洲白人”跟帖说“给肯尼亚评论员奥利点赞，好主意”，并且在自己的博客上全文转载了奥利的博文。

在东非地区的电脑技术迷圈子里,还有两位天才,他们的命运注定要和赫斯曼跟奥科罗联系在一起。他们一位是科技博客作者朱莉安娜·罗蒂克(Juliana Rotich),一位是程序员大卫·科比亚(David Kobia)。2007年在坦桑尼亚举行的TED非洲大会上,四个人第一次碰面,他们都认为科技能够改变非洲的未来。而面对肯尼亚愈演愈烈的暴力冲突,几个人再次想到利用信息技术去平息危机。"我们问自己:'如果我们嘴上说着科技能够改变现实,但是对暴力冲突无能为力,那我们还能干什么呢?'"赫斯曼回忆当时的情形时说。

四位技术狂人讨论了3天,研发出一个名为"Ushahidi"(斯瓦希里语是"见证"的意思)的应用程序[①],能够在肯尼亚选举危机期间,迅速、公开、数字化地追踪暴力事件的发生。应用上线后,他们对程序进一步优化。当时,Ushahidi的信息搜集并没有固定的方式。"都是点对点的,开源的,自愿提供的,这样对我们几个人来说更容易一些,因为彼此都已经熟悉,互相信任。"赫斯曼说,"鉴于当时的局势发展,整个信息搜集过程非常迅速,甚至有点疯狂。不断有人通过Skype打电话进来,E-Mail蜂拥而至。包括平台的命名和首次上线都很急。一些志愿者主动来帮我们验证信息。几周之后,通过开源的方式,我们完成了这项任务。"谈到当初如何想到这个点子,朱莉安娜·罗蒂克说:"在媒体失声的情况下,如何利用互联网和短信技术改变信息传递的方式,我们考虑过各种办法。后来我们认为,让民众利用他们手中任何可以利用的技术手段,对肯尼亚正在发生

① 最早开发Ushahidi应用平台的成员中还有赫斯曼当时的室友达乌迪·沃尔(Daudi Were),Ushahidi上线后不久,沃尔就退出了,直到2010年重新加入团队。

的事情实时搜集数据,这个想法是可行的。”

Ushahidi这款应用软件从当初一个数字社区的临时性平台,逐渐发展成为一个能够通过地图实时显示事件发生地域的数字化工具。在肯尼亚选举危机期间,Ushahidi成为媒体、肯尼亚官方和人道主义组织高度依赖的工具,因为它能够迅速追踪暴力事件并及时做出反应。对全球其他地区的用户而言,Ushahidi也是一个极具价值的平台。Ushahidi刚刚在肯尼亚上线,世界各地的一些机构纷纷来电,希望能够根据他们的需要改进这款软件。从巴西到印度,Ushahidi成为一款全球性的应用平台,也再一次奠定了肯尼亚作为“非洲科技之都”的地位。

持续两个月的肯尼亚大选暴乱造成1000多人死亡。2008年2月,两位总统竞争对手齐贝吉和奥廷加就权力分享达成妥协,骚乱平息。这场暴力冲突,加上其他一些国内问题,影响了肯尼亚推进宽带接入的进程。

当时,信息和通信部常务副部长比特安格·恩德莫已经就东非海事系统光缆敲定了银行担保,光缆铺设正在顺利推进。2008年8月,刚刚从选举危机中走出来的“草原硅谷”,开始着手举办一场影响广泛的活动——肯尼亚首届BarCamp大会①。就像它给自己贴的标签“非会议”(unconference)一样,这种起源于硅谷的技术大会刻意强调它的非正式性。正是在这种散漫的氛围下,艾瑞克·赫斯曼

① BarCamp是一种开放式的国际研讨会活动,活动内容由热爱分享观点和创意的演讲者提供,活动形式不一,包括简短发言、开放讨论以及小型展示等。后文中简称“吧营”。——译者注

的思路渐渐清晰:非洲科技产业的发展目前仍是一盘散沙,急须整合并协同发展。

几个月前,赫斯曼和几位Ushahidi应用软件的创始人一起将平台流程规范化。到2008年4月,他们已经收到乍得、南非等国的机构发来的请求,希望使用他们这款公众共同绘制的地图软件。奥科罗、罗蒂克、科比亚和赫斯曼决定再接再厉,放弃自己原来的工作,在Ushahidi应用的基础上成立一家非营利性的公司。"至少从理论上讲是不营利的。"赫斯曼补充说,"我们还是需要钱来运作这个机构。"他们获得"网络平方挑战赛"大奖,拿到第一笔2.5万美元的资金。eBay创始人皮埃尔·奥米迪亚(Pierre Omidyar)的"奥米迪亚网络"给他们捐款20万美元。

一场"非会议"催生非洲标志性的技术中心

赫斯曼前往内罗毕参加吧营科技大会,Ushahidi平台8个月来的迅猛增长,让他对这款应用的未来充满信心,他的思路渐渐清晰,而这种思路将进一步促使非洲科技产业中心的形成。在同其他软件工程师交流时,赫斯曼认为,E-Mail、博客、留言板,以及类似吧营这样偶尔召开的讨论会虽然不错,但也意味着非洲的应急管理技术仍处于分散和割裂的状态。赫斯曼认为,非洲的技术开发人员需要一个"永久性的社区空间"。他说:"许多风险资本、投资商和商业组织开始注意到网页和移动应用以及服务的前景,但没有一个真正的空间可以互动交流……或者投资。"赫斯曼在他的博客上写到这次吧营大会,他提出设想:“这些科技中心位于大城市里的科技园区,重点吸纳年轻创业者……一部分是开放的社区工作空间(联合办公),一部分是投资商和风险资本中心,一部分是创意孵化器,形成专业技术人员、投资人和科技公司的联络中心。”顺着这条思路,赫斯曼孵化出一个项目:iHub创新中心。由此,内罗毕的恩贡路(Ngong Road)变成了非洲IT产业的代名词。

赫斯曼在吧营勾画iHub的未来,他把Ushahidi的几位技术高手罗蒂克、奥科罗和科比亚拉进来一起创业,还有一位不速之客也闯进了他们这个散兵游勇式的小团体,而且还是体制内的大人物——比特安格·恩德莫。“恩德莫的现身有点突然。那个时候,一位常务副部长出现在吧营的非会议上,的确有点不可思议。”赫斯曼说,“他很低调,但每个人都知道他是谁。”

恩德莫来到吧营,是想为他的扩大宽带服务设想做一些背景调查,他正在筹划一个更加宏伟的信息通信技术发展战略,而肯尼亚年轻人将是这个战略的重点。2008年,恩德莫和赫斯曼在吧营碰面,两人非常投缘,因为他们有着共同的目标。2009年年底,赫斯曼路过恩德莫的办公室,两个人再次见面。赫斯曼向恩德莫简要介绍了iHub的进展,以及这个项目如何为肯尼亚青年在信息技术产业领域提供机遇,发挥他们的潜力。恩德莫说:“这正是我感兴趣的,它影响了我的决策,促使我将肯尼亚的新增宽带大多放在大学里。”iHub的思路也成为恩德莫负责制定的肯尼亚信息技术发展总体规划的重要内容,恩德莫和部长正在肯尼亚政府高层推动这一战略。

草原硅谷成为科技产业的一面旗帜

2010年年底，在四位技术狂人的努力下，肯尼亚成为非正式的非洲科技之都，为自己赢得了“草原硅谷”的称号。肯尼亚的成功经验在全球IT界获得广泛认可。

恩德莫跟信息和通信部的同事打开了肯尼亚的数据产业大门，将信息技术作为国家优先发展的重点。东非海事系统光缆2009年6月抵达蒙巴萨，当年年底在肯尼亚正式启用。在朋友赫斯曼的支持下，恩德莫做出了一项关键性的决定，影响深远——推动肯尼亚政府提供补贴，将新增互联网带宽向肯尼亚各大高校倾斜。随着东非海事系统光缆的贯通以及其他配套措施的跟进，肯尼亚的信息基础设施有了很大的改善，互联网渗透率从2008年的不足10%扩大到2013年的49%。东非海事系统光缆后来继续在东非地区延伸，通过跨境互联协议，乌干达、卢旺达、布隆迪和坦桑尼亚最终都扩充了宽带接入容量。

2006年，恩德莫和穆塔希·卡格维部长制定了长达7页的信息通信技术总体规划，成为肯尼亚IT创业政策的模板。它的核心目标——建立更加广泛的信息通信基础设施，鼓励创新和移动应用开发，政府和私人机构合作，为年轻人就业创造机会——所有这些都成为肯尼亚“2030愿景”国家战略纲要的内容。2013年，肯尼亚在信息和通信部下面新设一个全职部门——信息通信技术管理局，这是恩德莫在2006年无论如何也想象不到的。随着互联网接入速度的提高，2010年成为肯尼亚IT产业一个关键性的节点：Ushahidi上线，iHub成立，M-PESA移动钱包服务爆发式增长。互联网接入速率的提高成为这些风险投资项目取得成功的基础。

M-PESA的迅速成功使肯尼亚成为全球移动支付之都，每年P2P转账支付金额达120亿美元，使非洲成为移动支付全球交易量和资金额最大的地区。Safaricom仍在继续提高其产品的“虚拟银行网点”能力，2012年推出名为“M-Shwari”的存贷款项目，将小微信贷和利息收益产品通过一部手机送到肯尼亚人的手中。如今，相当于肯尼亚GDP三分之一的货币通过M-PESA转账交易，在打造未来社会无现金经济方面，肯尼亚已经超越了大多数发达国家。

通过手机应用软件，非洲可以避开许多结构性缺陷，这就是所谓的“应用跨”（Apprica），M-PESA先行先试，证明了这种跨越式发展是可能的。Safaricom现在推出的应用程序可以监测孕妇的健康，降低新生儿死亡率。在农业领域，有一款名为“iCow”的手机应用，可以让农民知道什么时候该给乳牛接种疫苗，什么时候该挤奶了。手机正在成为许多肯尼亚人日常生活必不可少的工具。但是，80%的肯尼亚家庭经常断电，Safaricom也在考虑如何解决居民的照明问题，以及没电的情况下如何给手机充电。它们推出一个名为“M-KOPA”的优惠套装，包括太阳能灯、太阳能充电器、太阳能收音机和一张预付SIM卡，免费使用太阳能，一年后可以通过M-PESA付款。约翰·查鲁蒂奇（John Cherutich）是一名肯尼亚修理工，家里有两个孩子，M-KOPA让许多像他这样的肯尼亚人能够在家里更加安全地用电，不再使用成本很高的煤油灯，日积月累，让他们一家节省了很多钱。

M-KOPA 还走向世界，在其他几大洲都推出了独特的服务。如今，仅非洲就有 5000 万人使用 M-KOPA，其用户遍及全球 10 个国家，平均转账数量超过 PayPal。2014 年，M-PESA 在罗马尼亚上线运营，标志着非洲技术打入欧洲市场。这个产品还获得多项创新大奖，影响到全球知名企业，如西联汇款和万事达。整个非洲掀起一股移动金融的开发热潮，对他们来说，M-PESA 既是一种激励，也是竞争目标。这种竞争很快在全球范围内展开。

负责开发 Ushahidi 应用程序的几位“非洲小组”成员，已经“分道扬镳”，各自在信息技术的不同领域闯出一片天下。Ushahidi 已经是全球知名的应用产品，被广泛使用在各种群体性数据采集的场合，甚至进入了美国市场。2010 年美国东海岸遭遇暴风雪袭击的时候，《华盛顿邮报》利用 Ushahidi 追踪积雪清扫情况。2012 年总统大选期间，《赫芬顿邮报》（*The Huffington Post*）利用这款软件监测投票形势。

Ushahidi 如今已成为国际性的科技公司，在 20 多个国家开发运营着多个应用程序。公司的投资者包括福特、索罗斯和麦克阿瑟基金会，以及谷歌、思科和 Mozilla。创始人朱莉安娜·罗蒂克现在担任 Ushahidi 公司的常务董事，同时她还是 TED 的高级董事和麻省理工学院媒体实验室的主任研究员。Ushahidi 程序的开发员大卫·科比亚目前担任 Ushahidi 公司的技术研发主管。

奥利·奥科罗2010年从Ushahidi公司辞职，担任谷歌公司非洲政策主管，目前是奥米迪亚网络公司的投资经理。2014年，她被《时代周刊》评为全球最具影响力的百位人物之一。

Ushahidi公司最新获得的风险投资是艾瑞克·赫斯曼的BRCK设备。这个小玩意儿能够在任何地方接入互联网，使用范围超过140个国家，投资人包括互联网先驱、AOL的创始人史蒂夫·凯斯(Steve Case)。BRCK最初是为肯尼亚数据接入不便的偏远地区设计的移动上网工具，自带电源，能够提供网络信号，如今在威斯康星州、华盛顿州和明尼苏达州的网络死角，也能看到BRCK，就像它的广告："如果它在非洲都能用，那么在世界任何地方也都能用。"

2009年，iHub技术孵化器在内罗毕启动，奥米迪亚网络公司继续为Ushahidi公司提供了140万美元的资金。iHub将赫斯曼的最初设想变成了现实，创造了核心地带，让东非地区的技术大潮在这里汇集碰撞——投资圈、程序员、导师和IT公司，所有这一切都是赫斯曼2008年在内罗毕的吧营大会上设想的。iHub里诞生了152家公司，园区内有15000多名员工，无数的肯尼亚年轻人在这里的实验室工作，与全球知名的技术大咖交流，雅虎CEO玛丽莎·梅耶尔(Marissa Mayer)和"互联网之父"文特·瑟夫(Vint Cerf)都曾在这里发表演讲。以iHub为核心，非洲兴起了建立创新科技中心的热潮。在内罗毕的恩贡路上，相继出现许多孵化器公司，风投基金也纷纷涌入，创新科技中心在非洲大陆上遍地开花。iHub创始人艾瑞克·赫斯曼如今成为非洲最具知名度的科技领袖，是新一代年轻程序员的精神导师和元老级人物。下一章我们会谈到，赫斯曼还从硅谷拉来大笔基金，为非洲信息技术行业的创业者提供支持。

肯尼亚以"草原硅谷"的姿态崛起，它的传奇仍在继续，并启发着科技创业者、跨国IT公司和非洲各国政府。最初，它不过是恩德莫博士和他的同僚想为一个边缘化的政府部门找点事情做做，没想到最终成为一个传奇。肯尼亚创造了非洲的一种新常态：对于国家信息通信技术产业政策，政府积极推动，民众强烈期待。[①]随着非洲各国在吸引外资方面的竞争日渐激烈，作为吸引跨国企业入驻的基本条件，信息技术基础设施是否完善成为关键的标尺。2013年，综合考虑几个竞争国家之后，IBM决定将其非洲研发中心设在内罗毕，这其中，肯尼亚的信息技术战略发挥了至关重要的作用。

草原硅谷的异军突起，最大的反响或许应该是激发了非洲程序员的激情，非洲大陆出现了一大批朝气蓬勃的创业者和年轻技术人才。就像Safaricom公司鲍勃·科利莫尔所说："在这个技术世界里，地理上的边界不再重要。我们有许多应用程序开发员，他们都想创造下一个谷歌，都想成为未来的乔布斯。""他们为什么会认为自己的理想如今能够在肯尼亚实现？"科利莫尔问，"因为M-PESA以及

① 南非从20世纪90年代开始，就已经建立了完善的信息通信技术基础设施，形成了信息技术产业。过去20多年来，甚至直到现在，人们在对撒哈拉以南地区各国金融和基础设施对比时，仍将南非排除在外，把南非视为一个积极的异常变量。我们在这里谈到的肯尼亚草原硅谷在信息通信产业领域的崛起，是因为它是撒哈拉以南地区当代最激动人心的一个传奇。我们在后文中会提到，许多撒哈拉以南国家都在展开激烈竞争，竞相打造非洲最完善的信息产业基础设施。

肯尼亚在IT方面取得的成就已经得到了世界的认可，肯尼亚人为此感到无比自豪。他们现在认为自己是科技潮人，这其中就包含着某种自信。他们在想，没错，我们也能在科技领域干一番大事业。”

因此，没错，非洲的确存在科技产业——从草原硅谷中磨砺出来的IT锐气，正在非洲大陆上扎根，生长，为新经济奠定基础。

第七章

非洲技术演变图景：现在和未来

非洲是全球科技产业能够取得显著增长的最后一片蓝海。

——艾瑞克·赫斯曼(Erik Hersman)

对于非洲的科技产业，我们准备投资“润滑油”。非洲新兴经济体仍存在许多“摩擦”，我们要为这些“摩擦”提供“润滑油”，也就是技术解决方案，这里面蕴藏着巨大的机遇。

——埃格萨·欧姆基(Eghosa Omoigui)，EchoVC 风投公司执行合伙人

科技新闻往往关注的是非洲的社会性风投[①]。说实在的，在这个逐利的全球市场，我们的初创企业也要赚钱。非洲的程序员同样要赚钱。

——丽贝卡·埃诺彻(Rebecca Enonchong)，AppsTech 公司 CEO

① 社会性风投是指投资人更加看重的是投资的社会效益，而不是资本回报，这种风投的回报期长达10至15年。——译者注

尽管搞得红红火火,但草原硅谷只是非洲信息技术发展的冰山一角,因为它取得了成功,加上媒体关注度高,所以比较有名,也更容易被理解。事实上,在整个撒哈拉以南地区,一个蓬勃发展的IT生态系统正在形成,趋势变化不一,可以从各种角度解读(就像前面几段引言显示的)。一个接着一个,新的草原硅谷正在非洲各国出现。

在拉各斯市,赫伯特·麦考利大街环绕的雅巴区正在成为尼日利亚非正式的信息技术产业中心。大街两旁,散落着各种食品摊儿、技术学院以及卖尼莱坞DVD的小贩,“共创中心”(CcHUB)创意空间和电子支付初创企业帕贾科技(Pagatech)的办公室也夹杂其中。帕贾科技公司由塔约·奥维奥苏(Tayo Oviosu)创办,他毕业于斯坦福大学商学院,曾担任思科公司的经理。赫伯特·麦考利大街296号是iDEA中心加速器——这是一个政府支持的孵化器,设立办公场所,为提供商业解决方案的IT公司募集种子基金。400英尺远的315号,是安德拉人才加速器,这是一家具有美国资本背景的公司,全部为女性学员,专门培训有志于软件开发的尼日利亚年轻女性。

在喀麦隆、卢旺达和坦桑尼亚等国,虽然国情不同,但各国政府都在努力改善信息技术基础设施,鼓励创新发明。在乌干达和塞内加尔,各种手机应用不断孵化出来,许多创新产品为实现跨越式发展提供了条件。硅谷的风投企业在西非砸下七位数的投资,创办智能手机公司。在加纳和南非,投资人通过收购兼并进入当地市场。谷歌、IBM和微软赞助IT大赛,增加对非洲的投资。一方面,来自非洲的哈佛MBA毕业生放弃美国的工作机会,回到尼日利亚创办电子商务公司;另一方面,15岁的塞拉利昂技术天才成为麻省理工学院历史上最年轻的访问见习生，他用一堆破烂电子零件设计出极具创意的小发明，从而被麻省理工学院录取。

所有这些，只是非洲科技发展进程的缩影，这一产业远未成熟，仍在野蛮生长。试图对其进行抽丝剥茧的分析，或者预测它的未来走向，尽管很有意思，但并不容易。当然，面面俱到是不可能的，许多国家都可以作为个案研究。但是，对各种趋势的剖析，足以让我们对整个非洲大陆新的IT生态做出描述。

那么，我们该如何去描述这一新兴科技产业呢？简单地概括起来，它就像一个由创新中心、科技创业者、初创公司和投资混杂形成的布艺拼图，虽然仍很稚嫩，但扩张速度惊人。伴随这一进程的，是非洲独特的科技文化的崛起——非洲人，尤其是年轻人，正在以各种各样的方式投身科技产业。

在这一新生的复合生态中，各种要素相互作用，一方面推动非洲经济全方位转型，一方面从转型中获取动力，两者相互促进。最令人激动的是它的未来走向。对此，业界有很多预测。着力打造科技产业几大关键性的基础设施就是一个良好的开端。

非洲的科技产业孵化器

iHub一炮打响，成为科技产业孵化器在撒哈拉以南地区遍地开花的一个分水岭事件。[①]科技创新中心成为非洲大陆信息技术生

① 虽然iHub可能是非洲最具知名度的科技创新中心，但不是第一个。许多学者指出，南非的带宽谷仓(2000年)和创新中心(2001年)，以及博茨瓦纳的创新中心(2008)都是早期出现的科技产业中心——后面两个中心是在政府支持的创新产业计划刺激下建立的。此外，还有与iHub同一年成立的乌干达的蜂巢合作实验室(2010年)。

态系统发展的支柱。科创中心爆发式的增长,速度之快,让人眼花缭乱。一些科创中心试图准确地勾勒出非洲科创中心的版图,其中重要的是统计出科创中心的具体数量。2011年,赞比亚的邦戈蜂巢(BongoHive)利用Ushahidi地图平台,对16个国家的13个科创中心进行了摸底调查。2012年,非洲创新技术联合会非洲实验室(AfriLabs)统计,整个非洲大陆各种形式的科创中心有70多家。2014年,iHub联合邦戈蜂巢和世界银行,统计出在26个国家有近100家科创中心。2015年年初,邦戈蜂巢和总部位于波士顿的Fab基金会联合统计,撒哈拉以南地区有170个创新产业园区。

在试图量化统计IT产业园区的过程中,关于如何定义这些新生事物,一直存在争议,它们有的叫作“科技中心”(tech hub),或称“创新中心”(innovation center),或称“孵化器”(incubator),经常是同一个意思。鉴于非洲版的维基百科对这些名词还没有定义,我们可以简单地描述一下。非洲的科创中心,无论它们侧重于营利,还是社会影响力,普遍采用孵化器的商业模式,目的在于孵化出成功的App应用、初创公司,提供商业或社会问题的解决方案。

非洲最常见的科创中心形式是提供联合办公或联合创意空间,类似iHub,通常是非营利机构。科创中心主要靠拨款,以补贴价格为科技创业者提供办公空间。园区会员申请向公众开放。中心提供实验室、导师和培训,定期举办各种与科技产业相关的活动、讲座和投资人座谈会。

在非洲的孵化器行业中,也出现了一批以利润为目标的科技产业加速器。它的成员更加单一,比较正规,有具体的利润目标。加速器挑选具备高增长潜力的科技创业者，帮他们联络种子基金，把他们放在初创企业训练营。目的是在一定时间内，将科技创业者的金点子"加速"，变成风险投资的可靠目标。

草原基金加速器（The Savannah Fund Accelerator）脱胎于Ushahidi公司和iHub。2011年，艾瑞克·赫斯曼与姆布瓦纳·阿利（Mbwana Alliy），以及美国互联网企业家保罗·布拉吉尔（Paul Bragiel）在内罗毕创立了这一基金，它与硅谷保持密切联系。草原基金目前已收到300多项申请，申请人遍及整个非洲，当然也有海外非洲人。在它的加速器项目启发下，美国还拍摄了一部热门的电视真人秀《创智赢家》。入选加速器的非洲创业者可以出让公司15%的股权，获得2.5万至50万美元的启动资金，然后接受3到4个月的创业指导和培训。

为了获得投资，这些创业者必须首先经过姆布瓦纳·阿利等草原基金创始人的严格审查。阿利出生于坦桑尼亚，在斯坦福大学获得MBA学位，然后在硅谷打拼了4年。他经常面试那些有潜力的基金申请人，对于入选者，担任他们的创业导师。阿利称，对于申请人和入选的初创企业，他的面谈是"硅谷式的爱之深、责之切"。

2013年，《彭博商业周刊》（*Bloomberg Businessweek*）采访阿利。他正在内罗毕培训一位很有前途的草原基金加速器申请人托妮·马拉维利雅（Toni Maraviglia），她提出一项风投项目MPrep，通过手机为教师提供一个教育平台。阿利说，他一直在强调，对于那些渴望进入科技产业的创业者，一定要有"比打《使命召唤》[1]更加艰苦的工

① 《使命召唤》（Call of Duty）是一款热门的第一人称射击游戏。——译者注

作动力和能力”。阿利强调说，对于那些期待将他们的创新理念化作一家实实在在公司的人，这不是一份“朝九晚五的工作”。

此外，非洲各地还出现了一批由政府资助的科技产业孵化器，它们更符合比特安格·恩德莫拟定的信息通信技术发展战略。截至目前，最雄心勃勃的项目要属加纳的“希望城”和肯尼亚的“孔扎城”，耗资巨大，两个项目都是在国家主导下平地造城，意图打造硅谷式的超大型科技之都。

加纳投资100亿美元，在阿克拉郊区建造希望城。从建筑模型上看，这座高新技术园区包括6座高75层的建筑，建成后将成为非洲最高的建筑。肯尼亚的孔扎科技城于2013年破土动工，位于距内罗毕大约40英里的郊区，产业园区占地5000英亩[①]，预计投资85亿美元。肯尼亚议会批准这一项目后，政府委托纽约房地产开发商HR&A担纲设计，HR&A曾为2012年伦敦奥运会设计了奥林匹克公园。希望城和孔扎城的园区规划中包括科学公园、信息技术中心、IT外包业务中心、公寓和商业设施，以及信息技术教育机构。初期资金主要来源于政府拨款，以后将通过政府和私人资本合作的方式吸引对IT经济感兴趣的私人投资，实现自我造血。

负责实施孔扎城项目的CEO凯瑟琳·阿德亚（Catherine Adeya）说，孔扎城的主要目的是为肯尼亚的科技创业者提供更加规范的政策支持。“我们在内罗毕的恩贡路一带已经自然形成了一个科技创新产业集群。对于年轻的创业者来说，那里有iHub和孵化器中

① 1英亩约合0.004平方千米。——译者注

心。”阿德亚说，“那里有科技创新大奖，有竞争，但许多创业者的想法还是无法变成现实。而在孔扎城，我们将为他们创造一个环境，所有的创业者都能够得到合适的资源，能够与业界大佬、信息技术研究中心和大学接轨，将他们的项目从设想变成最终的产品。”

当然，非洲的科技界内，并不是所有的人都看好这些充满宏伟规划和诱人口号的科技城。一些科技初创企业怀疑，投资百亿美元，由国家主导打造这些城市，是否适合非洲的IT产业发展现实。因为非洲的IT业已经在快速增长，并且形成了有机的产业生态。艾瑞克·赫斯曼曾对孔扎城的效率提出质疑，毕竟离内罗毕还有一个小时的车程。在他看来，“东非地区真正的信息技术神经中枢附近必须要有合适的投资人，合适的科技初创企业、孵化器中心、大学以及大型科技企业。除非你把所有这些因素都搬到孔扎城，否则，这个距离实在有点远”。

加纳科技创业者亚乌·奥乌苏（Yaw Owusu）同样也持保留意见，他是加纳网络城创业投资公司CEO。这是一家由私人投资1.3亿美元组建的信息通信技术孵化器公司，公司计划建造一幢大楼。奥乌苏称希望城和孔扎城是非洲“预算庞大的超级城市项目”，“把建造这两座城市的钱，哪怕拿出一小部分出来，用于当地的信息技术建设，比如提高互联网速度，改善电力供应或者为初创企业提供天使投资，也比造城运动效果好”。奥乌苏说：“就规模而言，这里存在着一定的风险，等这些大楼都造好以后，非洲信息技术产业快速增长的势头恐怕已经不存在了。”

面对这些批评,孔扎开发署CEO凯瑟琳·阿德亚反驳称:"谢谢他们的关心,但有些人目光短浅,他们只看到了现在,而不关心未来。如果我们把所有的资源都集中在如此规模的超大集群里,效果完全不一样。"

无论结果如何,像希望城和孔扎城这样的超级项目,意味着非洲政府的思路越来越大胆,信心越来越充足。同时,这也意味着在信息科技政策和科技创新领域,政府间的竞争将进一步加剧。从宏观政策层面,到实体的科创中心和加速器,各国争先恐后地出台科技中心扶持政策。比如,相比东面的竞争邻国肯尼亚,尼日利亚政府在国家信息通信技术政策方面推出了更加诱人的条件。这其中,通信科技部部长奥莫波拉·约翰逊(Omobola Johnson)发挥了积极的作用。卢旺达总统保罗·卡加梅提出要在卢旺达优先发展IT基础设施。卡加梅本人更是热衷于使用推特和其他社交媒体,人称"数字化总统"。显然,他也非常清楚,邻国乌干达也正在大力发展IT产业。乌干达总统约韦里·卡古塔·穆塞韦尼(Yoweri Kaguta Museveni)出台了内容广泛的《总统技术创新计划》。

不远的将来,共创空间将成为非洲信息技术发展的主流,它以低廉的租金为大多数刚刚入行的科技产业员工提供办公场所。[①]这些开放空间式的科创中心仍在以几何级倍数增长,并创造性地出现了各种组织模式。例如,喀麦隆的"激活空间"(ActivSpaces),在运营合作办公空间的同时,还推出严格筛选的初创企业加速器计划,

① 2012年,邦戈蜂巢为几百名会员提供办公场所和发展计划,每年预算仅为4.7万美元。

名为“激活训练营”，为期6个月。尼日利亚有7个注册的创新空间，其中在拉各斯有一家名为“CcHUB”，为中学生提供课后机器人教学课程。加纳MEST科技中心开展为期两年的创业者培训计划，从美国、欧洲和亚洲聘请IT业的大咖进行教学。塞内加尔，24岁的库迪·贝内塔·德(Coudy Bineta De)和26岁的阿瓦·卡巴(Awa Caba)最近联合创办了Jjiguene科技中心，“由女性运营，为女性服务”，鼓励更多的塞内加尔女性进入信息技术领域，并为她们提供培训。

围绕着各地涌现的科技中心，非洲的信息技术生态正在形成，赞比亚的邦戈蜂巢吸引了大批年轻人，成为这一趋势最具典型意义的样板。2010年，27岁的赞比亚人卢孔嘉·林顿达(Lukonga Lindunda)在首都卢萨卡的一家欧洲非政府组织工作。林顿达毕业于南非纳尔逊·曼德拉城市大学IT专业，自称“电脑极客”，他一直梦想成为一名软件工程师。“但不幸的是，当地没有什么软件公司。”林顿达说。他尝试过各种工作，还做过一段时间的程序员，月薪只有100美元。林顿达无奈之下只能去找更有发展空间的工作，起先为美国国际开发署(USAID)工作，2010年在比利时一家非政府组织工作。“当时，大家经常在说有一些非洲人已经找到了解决非洲问题的办法。”林顿达说，“随着非洲移动经济的发展，越来越多的年轻人开始使用手机，利用移动科技促进经济发展，这里面存在巨大的发展机遇。”他回忆道，“当时，我们还在非政府组织工作，大家说：‘既然非洲人自己都能找到解决办法，为什么我们这帮在海外打拼的人不能找到一个办法解决我们自己的问题？’”

2011年，林顿达找到两位热衷于IT技术的赞比亚人：西卢梅西·马博谢(Silumesi Maboshe)和斯穆查·穆杨嘉纳(Simunza Myanga-na),几个人一起探讨移动科技对社会的冲击和变革。[①]“我用谷歌搜索,看到了 iHub。”林顿达说。他前往肯尼亚,参加东非地区最大规模的移动应用开发人员大会 Pivot 25。会议期间,他参观了 iHub,与艾瑞克·赫斯曼和他的员工见了一面。“我问他们怎么样才能够创办一个科技中心。”林顿达说,“从内罗毕回来以后,我们找到一个很小的办公地点……就在我工作的非政府组织隔壁,利用非政府组织的互联网。我们为当地年轻人开办了技术培训课程。”

几个月后,林顿达、马博谢和穆杨嘉纳拿到了他们的第一笔投资,林顿达从非政府组织辞职。2011 年 5 月,三个人创办了邦戈蜂巢,这是赞比亚第一个共创科技中心。此后,邦戈蜂巢孵化了 8 个应用,15 家初创企业,开发了非洲大陆范围内的众包项目 AfriHUB,这是第一个试图追踪非洲现有科创中心发展情况的项目。邦戈蜂巢和赞比亚农业部在众包项目上至少合作过一次,控制蝗虫灾情的暴发,减少玉米等农作物的损失。在邦戈蜂巢注册的会员超过 1450 人,他们大多数还是学生年纪,其中有些人几乎每天都会来工作室上班。

林顿达很快发现,对于科创中心以及天天在科创中心上班的这些年轻人,不能给予过高的期望。“我们总是希望能够创造出类似硅谷或其他发达国家一样的环境,但是,显然这里并不是旧金山。”他说,“我们所能够做到的,只是给他们提供一个物理空间,面对诸如

① 林顿达非常推崇赞比亚学者丹比萨·莫约 2009 年推出的畅销书《援助的死亡》(*Dead Aid*)。莫约在书中表示,非洲经济结构必须从依赖外国援助转向私营经济驱动。他的思想影响了邦戈蜂巢的三位创始人。

产业信息政策或互联网成本高昂等问题，我们同样无能为力。”对于如何保护年轻人的热情，林顿达说：“年轻人酷爱信息技术，他们到了我们这里，感觉自己能够发挥作用，非常激动……但是，我们在工作中还是要现实一点。我们不得不告诉他们，在这里，不是说你搞一个应用程序出来就马上能够赚几百万。虽然这里到处都是忙忙碌碌的，但我们认识到，我们所做的不仅仅是在这些小小的格子间里的事情，我们应该在国家的信息技术生态里扮演更重要的角色。”

林顿达认为，从长远的角度来看，这些科创中心和创意空间对非洲年轻一代的影响还是非常积极的。“想想不久之前，非洲还根本不存在什么科创中心，我们打造了一个全新的科技文化。人们在这里能够找到他们在大学里找不到的东西。许多创意点子在这里生根发芽，他们在这里提高自己的水平，找到一份更好的工作或者创办自己的公司。”

对于邦戈蜂巢未来几年的目标，林顿达说：“即使我们没能孕育出一两个大型的初创企业，或者搞个并购的大新闻，我们仍然改变了卢萨卡街头许多年轻人的生活……我们希望能够在5年内，培养出一大批具备计算机技能的年轻人，从而让他们可以抓住机会，迎接挑战——创造解决方案，开办公司，研发科技产品。这就是我们努力的目标。”

非洲科技创业者和初创公司

在非洲大陆的各个科技孵化中心，一拨又一拨的年轻人如过江之鲫，绵绵不绝，而在现实的商业世界里，企业家们已经创办了无数的IT公司。粗略地统计一下，整个非洲新出现的科技初创企业（规模较小，仍处于初创时期，由风险资本支持的企业）有数千家。许多初创企业出自非洲的科创中心。2014年，据MEST科技中心统计，仅在加纳就有120家初创企业。按照邦戈蜂巢和Fab基金会的统计，平均每个科创中心能够孵化出20家初创企业。如果以此推算，撒哈拉以南地区170个科创中心孵化出来的科技型初创公司接近3500家（仅iHub就孵化出152家企业）。况且，并不是所有的初创企业都出自科技创新中心。当然，3500家，这个数据对于一个洲来说，仍显得微不足道。但是要知道，这些企业大部分是在过去5年时间内诞生的，显示出撒哈拉以南地区信息产业正在快速成型。

非洲的信息技术人才数量不断增加，这个群体还没有形成完整的特质，但对于一些初来乍到者，或者在这个行当摸爬滚打多年的老手来说，我们还是能够从他们身上找到一些普遍的特征。非洲最早在信息产业领域打拼的创业者，他们大多数已经有了自己成功的公司，专注于IT产业投资，许多海外归国人员符合这一特征。他们很多人走出非洲，寻找更好的教育机会，在美国或欧洲的大学（通常都是名牌大学）拿到学位，然后在伦敦、纽约或旧金山的一流大公司里工作。当他们在职业生涯的十字路口面临抉择时，一些人放弃海外的白领工作，回到非洲，投身科技产业。Ushahidi软件平台的几位肯尼亚开发人员——奥利·奥科罗、朱莉安娜·罗蒂克、大卫·科比亚，都有海外留学的背景。许多非洲初创企业的老板和知名的科技界大咖，也有着海外教育背景，他们的风投企业在非洲大陆扮演的角色更加多元化。

齐内都·恩切如(Chinedu Echeruo)拿到哈佛大学MBA学位后,创立了全球交通导航网站HopStop。后来,他把网站卖给苹果公司,自己回到非洲,在一家私募基金工作,为新的科技初创企业出谋划策。丽贝卡·埃诺彻是喀麦隆人,西非企业解决方案公司AppsTech公司CEO,她从华盛顿特区的美国天主教大学毕业后进入甲骨文公司,后来回到家乡创办自己的企业。非洲新涌现出来的电子商务企业,如Jumia,Konga和“非洲购物街”公司都是由曾在美国学习工作过的尼日利亚人创办的。Konga的西姆·沙加亚在哈佛攻读了MBA,在谷歌工作过。Jumia的首任CEO通德·凯辛德(Tunde Kehinde),就读于哈佛大学和霍华德大学,后来与哈佛商学院的校友拉斐尔·阿富多尔(Raphael Afaedor)共同创办了Jumia。阿富多尔曾担任知名招聘网站Monster.com的产品工程师。

这些经验丰富的非洲企业家原本可以在世界任何地方运营初创企业,但现在他们更热心于充当年轻一代非洲人进入信息技术领域的入门导师。这些年轻人不可能像他们的导师一样,有机会去国外积累经验,但他们对IT产业仍非常痴迷。在邦戈蜂巢和iHub这样的共创中心,作为会员,这些年轻程序员能够找到所需的支持。

非洲有句古话:“举全村之力。”许多功成名就的企业家把这句古训带进了21世纪,创造了IT社区,鼓励年轻人在信息技术领域的创新。艾瑞克·赫斯曼的iHub和草原基金为IT职业技术指导和发掘创业机遇提供了坚实的基础。丽贝卡·埃诺彻同样也成为知名的技术导师,积极倡导打造非洲硅谷。她领导运营的AppsTech在全球三大洲拥有40家客户，除此之外，她还成为许多年轻的初创企业家的导师和顾问，担任非洲初创企业家大赛DEMO的评委。埃诺彻在推特上同样拥有众多粉丝，经常发布一些最新的非洲IT业界新闻。埃诺彻的网名叫作"非洲技术控"(Africatechie，在科技圈内，这也成为她的外号)，她精心挑选各种有关非洲的科技新闻、事件和观点。她已经拥有了4万多名粉丝。

对撒哈拉以南新生的技术群体，尤其对其中的女性群体而言，他们还有一名导师，那就是塞内加尔人玛丽安·贾梅(Mariéme Jamme)，她是IT咨询企业SpotOne全球解决方案的CEO，公司总部设在伦敦，她在各个层面帮助非洲热衷科技产业的年轻人。贾梅组织了"非洲应用"大赛(Apps 4 Africa)。2010年，肯尼亚女性苏·斯蒂芬诺(Su Stephanou)凭借iCow牧场应用获得大奖，这个应用后来被Safaricom收购。贾梅还联合创立了塞内加尔第一个女性科技产业中心Jjiguene，它同时也是一个女性科技人员网络社区。贾梅是托尼·艾鲁姆鲁基金会企业家项目遴选委员会成员。在2014年旧金山举办的世界事务委员会技术论坛上，贾梅与艾瑞克·赫斯曼展开对话，她谈到iHub和Ushahidi的创始人背景时说："许多非洲第一批科技企业家，比如艾瑞克，凭借他们的远见和能力创办了自己的初创企业。而非洲新一批的计算机人才，他们有激情，有视野，但需要有人帮助他们去落实他们的想法。所以，他们需要有经验的导师，需要训练。只有这样，他们的创意才不会泯灭。"

随着技术浪潮的兴起，非洲年轻一代中还产生了一些神童，显示出这股浪潮的潜力。凯尔文·多伊(Kelvin Doe)，1996年出生在塞拉利昂的首都弗里敦，10岁的时候，他就用放学路上捡来的垃圾零件组装电力传输装置，他甚至还自己组装电池供他的小发明使用，因为塞拉利昂的供电总是时断时续。14岁时，多伊创办了自己的社区电台，用的还是从废旧物品中回收组装的电源。凭借这个项目，他在当地举办的一场青少年创新比赛中获胜。此后，在麻省理工学院博士研究生、塞拉利昂人大卫·森格（David Sengeh）的安排下，2012年，多伊参观了麻省理工的媒体实验室，并展示了他的小发明，与麻省理工最杰出的人才一起交流。大家对他的才华赞不绝口，决定邀请他作为麻省理工的访问见习生。15岁的多伊成为麻省理工历史上最年轻的访问见习生。“我相信，通过创新，可以建设我们的国家塞拉利昂。”在2013年少年TED演讲时多伊说，“创造力无处不在，即使在你从未想到的地方，也能找到创新。”

2013年，多伊回到塞拉利昂，这个国家正面临埃博拉病毒的威胁，多伊继续执着于建立自己的创新实验室。即使没有实验室，他仍在搞他的发明，一种装在鞋子上的动力移动电池充电器。“在塞拉利昂，要给我们的手机和其他电器充电非常不容易，”多伊对我们说，“因此，我想要帮助弗里敦和乡下的人们，给他们提供一个免费获取电力的平台，只要走走路，就能免费给手机充电，为他们家发电。”创新的浪潮已经席卷非洲的年轻人群体，多伊就是一个例子。

非洲各种形式的技术大会也日渐增多，譬如非洲创客嘉年华、初创企业周末以及催生iHub的吧营“非会议”，非洲的企业家和初创企业在这些活动中也获得越来越多的认可。论坛，加上层出不穷的技术大赛，为非洲大陆那些极具潜力的初创公司提供了各种奖励、支持和行业认同。Afrinolly是一款手机应用,汇集了海量的免费尼莱坞电影和音乐。这款应用是由世界银行前顾问、尼日利亚人希克·马杜邦那(Chike Maduegbuna),联合谷歌"G-尼日利亚"2011年峰会和安卓开发者挑战赛上的一个小组共同孵化出来的项目。"我们为了参加安卓开发者挑战赛而设计出Afrinolly。获得大奖后,我们把2.5万美元奖金立刻用于这款产品的商业开发。"马杜邦那说。目前,这一风投项目可以通过亚马逊网站查到,它与非洲电信业巨头MTN开展品牌合作,2014年开始从单纯地依靠广告收入转向订阅服务。

2014年,DEMO初创企业年度40强大赛有400家企业报名参赛,创历史纪录。最后入选的40强中,有14个初创企业出自尼日利亚,其余的则来自12个非洲国家。入选企业都获得机会,在全球投资人、买家和媒体面前介绍他们的企业。2014年DEMO初创企业大赛中,有一家名为"珍珠梦"的入选企业是由纽约的非洲人孵化出来的。26岁的乌干达人布莱恩·阿辛奇亚(Brian Asingia)在纽约证交所工作期间,合作创办了一家以非洲为主题的数字动漫和教育娱乐公司。公司CEO弗朗科·尤金-阿博特(Franco Eugene-Abott)出生在肯尼亚,两人希望将"珍珠梦"打造成非洲的迪士尼。

越来越多的初创企业和科技领袖出自非洲的加速器。草原基金至今已经孵化出15个初创企业,包括"InforeX非洲",一家能够用非洲货币兑换的外汇交易平台。MPrep教育初创公司是草原基金创始人之一的姆布瓦纳·阿利2013年发现并吸纳进入加速器的,孵化完成后,变成Eneza教育,为数百万非洲农村地区的孩子提供手机上的虚拟课堂。2014年在肯尼亚互联网峰会上,这个项目获得信息通信技术年度创新大奖。非洲大陆并不缺少敢试敢闯的初创企业和聪明的企业家。接下来,就要看资本的了。

非洲科技产业的投资

金融资本流入非洲ICT生态系统的速度正在加快,渠道也更加多元。非洲科技产业最普遍的资本注入方式是对科创中心的投入(直到2012年,这种方式仍占据主导地位)。这其中,有些捐赠来自基金会,比如Ushahidi和iHub第一笔资金就来自奥米迪亚网络公司。赞比亚的邦戈蜂巢从阿拉巴马大学的斯帕克曼全球健康中心收到5万美元的基金会赞助,后来又多次接受英国靛蓝信托基金会(Indigo Trust)的赞助。靛蓝信托同时也向乌干达的蜂巢合作实验室、卢旺达的kLab、尼日利亚的CcHUB和喀麦隆的ActivSpaces提供了援助。

非洲的科技中心也正在成为外国政府援助的对象。此前,这些援助更多的是流向传统的非政府组织。比利时VVOB发展协会为邦戈蜂巢提供了资金。荷兰的非营利组织Hivos长期以来一直是iHub的财政后援团。2014年,Hivos和荷兰DOEN基金会联合成立了一个基金,专门用于支持非洲科创中心,启动基金为50万美元,以后再追加投入。移动创新孵化器mLabs在南非和内罗毕的恩贡路上都设有办事处,它们从世界银行infoDev基金和美国国际开发署获得资助。

非洲政府和慈善活动家也开始重视科技领域的资金援助。

2013年，肯尼亚信息和通信部通过恩贡路上另一家科创中心NaiLab，启动一项金额达160万美元的初创企业孵化器计划。此外，尼日利亚通信科技部也正在精选一批初创企业（2014年挑选了70家），进入国家iDEA加速器计划。托尼·艾鲁姆鲁的基金会通过拉各斯的CcHUB，以竞赛的方式为50个初创企业提供1万到2.5万美元不等的种子奖金。

许多全球最具知名度的科技企业也对非洲IT技术中心提供了支持，作为其进入非洲市场的跳板。英特尔、谷歌和微软等都在非洲提供基金、技术培训和赞助竞赛。谷歌过去两年来为iHub赞助了40万美元，谷歌CEO埃里克·施密特（Eric Schmidt）2013年参观了这家孵化器先驱，他后来在自己的社交平台"谷歌+"上面写道："内罗毕现在已成了一个名副其实的科技中心。"

全球科技企业巨头也纷纷制订自己的非洲计划，增加对非洲初创企业的投资。微软的"4Afrika"计划赞助了几项非洲范围内的科技创新项目，2014年为12家IT创业公司提供了初创企业创新奖励。

对于非洲科创中心和初创企业的资金援助虽然只是初步的，却鼓励了更多的科技企业，如IBM和谷歌，直接在非洲投资，建立自己的科技运营部门。谷歌在南非开普敦设立了加速器Umbono，为精选出来的一批初创企业提供2.5万至5万美元的种子资金投资。

2013年，IBM在肯尼亚建立第一个非洲研发中心，并宣布任命乌伊·斯图尔特（Uyi Stewart）为非洲首席研究员。2014年，这个科技巨头再次宣布，与内罗毕新设的研发中心共同合作，推出一项为期十年的研究计划——"露西"（也就是非洲版的IBM沃森超级计算机)，投资高达1亿美元。

非洲的加速器项目虽然在发展速度上不如共享办公IT中心，但仍然吸引了越来越多的国外资本投入基金运营。草原基金的创业团队成员艾瑞克·赫斯曼、姆布瓦纳·阿利和美国科技企业大亨保罗·布拉吉尔向硅谷的投资人游说，为其2.5万至5万美元不等的初创企业投资拉来500万美元的资金。

以股权为基础的加速器基金数量持续上升，再加上以盈利为目的的初创企业不断增加，表明风险资本将在非洲下一轮科技投资中占据重要地位。相比这些新近涌入的风险投资，之前流入非洲科技中心的那些赞助资金不过是毛毛雨。2012年，电子商务初创企业Jumia和Konga连续注入的风险资本超过3亿美元，这些风投企业包括德国的“火箭网络”和波士顿的顶峰投资(Summit Partners)。

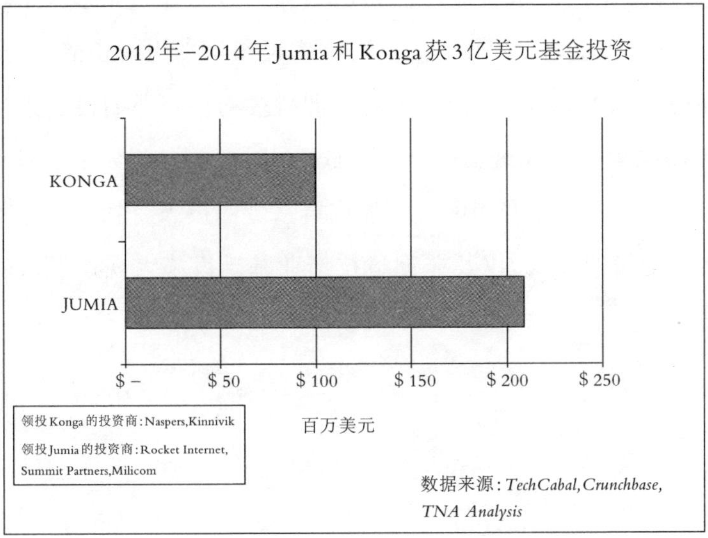

图7.1

美国种子投资也开始进入非洲科技产业,尼日利亚人埃格萨·欧姆基领导的EchoVC是硅谷第一个由非洲人管理、专注于非洲投资的风投基金。欧姆基在美国获得本科和硕士文凭,此后在英特尔负责管理几十亿美元的投资组合,从而磨炼出一双甄别初创企业的慧眼。比如,建议英特尔投资脸书和领英就是他当年的得意之作。后来,他离开英特尔,创立EchoVC,总部设在帕罗奥多。EchoVC已经投资了几家非洲初创企业,目前管理着3000万美元的风险资本,准备投资新的非洲科技企业。

有了风险投资的加入,非洲的科技产业投资规模就不再是几百万美元,而是迅速上升到千万乃至几十亿美元。通过与硅谷投资数据库Crunchbase的合作,以及我们自己的独立分析,我们可以确定,2014年风投基金对非洲初创企业的投资超过4亿美元。我们分析了自2007年以来的投资同比增长和年平均增长情况,预计从2012年到2018年,风投基金对非洲科技初创企业的投资累计将达到10亿美元。此外,还有运营投资(比如,IBM投资1亿美元建立的研发中心),政府和私人对加速器基金的投入、捐赠,私募基金对共创空间的投入,以及非洲科技产业基础设施大规模引入的资本,等等。

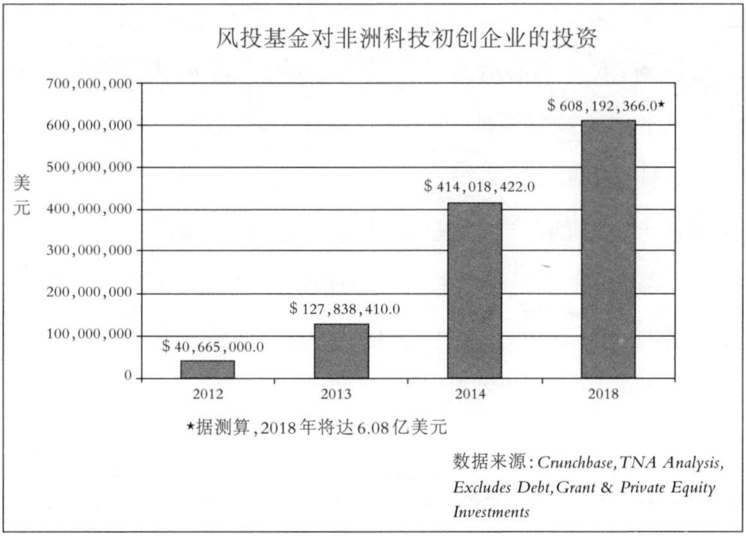

图7.2

非洲科技产业发展第二阶段：有线和无线，步步为营进入证券市场

在经济学术语中，“蓝海”一词是指一个广阔开放的、几乎没有竞争的、利润丰厚的市场。艾瑞克·赫斯曼认为，在科技产业领域，非洲是世界上最后一片蓝海。对此，我们非常赞同。非洲的科技产业不再只是意味着社会创投，或是一个狭隘的商业概念。非洲大陆的信息技术浪潮将渗透撒哈拉以南地区转型的各个方面：商业、健康、教育、金融、政府管理和创意文化。我们所描述的“布艺拼图”——由科创中心、创业者和投资构成的发展趋势——正在显示

出它的凝聚力和包容性。非洲的科技生态仍在演变中，它将继续对非洲的市场、人力和潜能发挥显著的影响，在非洲从世界经济的边缘走向数字化主流经济的过程中扮演核心的角色。

非洲社会的进步，在很多方面都是渐进的，科技产业生态的转型也不是一夜之间就能完成的，从起步开始，这条路也会经历停滞和失败。那么，究竟是什么核心趋势塑造着非洲未来的科技产业图景？首先要回到2005年，比特安格·恩德莫极具远见地将信息通信技术基础设施列为肯尼亚优先发展的国家战略。

信息通信技术领域的国家竞争

草原硅谷的出现，初创企业的繁荣，离不开完善的信息通信技术基础设施——高标准、低费率的宽带接入，充足的电力供应以及高效的电信产业。从撒哈拉以南地区各个科创中心培育出来的科技精英和技术人才，对国家层面上的信息基础设施匮乏也感到无能为力。在撰写本书的过程中，我们多次通过Skype电话采访一些科技创业者，比如，AppsTech公司CEO丽贝卡·埃诺彻。由于网络信号太差或断电，采访经常不得不中断，只能另约时间。我们在采访Afrinolly初创企业CEO希克·马杜邦那时，听到他的办公室外噪声轰鸣。“你们听到的嗡嗡声，就是我们的发电机组。一个月仅燃油费和维护费就要3000多美元，这是最大一笔运营支出。”马杜邦那解释道。由于拉各斯市周期性的断电，为了保证自己的数字化公司始终保持联网，马杜邦那不得不购买发电设备。

提升信息通信技术的国家水平，这将成为非洲科技产业发展的主要驱动力，也是决定一个国家能否走向繁荣富强的关键因素。各国围绕着信息通信基础设施的竞争将进一步加剧，投资持续增加。尼日利亚在信息通信技术领域取得的进展，包括电力设施的完善，成为尼日利亚初创企业蓬勃发展的关键，从而也使尼日利亚有可能成为非洲的科技之都。低成本的宽带普及率将成为撒哈拉以南地区宏观经济新的衡量指标。未来十年，谷歌总部地球仪上用于追踪各国互联网接入水平的亮点，在非洲原本漆黑一片的地方，将逐渐变得活跃闪亮。科技创业者、风投公司和全球巨头都会向那些亮点地方——在信息通信技术产业取得成功的区域性中心——转移，而那些黑暗之地，将被世人遗忘。

撒哈拉以南地区的数字化移动互联网

在非洲的新兴经济体和科技产业大潮中，手机仍将是绝对的主角。尽管撒哈拉以南地区的手机普及率已经很高，约70%，但其中只有20%为智能手机。非洲用户转而使用智能手机和其他互联网设备，对全球手机厂商来说是一个机遇，但它的意义远不止于此。尤其是伴随着宽带接入速率的提高，它将重新定义非洲大陆的经济和社会活动。智能手机将成为非洲一切活动的中心舞台。非洲大陆许多商业竞争对手，尤其是媒体和零售业，它们的对垒战场将转移到非洲人的手掌上和口袋里。非洲社会文化和创意产业的分发渠道及销售将通过移动设备进行。

智能手机和平板电脑将促使非洲实现多个领域的跨越式发展——在经济、教育和健康领域越过某些发展阶段,形成跳跃式的创新发展。非洲大陆83%的人没有银行账户,但他们以后根本不需要走进银行大门而直接使用电子支付。激烈市场竞争下诞生的数字化金融平台,依靠费率收入将牢牢掌握这一营收高达1万亿美元的消费市场。就个人电脑和上网需求而言,非洲将跳过PC机时代,直接进入智能手机和平板电脑的时代。宽带速率的提高,加上智能手机的普及,非洲将跳过电视机时代,通过移动设备收看数字化的尼莱坞电影和肯尼亚音乐录像,人们的选择将更加多元。智能手机同样也将对非洲的社会发展带来冲击,所有非洲社会经济面临的问题,比如医生、农场兽医或教师数量的严重不足(这也是iCow和Eneza教育等手机应用能够广受欢迎的原因),都将在手机这个平台上成为人们热议的话题,影响力进一步放大。

吸引全球技术精英和科技公司

伴随着非洲经济的增长和繁荣,信息通信技术产业改变了非洲大陆长期以来的人才外流趋势。大批海外工作的高级人才开始回到非洲,在科技企业工作。未来,世界各大洲的职业精英仍将络绎不绝地来到撒哈拉以南地区,寻找IT业发展机遇。非洲与世界的人才流转不再是年轻人走出非洲,国际援助人员走进非洲。科技产业将率先吸引各国专业技术人员来到非洲。在这一方面,电商初创企业Jumia和它的母公司非洲互联网集团(AIG)走在前列。AIG在非洲拥有多个初创企业，雇用员工7000人，其中在尼日利亚有员工2500人。领导Jumia的是来自法国的CEO萨沙·庞涅克(Sacha Poignonnec)和杰里米·霍达拉(Jeremy Hodara)，两人是麦肯锡欧洲公司的同事。Jumia在其他国家的办公室和AIG的初创企业中，管理层混合了非洲的精英和欧美地区的顶尖职业经理人。在尼日利亚，AIG的通信部部长尼尔斯·塞格(Nils Seger)在德国商界打拼多年，然后来到拉各斯，他与Jumia在尼日利亚的经理法图马塔·巴(Fatoumata Ba)在工作中配合默契。巴来自塞内加尔，曾在法国从事企业咨询工作，后来回到非洲进入电子商务领域。AIG旗下在线零售初创企业Lamudi的创始人和CEO艾莉·莫尔斯(Allie Morse)是一名加拿大人，牛津大学毕业。她在AIG的同事、尼日利亚易行出租CEO班科莱·卡多苏(Bankole Cardoso)曾在纽约的普华永道和凯雷集团工作，回到非洲后创立了初创企业易行出租。2014年，他被《福布斯》杂志评为非洲最有前途的年轻企业家之一。

非洲的初创企业吸引着顶尖的科技人才，国际著名的IT企业也在非洲持续扩张业务。国际科技企业巨头的第一波冒险已经开始。作为“4Afrika”计划的一部分，微软计划2015年在非洲推出一个专门为非洲开发的智能手机和平板电脑系列。显然，在移动设备巨头扎堆的非洲，这将进一步促使竞争白热化。三星和诺基亚准备在撒哈拉以南地区推出售价在40到50美元的智能手机。脸书2014年年底在非洲的用户数超过1亿，其中80%的人使用移动设备登录脸书。《连线》杂志(*Wired*)报道称，社交媒体公司正在研究“一种新的针对非洲量身定做的广告”。随着非洲互联网接入能力的改善，加上中产阶级消费能力的升级,谷歌计划结合目前在非洲开展的技术教育和捐助活动,将重心更多地转向非洲,以刺激非洲的广告收入增长。国际IT巨头,像思科和SAP,也在非洲扩张业务,成为非洲商业IT领域在硬件和软件方面的骨干企业。SAP近日宣布,到2020年,将投资5亿美元在非洲落地其最先进的技术。这家软件公司将雇用1万名IT技术咨询人员,将"非洲技能"奖学金计划扩展到肯尼亚、安哥拉和尼日利亚,所有拿到奖学金的人都将在SAP公司实习。

颠覆式发展

撒哈拉以南地区60年来一直沿用一种模式,依靠外国政府、机构和非政府组织的援助来解决社会经济问题。但随着蓝筹股企业在非洲的扩张,尤其是IBM的露西项目落地,预示着在科技产业领域这一范式已经被打破。将非洲目前面临的一些问题当作一种经济机遇,这是露西项目的内在动力。IBM研发的沃森超级计算机在电视智力竞赛节目《危险边缘》中打败人类最聪明的大脑。[①]作为沃森的新一代产品,"露西将给非洲的数据服务带来天翻地覆的变化,而数据服务之前在非洲根本不存在"IBM非洲首席研究员乌伊·斯图尔特说。通过露西,IBM非洲研发中心将能够解决非洲长期面临的一些难题,如教育、水安全、医疗卫生、经济的封闭性、食品生产等。IBM将通过认知计算——将计算机、大数据、人工智能和人的

① IBM将非洲超级计算机计划命名为露西(Lucy),她是目前已知的人类最早的祖先,生活在320万年以前,其人体骨骼化石1974年在埃塞俄比亚被发现。

互动结合起来——解决这些问题。这一过程“将超越编程系统，而创造一种可以推理的系统、可以学习的系统、可以思考的系统，以解决问题”IBM非洲科学家查里蒂·瓦亚(Charity Wayua)博士如是说。IBM仍在搭建露西项目所需的人员、硬件和合作架构，整个项目包括25名国际研究学者，涵盖化学、环境工程和人机互动等多个领域。

在具体执行层面，IBM非洲研究实验室已经启动了问题解决集群小组，在非洲范围内与各大高校、电信企业、医院、农民和非洲最新的科技初创企业展开合作。在肯尼亚，IBM与政府合作以解决内罗毕的交通拥堵问题。此外，IBM还启动了电子政府计划，推动肯尼亚政府部门数字化办公。这不仅有利于提高政府的服务效率，同时也有望通过增加预算和金融数据的透明度来减少腐败。

IBM在非洲所要解决的这些问题，许多都是发展过程中出现的，也是外国援助机构和非政府组织长期以来一直呼吁解决的问题。那么，这种技术上的利他主义，怎样才能契合以利润为导向的蓝筹股巨头的非洲战略呢？社会发展和经济原本在非洲是两个互不相干的领域，现在的界限趋于模糊。露西的研发，显示出IBM在这块大陆上的前瞻性视野。“我们看到，非洲未来一波的发展浪潮将是注重提供商业发展机会。”IBM全球通信领导人乔纳森·巴蒂(Jonathan Batty)说，“露西提供的基于认知的服务对非洲的许多合作伙伴都具有价值：政府、商业组织、基础设施建设项目和发展署。”单纯从商业的角度看，早在露西和研发中心实验室启动之前，IBM在非洲就已经经营了多年，为许多撒哈拉以南国家提供技术产品和咨询服务。过去5年，IBM在安哥拉、毛里求斯、坦桑尼亚、塞内加尔、加纳、尼日利亚和肯尼亚设立了办事处。

在互联网接入日益广泛、以市场为导向的非洲，IBM显然会将露西系统的强大处理能力与它现在以利润为目标的产品线结合起来。破解非洲在发展过程中的挑战将成为科技产业的商业机遇。“如果你仔细观察IBM，其在现有市场上的公司的定位总是围绕着解决未来难题展开的。”艾瑞克·赫斯曼说，“我认为，它们现在在非洲所做的，就是要解决非洲多年以来挥之不去的发展难题，并且将这些问题视为今天要解决的商业挑战。”简单地说，非洲市场上的这些科技产业弄潮儿，无论是IBM，还是那些拿到基金捐款的众多科创中心，或是初创企业，它们在解决问题上将扮演更重要的角色，而这些问题长期被援助机构和非政府组织忽略，许多问题现在已经变成了可以带来利润的商业构想。

从社会创投到商业解决方案

媒体喜欢报道非洲科技领域的社会创投，关注那些侧重于解决教育或健康领域缺陷的应用软件和社会组织。尽管IT业的社会影响依然很重要，但我们认为，下一轮媒体报道非洲科技产业的重点将集中于如何应对在非洲经济加速正规化的过程中碰到的商业挑战。正如EchoVC执行合作人埃格萨·欧姆基在他的“摩擦和润滑剂”投资理论中所阐述的那样：“非洲许多地方，日常摩擦都与经济的规模有关，能够把最基本的事情做好就非常不错了。以科技服务和提供解决方案的形式，在这些领域涂抹一点‘润滑剂’，对科技初创企业而言就是一个巨大的商业机遇。”

在传媒、娱乐、物流、电子商务和金融服务领域，行业体量不同，解决方案也不一样，非洲经济为此提供了各种各样的机会。对于一家大型的非洲IT企业而言，机遇就在于它能否提供和管理数据。无论是地方企业，还是跨国公司，它们在撒哈拉以南地区扩张业务，最迫切需要拿到的是发达国家市场极为重视的基本信息数据，其中包括市场趋势、人口信息、金融理财状况、消费支出模式，以及许多我们在撰写本书时也努力想搜集到的统计数据。

专注于这部分数据市场的创投公司已经出现。2014年，前银行家贾斯汀·马维齐兹（Justin Mahwikizi，13岁时从布隆迪移民美国）和尼日利亚管理咨询师阿金·索耶尔（Akin Sawyerr）开发了一款金融数据终端“市场地图”（Market Atlas），采用订阅服务的方式帮助全球投资人跟踪非洲股票、债券和货币变化。提供数据解决方案，这只是撒哈拉以南地区科技产业向追求利润型转变的一个缩影。在其他领域同样也蕴含着无限可能。

创业型国家，从捐赠到创收、并购和IPO

尼日利亚毫无悬念地迅速成为非洲初创企业的温床。在新兴科技创投企业方面，尼日利亚经历了类似美国在20世纪90年代的强劲增长，成千上万的门户网站雨后春笋般出现，几乎所有的商业服务和针对任何商业问题的解决方案，都能在这些网站上找到。“有事情，先上网”如今在美国已经非常普遍，而在尼日利亚，诸如汽车销售、房地产销售、机票预订，以及尼日利亚第一批互联网旅行社，这些网络化服务在以前是不可想象的。曾是大学同窗好友的三个人奥派耶米·阿沃耶米（Opeyemi Awoyemi）、奥拉莱坎·奥卢德（Olalekan Olude）和阿约德吉·阿德乌尼米（Ayodeji Adewunmi）一起创办了一家初创企业“职业人”（Jobberman），为成千上万急于寻找工作的年轻人提供职业机遇。在个人金融领域，许多尼日利亚人因为无法获得贷款而不能买房租房，由于尼日利亚缺乏信用信息，租客往往被要求预付一年的租金作为押金。网络初创公司“信用注册服务”（Credit Registry Services）率先抢占尼日利亚的个人信用评级市场，并利用生物识别反诈骗技术降低商业成本，增加银行贷款额度，并且仍在继续开发其他更具创造性的担保技术。在物流领域，Jumia首任CEO通德·凯辛德创办了“非洲专递捷运”（Africa Courier Express），提供价格合理并且可靠的快递服务，为尼日利亚网购和传统零售企业扩大销售区域创造了条件。

在尼日利亚，大量创投企业不断涌现，“以技术解决方案的形式提供‘润滑剂’”。更多的创投企业仍在继续努力。以盈利为目标，初创企业成功地提供商业解决方案，从而为非洲的科技产业发展掀开了新的篇章：越来越多的风投资本愿意向那些秉承硅谷赚钱理念的初创公司投资。就像科技领袖丽贝卡·埃诺彻指出的，同世界各地的IT企业家一样，“非洲的技术人员也要赚钱”。

过去几年，我们在与科技圈内的名人和美国投资大佬交流时，许多人都对非洲的科技初创企业能否真正复制美国创投公司的成功轨迹表示怀疑，这些美国企业靠创新、破产、兼并、IPO和IT新贵，不断抢夺媒体眼球，非洲企业能照搬这种模式吗？当越来越多的投资、越来越多的企业家开始为商业矛盾寻找技术解决方案时，当非洲的科技生态因此变得更加活跃时，我们的对话就从“能否”变成了“什么时候”。“所有这一切正在到来。”风投公司合伙人埃格萨·欧姆基非常肯定地说，“在非洲，具有IPO潜力的初创企业数量正在增加。未来3到5年，你将看到许多科技企业走出非洲，它们拥有庞大的营业收入，足够支持在当地证交所公开上市，甚至去纳斯达克上市。”

AppsTech公司CEO丽贝卡·埃诺彻也持同样的观点。她预计：“在信息通信技术领域，曾经为打造技术生态系统立下汗马功劳的开发型应用软件未来增长将放缓，而利润增长型科技产业将迎来更快的增长。”显然，这一趋势将对非洲的科创中心产生影响，它们将面临更大的压力，必须通过运营收入而非捐赠为中心提供资金。iHub已经开始通过策划活动以及中心下属的iHub研究中心和iHub咨询公司寻求更多的资金支持。邦戈蜂巢也制定了战略，提出到2015年通过咨询和研发收入，使其年度预算的40%能够实现自给自足。这些科创中心曾经诞生了一大批创业者、应用和初创企业，通过创收而不是捐赠来实现自我造血，显示出科创中心强烈的决心。

推出创新产品，孵化出能够盈利的初创企业，培育业界知名的IT领袖，这些将成为未来十年衡量非洲科技产业是否成功的关键因素。尽管出现了一些知名的应用软件和创投企业，但撒哈拉以南地区大部分最具知名度的技术创新产品仍只是出现在2007年到2010年，也就是草原硅谷崛起的时期。虽然非洲已经走上了一条创造科技文化、完善基础设施的康庄大道,而且没有回头路,但是仍缺乏具备国际影响力的创新,缺少能够赚钱的科技公司。就像丽贝卡·埃诺彻所指出的:“要想引起世人的注意,我们的初创企业必须在逐利的全球市场上胜出。”

非洲科技产业也出现了一个积极的迹象,那就是第一波的初创企业收入大幅增加,追求利润最大化,风投开始离场,出现兼并和IPO。我们认为,这将吸引更多的全球资源进一步推动非洲整个IT生态系统的发展。许多全球性的科技产业巨头和投资人对于非洲IT业的发展仍处于观望状态。如果非洲能有一家以利润为导向的初创企业,比如说尼日利亚的某家电子商务创投企业或商业性的网站,通过一场高价并购案被抢购,或者成为撒哈拉以南第一个IPO的初创公司,募集资金数千万美元,那么全球性的投资大门就会为非洲的科技产业而敞得更开一些。虽然这些新来的投资将主要集中在商业性的初创企业,但实际上仍会给非洲的科技产业带来更多的资源,引起更多的关注,提高各领域的发展规模,包括共创办公、比赛以及以社会创投为主导的IT产业。

看看非洲科技产业的现状,未来,科创中心和初创企业加速器仍将代表着非洲大陆的数字化未来。非洲的IT文化正在成长,技术投资仍在增加,共创办公空间遍地开花,初创企业大量涌现,我们可以将整个非洲大陆视作一个巨型的科技孵化器。所有这些因素结合起来,将催生非洲第一个科技大亨,第一次高估值的IPO,以及一大批致力于解决长期以来非洲发展面临的社会难题的科技创新大军。抛开数据和预测不谈,最激动人心的仍未可知。我们就像站在20世纪八九十年代美国IT业高歌猛进的起点,谁也不知道非洲的技术革命将诞生怎样划时代的创新,能否孕育出新的全球偶像级产品。

第八章

海外人才：非洲精英的遥远国度

非洲人在美国

许多美国人可能还没意识到,撒哈拉以南地区的经济转型并非仅仅发生在一洋之隔的非洲大陆,变化实际上就在他们身边,就在非洲的海外移民社群里,在悄然发生着。尽管美国人日常生活中少不了要和非洲人打交道,但很少有人认识到,过去几十年里撒哈拉以南地区的移民已经在美国深深地扎根。从康涅狄格州到加利福尼亚,非洲移民已经渗透美国人生活的各个方面。

加纳裔已近中年的蓝领阶层工人在曼哈顿上班,一天两班制,在上东区做门卫,挣钱供自己聪明的孩子上美国的大学。在美国任何一座大城市里，坐上出租车，扫一眼司机卡片，说不定就会看到非洲人的名字，比如穆萨、马马杜或科比纳——这些新移民司机靠小费和车费支撑着他们在美国和非洲老家的亲人。在科罗拉多州弗里斯科镇的沃尔玛，塞内加尔的移民担任经理，卖运动产品。在哈莱姆[1]，几内亚人和马里人正盘下一个街区的店铺和公寓楼。

从社区学院到常春藤大学，非洲的海外移民在美国的教育机构表现出色，也曾获得美国一些重要的荣誉奖项。就平均水平而言，近年来这些在美国的非洲人要比中国、印度或欧洲移民的受教育程度高。在这些学业有成的非洲移民中，一个海外非洲移民创业群体正在形成，并且表现突出。这些专业人员从美国最顶尖的高校毕业，在高盛集团工作，辞职后自己开公司，或者在非洲的政府部门和私营领域担任高级职务。年轻创业者结束海外生活，回到非洲后成为非洲科技产业增长的强大动力。在金融行业，AFIG基金CEO帕帕·恩迪亚耶(Papa Ndiaye)从哈佛和沃顿商学院毕业后，在摩根大通银行担任投资银行家，工作一段时间后回到塞内加尔，创立了自己的私募基金公司。类似的例子数不胜数，并且随着在美非洲移民数量的扩大仍在继续增加。据美国最新的人口调查数据，从1990年到2000年，在美国，非洲出生的移民数量增长率在140%以上，目前是美国增长速度最快的移民群体。这些非洲移民不断重塑着美国和非洲的关系，同时也将成为促进非洲成功的关键因素。

① 哈莱姆是纽约的一个社区，从20世纪20年代开始成为非洲裔美国人及移民聚居区。——译者注

在美国以及世界各地，非洲活跃的移民群体在非洲大陆的转型过程中扮演着越来越重要的角色，在非洲国家和经济发达国家之间建立起更加紧密的联系，技术交流也更加频繁。在美国、法国和英国的非洲移民成为非洲大陆最主要的资本来源，这些屡创纪录的海外汇款为家庭成员支付学费，或用于创办企业。2012年，在北非、南非、东非、西非和中非之外，非盟将海外移民群体定义为非洲大陆的第六块区域。

从116街到第九大道和U街

塞内加尔社区是非洲移民与美国社会融合的鲜活写照。对于塞内加尔，历史学家和旅游者可能知道这个国家有著名的戈雷岛博物馆、跨大西洋奴隶贸易纪念馆，世界音乐迷可能更熟悉塞内加尔民谣歌手尤索·恩多(Youssou N'Dour)。而在日常打交道的过程中，美国人更有可能发现这些塞内加尔人可能是密歇根州的客服代表，克利夫兰的邻居，波士顿的大学室友或纽约的民选代表。

“从上世纪80年代末开始，从塞内加尔移居美国的移民数量就开始稳步增长，大部分定居纽约。”美国塞内加尔人联合会(ASA)主席帕帕·塞特·德拉姆(Papa Sette Drame)说。据他估计，目前美国的塞内加尔移民总数约有20万。“最初，一批人出于经济原因来到美国。”德拉姆解释说。当时，塞内加尔的经济形势恶化，成为这批移民离开祖国的主要动力。"他们最初住在'地狱厨房'[①]和哈莱姆的廉价旅馆里，一个房间住四到五个人，一般开出租车或在街头摆地摊儿。他们在纽约一个月挣的钱是塞内加尔的4倍，所以能够把更多的钱寄回老家，供养家里人。"德拉姆1988年移居美国，之前是一名法语老师，他本来打算"干几年，挣够了钱就回家"，但是最后，德拉姆还是留了下来。他做过一段时间的出租车司机，开过小店，后来进入ASA领导层，2010年担任联合会的主席。这个协会主要帮助塞内加尔移民解决生活中遇到的各种问题，从家庭矛盾、教育到移民支持，无所不包。

我们在位于116街靠近圣尼古拉斯大道的ASA总部见到了62岁的德拉姆。晨曦公园以东116街周围这块街区如今主要居住着塞内加尔人，CNN等新闻机构将这里称为"小塞内加尔"。但对大多数塞内加尔人或美国的法语区非洲人来说，他们把整个这块区域简单地称为"Cent-Seize"，法语中就是116的意思。法语是塞内加尔的官方语言，此外，沃洛夫语也通用。

据ASA主席德拉姆介绍，从1994年到1996年，塞内加尔移民开始大规模地定居在116街附近。那个时候，第一波移民已经在纽约站稳脚跟，把他们的家人也带到了美国，继续住在旅馆当然不行，需要更好的公寓。116街区被清理干净，德拉姆认为这都是塞内加尔人的功劳，当然，他们也付出了代价。"那个时候，没有人愿意住在这里，哈莱姆地区毒品和犯罪现象泛滥，许多建筑都被废弃了。"德拉

① 曼哈顿中城的一个街区，靠近百老汇剧院区的中心地带，有许多美食餐馆。——译者注

姆回忆说,"我们鼓起勇气,住在这里,开起了各种小店。在塞内加尔人和其他非洲人的努力下,这个街区恢复了和平,重新焕发魅力,但这个过程并不容易,我们也付出了代价。那个时候,每个礼拜我们至少有一个人被枪杀。"他指的是当时住在116街区的居民,主要是出租车司机屡遭枪击。"但对我们来说,这里还是比欧洲好。比起欧洲的非洲移民,我们在这里享有更多的权利,经济机会也比较多。"德拉姆补充道,言语间透着一丝美国人的自豪感。

116街逐渐变得小资化。德拉姆称,在116街的影响下,哈莱姆地区也开始了第一阶段的重振,通过交通优化增加这一地区的人气。"在80年代以及90年代初,要想找一辆车去哈莱姆是很困难的。随着116街的振兴,许多非洲司机现在住在哈莱姆,当然就更容易打到出租车和专车,人们进入这一地区更方便了。"

这十年来,116街已经成为塞内加尔人和法语区非洲移民(如马里、科特迪瓦和布基纳法索)非正式的美国之都。漫步116街,就像是在哈莱姆一带发现了散落在此的西非绿洲。绵延几个街区,一直到晨曦公园,几乎每一家店铺都是非洲移民开的。编发辫的乌穆美发店,卖非洲服装的图巴时装店,卖非洲芭蕉和姜汁啤酒的猴面包树餐馆。在116街与第五大道交界的路口,哈莱姆的马尔科姆·沙巴兹市场被称为"非洲市场",许多摊点都是塞内加尔或马里移民开设的。

ASA的办公室,也就是我们与帕帕·塞特·德拉姆碰面的地方,就像是把一个西非社区中心搬到了纽约。我们在谈话期间,助手递过来备忘录,让德拉姆签字,德拉姆不时地与旁边路过的人聊上几句，说着三种语言，还有一些人因为公事或私事等着同德拉姆谈话。在休息室，我们碰到一群人在做祷告或讨论西非政治。外面，塞内加尔移民的孩子放学回家，他们用法语、英语和沃洛夫语聊天。

塞内加尔人成功地改造了116街社区，成为美国21世纪的移民社区样板，也是一个新的起点。在哈莱姆街区和整个纽约城区，新来的撒哈拉以南地区移民就像许多之前来到纽约的族群一样，如今已经能够与这个城市的肌理融为一体。

东哈莱姆119街警察局对面，一家名为“新象牙”的餐馆，提供正宗的西非美食，是15年前来自科特迪瓦的移民开的。当时这里是一片破败萧条的西班牙式哈莱姆街区，毫无情调。如今，新象牙已经成为纽约非洲出租车司机最喜欢的餐馆，和平队以前的一些志愿者偶尔也会光顾这家餐厅。

再往前走，133街，非洲移民开的“圣坛”是纽约最知名的有乐队现场演出的咖啡吧，每天都会有不同的艺术风格呈现，就如同小店纷乱杂陈的顾客：从传统的塞内加尔科拉琴演奏，布鲁克林的后垃圾摇滚(Post-grunge)乐队到南非的音乐DJ以及尼莱坞的电影首映式。“圣坛”的老板是布基纳法索移民阿卜杜勒·奎德拉戈(Abdel Quedraogo)。奎德拉戈刚来纽约时只能说一点点英语，他找到一间之前曾作为黑人解放运动慈善组织的废弃办公室，开了这家圣坛咖啡吧，以20世纪70年代拉各斯的非洲节奏乐偶像费拉·库蒂(Fela Kuti)的俱乐部命名。“美国的哈莱姆是我的梦想，它是世界音乐之都。”奎德拉戈说，“我想把音乐、艺术和人结合起来。”圣坛咖啡吧混合杂陈的客流，显示出新哈莱姆文艺复兴运动独具特色的一面。

在这里，来自科特迪瓦、马里、加纳的移民，与周围长住在这一街区的居民混杂在一起，还有几个街区之隔的拉丁美裔，东村的嬉皮士和哈莱姆新出现的小资群体。

在上东区的68街，在一家名为“食品商场”的杂货店里（一个大型连锁杂货店，主要顾客是周边特朗普公寓大厦和其他一些高层豪宅的住户），你可以听到法语和沃洛夫语。这家“食品商场”的员工主要是塞内加尔、马里和几内亚移民，他们中有些人从行李员一直做到了经理。为什么会有这么多非洲人在“食品商场”里工作？这要追溯到20世纪80年代一位名叫塞里涅·阿拉明·巴克（Serigne Aramine Mbacke）的塞内加尔学生，他最早在“食品商场”的生产部工作，后来陆续升任夜班经理、副经理、经理，最后回到了塞内加尔。

在曼哈顿时尚的58街，餐馆和夜店林立，罗斛餐厅里挤满社会名流以及那些想挤入名流圈的人。他们优雅地啜着香槟，吃着生蚝。而在不起眼的角落里，来自塞内加尔的侍应生站在洗手间里，他们殷勤地给贵宾递香皂、毛巾和口气清新剂，靠小费养活他们在纽约和达喀尔的家人。几个街区之外的第五大道上，在苹果专卖店和波道夫·古德曼奢侈品店旁边，刚刚来到美国的塞内加尔移民在向一帮来自德国和芝加哥的游客兜售太阳眼镜和纽约洋基棒球队的帽子。

在金融和商业领域，来自肯尼亚和坦桑尼亚的非洲移民在曼哈顿投资银行工作，撒哈拉以南地区其他国家的移民在纽约开办各种风险投资企业。尼日利亚的韦尔·阿杜逊（Walé Adeosun）创办了一家针对非洲投资项目的私募基金公司——库拉莫资本管理，拥有

3亿美元资本。2014年,阿杜逊被奥巴马任命为负责非洲商业事务的特别顾问。在新闻传媒领域,尼日利亚记者欧莫耶勒·索沃尔(Omoyele Sowore)在帝国大厦附近创办了"撒哈拉报道者"新闻网站和电视台。

纽约这座大都市的非洲裔群体是极其多样性的。布朗克斯的小阿克拉是2.1万名加纳移民的主要居住社区。新泽西州多为肯尼亚人,斯塔滕岛外号"小利比里亚",住着许多西非移民。纽约的非洲移民就像一个万花筒,折射出整个美国的非洲人状况。马里兰州有许多塞拉利昂人。新英格兰地区成立了一个海外肯尼亚人顾问委员会,主要服务于波士顿以及周边地区的众多肯尼亚移民,许多人都在大学里念书。得克萨斯州是尼日利亚人最多的地方之一,拥有全美最大的非洲移民教会。

在华盛顿特区,9街和U街交界的地方被称为"小埃塞俄比亚"。10个街区的地盘里有10家左右的埃塞俄比亚餐馆,如果你用阿姆哈拉语(埃塞俄比亚官方语言)问一个问题,说不定会有几个人同时回答。华盛顿特区居住着20万埃塞俄比亚人,是世界上第二大埃塞俄比亚人的城市(排名第一的,当然是埃塞俄比亚的首都亚的斯亚贝巴)。我们有许多朋友住在华盛顿,经常在美国和埃塞俄比亚之间跑来跑去,无论哪个地方,都感觉像在自己家一样。我们在谈论美国社会时经常使用的"某某裔美国人"在这里被赋予了全新的意义。就像美国众多的唐人街一样,东海岸地区的小埃塞俄比亚在西海岸也有对应的洛杉矶小埃塞俄比亚。

2012年,在科罗拉多州的山间小镇弗里斯科,我(杰克)在客运中心等一辆滑雪摆渡车,我看到一张用法语写的塞内加尔社区小广告,后来在当地的沃尔玛超市里结账时认识了收银员阿玛多。他听说我从纽约来,就问我有没有去过116街(他在那里有许多朋友),他告诉我"许多塞内加尔人在那里工作"。第二年,我又来到这家沃尔玛,此后几乎每年都会到这家沃尔玛购物,我发现越来越多的塞内加尔人在这家店里工作,从收银员、理货员到客服中心经理,都有塞内加尔人。

的确,现代社会的这些非洲移民已经深深地扎根于美国社会,他们在各个方面成为非洲转型隐形的驱动力。

"教育是关键"

2015年2月,就读于哈佛大学神经生物学专业的19岁学生莎依拉·伊布拉欣(Saheela Ibraheem)在白宫受到奥巴马总统和第一夫人的表彰。奥巴马称赞她15岁就考进了哈佛大学,并且连跳两级,成功入选"世界最聪明的50位青少年"。"像你这样的青年,激励着我们的未来。"奥巴马鼓掌赞道。莎依拉的母亲站在一旁用iPad拍下这一幕场景。莎依拉的父母是尼日利亚移民,住在新泽西。几年前,莎依拉就成为新闻人物,包括普林斯顿、麻省理工、哥伦比亚大学在内的全美13所最顶尖的高校都向她发来了录取通知书。后来,她选择了哈佛,成为该校历史上年纪最小的学生。接受媒体采访时,莎依拉总是将她优异的学习成绩归功于她的父母萨拉法和沙基拉。她说:“他们教会了我热爱学习。”谈到莎依拉为何能如此优秀,她的父亲萨拉法说,一开始,他晚上陪孩子做功课,教她一些课堂上学不到的课程。他说,莎依拉的两个弟弟最近分别考进了达特茅斯学院和耶鲁大学。莎依拉最小的弟弟伊布拉欣尽管现在只有10岁,“也渴望像他姐姐一样”父亲萨拉法说道。

因为学业上的突出成就而登上报纸头条的海外非洲人,莎依拉·伊布拉欣并不是第一人。2014年秋,高中生夸西·埃宁(Kwasi Enin)(父亲是纽约的加纳移民)同时被8所常春藤大学录取,被CNN和《时代周刊》报道,还被邀请来脱口秀节目《大卫·莱特曼秀》。在长岛威廉姆斯·弗洛伊德高中的一间体操馆里,埃宁和父母以及14岁的妹妹埃德瓦一起举行了一场新闻发布会,就像是被录取的运动特长生发表入选感言一样,他宣布自己最终选择了耶鲁大学。据《时代周刊》报道,他的父母埃比尼泽和多琳感谢学校,表示他们对儿子感到无比骄傲。父亲表示,希望他的女儿能够做得更好:“我告诉她,如果又新建了一所常春藤大学,你将是第一个被9所常春藤大学同时录取的学生。”

非洲移民家庭对教育的重视,跟他们在自己的家乡为了求学而付出的艰辛有关。尽管非洲国家大多为小学教育给予补贴,提供低水平的公共义务教育,但能够继续读到初中的机会有限。20世纪90年代,我(杰克)第一次在撒哈拉以南地区出差,一首歌非常流行,是已故的南非雷鬼歌星洛奇·杜布(Lucky Dube)演唱的《狱囚》(*Prisoner*),歌词里表达了学校教育的重要性。“教育是关键。”歌词中写道。我经常想,为满足年轻人上学和获取知识的欲望,这句话应该成为非洲大陆非官方的口号。我们在非洲经常碰到一些少男少女,恳求我们帮助他们付学费。我(杰克)还记得有一次,在西非碰到一个小男孩儿,因为父母无力承担学费而不得不辍学。我告诉他,在美国小学是免费的,但还是有人不愿意上学,他一脸惊讶地看着我。这些非洲小孩儿对知识的渴望是如此强烈。还有一次给我留下了深刻印象,那是第一次去塞拉利昂。在塞拉利昂南部的博城,我住在一个院子里的出租房内,每天傍晚的时候总有一群小学生站成一排等在院子门口。我很好奇:"为什么这些小朋友总是在日落时分到这里来?"终于有一天晚上,谜底揭晓。这个院子的主人,是当地为数不多家里有发电机能够自己发电的,每天晚上他都会在后院支起一张木头桌子,摆上4把椅子,拉一根长长的电线,点上一盏灯。这些小学生在外面排队,就是为了能够等4把椅子,轮流在灯光下学习。

也正是因为如此,过去30年,有200万在海外出生的非洲人,为了他们以及他们的子女能够充分享受美国的教育条件而移民美国。2014年10月,美国人口普查局证实,近几年移民美国的非洲人不仅教育水平高,同时他们在美国接受的平均教育水平也比其他移民群体要高。2008年到2012年,41%的非洲移民拿到本科文凭,其他移民群体只有28%,而土生土长的美国人只有29%。在美国的尼日利亚移民中,61%的人获得本科及本科以上学位。"教育是关键",在美国的非洲人对这句话有着更深的理解,这是他们打开机遇之门的钥匙,他们把教育转化为经济上的成功,有些人则带着它回到了非洲。

海外非洲人的成功：西联汇款取代外国援助

商界和媒体记者喜欢引用一句话——“跟着钱走”。从历史的经验来看，全球货币的流向不仅是历史发展的结果，同时也预示着未来，它是人、地和世事变迁背后的决定性力量。研究巨量资金流动的方式、原因和地点，以及其中的变化模式，这一过程揭示的远远不只资本本身。

撒哈拉以南地区自独立之后，资本流动最主要的方式就是政府开发援助（ODA），或称作外国援助。外国援助的构想主要是由美国总统杜鲁门在1949年就职演说中提出来的，是第一世界和第三世界共同构筑的产物。杜鲁门表示，西方世界或者发达国家“需要开展一项大胆的新计划，让我们的进步成果惠及那些欠发达地区……”。由此，对外援助和发展产业开始启动，这些援助主要包括西方国家援助机构、技术援助、手中拥有大量合同的非政府组织、名人慈善，以及数十亿美元的ODA援助款项，非洲成为全球最大的受援对象。过去60年，至少有1万亿美元发展援助资金流入非洲，大部分援助选择非洲是因为在许多方面非洲要落后于世界其他地区。

但是，非洲海外移民的成功，通过汇款支票打破了这一固有的印象。从2010年开始，个人通过汇款机构寄回非洲的钱超过外国援助金额。海外的非洲人普遍使用西联汇款，对普通老百姓来说，西联恐怕比美国国际开发署或乐施会（Oxfam）更亲切。世界银行预计，到2016年，撒哈拉以南地区年汇款总额将达到创纪录的410亿美元。目前，肯尼亚人每年寄回国内的汇款超过10亿美元，塞内加尔接近20亿美元，尼日利亚超过200亿美元——每一分钱都代表着海外移民精英在异国他乡取得的成功。这些海外汇款主要用于支付家庭的教育开支,但也有相当一部分钱用于创业和经商。海外汇款超过外国援助,对非洲的未来意味着什么?我们认为,它显示出非洲本地人和海外移民群体,尤其是与美国的非洲移民之间愈发紧密的经济和教育纽带关系。

海外移民创业者

散居海外的非洲人群体中,一个新的创业者阶层正在崛起。这些人大多为第一代和第二代非洲移民,专业人士,年龄在20岁至40多岁,他们的根仍在非洲。他们中间许多人毕业于美国著名高校,在全球著名企业里工作,后来决定辞职或放弃工作回到非洲创业,或者在非洲私营企业里担任高级职务。尽管没有正式的统计数据,但我们注意到,海外非洲创业者群体的类型与非洲经济增长的过程密切相关。那些走出非洲,或者从他们的父辈开始就离开了非洲的异乡游子,内心深处总有一种叶落归根的情怀,期待着回到非洲做生意。我们在研究纽约68街"食品商场"与非洲的联系时,发现了一位渴望回到非洲的代表人物。我们听到了塞里涅·阿拉明·巴克的故事——他是一名学生,最早是在商场里的生产部工作,后来升为经理,但他还是回到非洲。人们告诉我,他"会在家乡成为一名大老板"。我们打听了一下,居然直接联系到了巴克本人。他告诉我们,他现在是塞内加尔丹格特水泥公司的CEO,这是阿里科·丹格特市值240亿美元的丹格特集团下属的一个子公司。

我们几乎每天都能碰到或者听到年轻一代中在非洲大陆的某位创业者是海归,比如,尼日利亚的齐内都·恩切如。他毕业于哈佛商学院,在摩根大通银行做过一段时间,后来创立了初创企业Hop-Stop,然后把公司以10亿美元的价格卖给了苹果公司。恩切如离开美国,回到非洲,加入泛非私募基金固定资本合伙人。还有加纳人里塔·库西(Rita Kusi),在纽约一家媒体公司"非洲面对面"担任公共关系主管,2014年回到加纳。在离开美国前,她告诉家人和朋友:"非洲有更大的发展机会,如果待在纽约,我就会错过机会。"在阿克拉,她创办了自己的市场咨询公司库西咨询,主要推广当地初创企业的创新发明,例如,加纳"打车易"应用软件,可以让用户通过手机打车和协商价格。库西作为主旨演讲人,参加了2015年阿克拉TED大会。"非洲购物街"CEO、尼日利亚人克里斯·弗拉亚和托普·弗拉亚分别毕业于圣何塞州立大学和斯坦福大学,在美国私营企业工作,后来创立了"非洲购物街"。埃塞俄比亚出生的米米·阿勒玛耶胡(Mimi Alemayehou)毕业于塔夫茨大学,2014年夏,她放弃美国海外私人投资公司的执行经理职位回到非洲,引发媒体热议。阿勒玛耶胡后来联合创办了黑犀牛公司,成为著名私募基金黑石在新项目开发上的合作伙伴。

在一些精英社区,譬如,拉各斯的伊科伊,约翰内斯堡的桑顿,内罗毕的韦斯特兰等许多外国侨民白领聚居的社区里,越来越多的海归人员在标准银行、通用电气或甲骨文公司工作。非洲经济活动日趋活跃,金融和职业机会也增多,许多海外创业者,像Konga的西姆·沙加亚,"非洲购物街"的克里斯·弗拉亚,都是怀着一腔报国热忧,回到非洲创业的。“这不仅仅是产值的问题,”沙加亚说,“我对我们的投资商说得非常清楚,我把电子商务看作尼日利亚和非洲的一种救赎。我们当然要赚钱,但我们在赚钱的同时也会解决非洲的问题。”弗拉亚认为:“像我这样的创业者,回到非洲是因为我们热爱尼日利亚。我们知道她还有很多的潜力没有发挥出来。创造就业岗位,创办21世纪的初创企业,将促使尼日利亚振兴。”

新文化和经济网络

非洲的海外移民群体在金融和教育领域的表现日益突出,海外非洲人和非洲本土之间的企业纽带以及初创企业的金融支持会更加明显。像埃里克·吉夏尔(Eric Guichard)的Homestrings已成为许多海外非洲人回国投资的资金平台入口。吉夏尔是几内亚人,哈佛大学毕业,在华盛顿特区工作,创办了网络众筹网站,为那些“想改变家乡面貌”的海外非洲人回国投资提供机会。Homestrings.com吸引非洲移民和美国投资人在25个非洲国家创办了许多“具有盈利前景,经济影响深远”的初创企业。据吉夏尔说,这个网站平台自2012年以来已经筹集了2000多万美元用于在非洲创办企业。

除了投资,美国人与非洲移民之间还会形成一种特殊的关系,周日礼拜就是其中之一。许多美国人可能觉得他们与尼日利亚人的接触,很有可能是间接通过“419诈骗”[①]开始的(美国和尼日利亚

① “419诈骗”最早起源于20世纪80年代的尼日利亚,又称贷款手续费诈骗,以获取更大利益为诱导,说服被诈骗人预付手续费。——译者注

密切合作打击这一犯罪行为)[①]。但实际上,无论是在洛杉矶、纽约,还是迈阿密,他们最容易碰到尼日利亚人的地方却是教堂。尼日利亚救赎基督教教会北美分会(RCCGNA)的总部设在得克萨斯州格林维尔,据教会首席运营官多伊·奥克(Doyin Oke)牧师说,北美分会是该教会在全球增长最快的教区之一。虽然很难统计确切数字,但奥克牧师还是提供了一些数据:"在北美地区,包括美国、加拿大和墨西哥在内,我们有将近800座教堂,平均每个教区有250人左右,有些教区可能超过1000人,所以推算下来,我们的教会人数就非常可观了。"尼日利亚救赎基督教教会北美分会在全美30个州吸引了大批非洲移民。"在马里兰州和得克萨斯州……教会里几乎全是尼日利亚人。如果你在芝加哥,教堂里东非地区的人可能会更多一些,有许多肯尼亚人。到了西海岸,在达拉斯—沃斯堡地区,我们有60多座教堂,教会人数超过4000人,主要来自尼日利亚和非洲其他地区。"奥克牧师说。RCCGNA内部种族分布也日益多元,有美国黑人、牙买加人。"科罗拉多州有些地区甚至几乎都是白人,"奥克牧师说,"他们来到我们的教堂,是为了倾听我们表达的信息,聆听我们的音乐。"他指的是西非地区热情奔放的教堂氛围。

RCCGNA在美国和其他地区有着庞大的发展雄心。"我们的目标是,在非洲和发达国家每家每户走10分钟就能看到我们的教堂;在美国,开车10分钟就能抵达我们的教堂。"奥克牧师说。RCCG-NA的传教士经常深入美国各个社区去传播福音,一些新闻媒体将

① 具有讽刺意味的是,对于这种全球性的电子邮件诈骗或称"419诈骗",其名字的来源是从尼日利亚刑法中有关打击这一犯罪行为的章节(第419节)而来。

他们称为“反方向传播的传教士”。奥克牧师对此并不认同:“我们只是称这种方式为深入社区。教会号召我们走进社区,深入接触所有人群,不论肤色,不论种族,也不分贫富。”RCCGNA的传教活动是否会对美国与非洲的关系产生影响?奥克牧师认为:“尼日利亚人是美国受教育程度最高的人群之一。我们许多教徒至少都有硕士学历,许多人的职业生涯也非常稳定。尼日利亚裔美国基督徒对美国经济做出了巨大贡献。”奥克牧师曾经做过企业经理,他认为RCCGNA一定程度上也塑造了北美和非洲的企业家精神。“我们刚刚成立了自己的商业学校,正在考虑同哈佛大学建立合作关系。不仅在一般性的MBA教学方面,我们还希望培训学生如何从街头的小摊小贩找到机会,成长为小企业家。”RCCGNA新近成立的救赎商业学校(RBS)校长孔勒·马洛莫(Kunle Malomo)证实,学校将把哈佛商学院的管理导师软件(Harvard ManageMentor)列入2015年的课程计划中。RBS同时也在跟哈佛的非洲创业项目接洽,挑选非洲学生参加哈佛校园的课程培训。“我们为所有RCCGNA会员提供了大量商业技能的培训课程。我们相信,教会不仅仅为我们的教徒提供精神营养,同时也能在身体和精神上为他们助一臂之力。”马洛莫说。

随着经济、企业和文化联系的增多,新来的非洲移民仍将继续在美国和撒哈拉以南地区之间打造更加密切的联系。如今,追寻美国梦和非洲梦并行不悖,许多非洲杰出人士正在重新定义“真正的世界公民”。

第九章

“让非洲人做非洲事”：非洲人重塑非洲大陆

过去60年来，撒哈拉以南地区产生了许多偶像人物。加纳的克瓦米·恩克鲁玛(Kwame Nkrumah)已经成为独立运动的全球性代表人物，是殖民地世界民族自决力量鼓舞人心的声音。纳尔逊·曼德拉不但是一位自由解放运动的领导人，同时也是南非后种族隔离时代的第一位总统。

在文学方面，尼日利亚作家钦努阿·阿契贝(Chinua Achebe)享誉世界，他的名著《瓦解》(*Things Fall Apart*)和《荒原蚁丘》(*Anthills of the Savannah*)成为许多美国中学和大学的指定读物。在音乐方面，涌现出像米瑞安·马卡贝(Miriam Makeba)、费拉·库蒂、尤索·恩多(Youssou N'Dour)、安热莉克·琪蒂欧(Angélique Kidjo)等国际知名的音乐人。马卡贝在20世纪六七十年代成为非洲第一位具有国际声誉的艺术家，库蒂创立了非洲节奏乐(afrobeat)，琪蒂欧和恩多在20世纪80年代和90年代都活跃在世界音乐舞台上。

尽管非洲在过去半个世纪出现了许多世界知名人物，但近30年来出于种种原因，在国际媒体、文化论坛和政治舞台上，非洲的声音却经常被无视或淹没。整个八九十年代，甚至到了21世纪，在世界经济论坛、国际音乐会和全球发展会议上，谈论非洲话题或为非洲大陆代言的，往往并不是非洲人。在涉及非洲的政治和发展问题时，人们听到的更多是美国或欧洲名人的声音，而不是非洲总统、政策制定人或艺术家的意见。例如，在2005年达沃斯世界经济论坛的非洲研讨会上，六名发言人中只有两位来自非洲，分别是塔博·姆贝基总统和奥卢塞贡·奥巴桑乔(Olusegun Obasanjo)总统，其余四位是比尔·克林顿、比尔·盖茨、托尼·布莱尔和波诺(Bono)。那一年，受鲍勃·格尔多夫20世纪80年代举办的为非洲募捐慈善音乐会的启发，全球多个城市举办了Live 8慈善音乐会，十几位歌手中只有两位是非洲人。这些音乐会实际上没有任何非洲嘉宾或演讲人。[①]

为什么这期间，如此众多的非洲论坛却很少甚至没有非洲代表参与？这是因为在对非接触方面，由外国政府和NGO主导的对外援助是主流。当时，为了不让他们的风头压过西方国家政策制定

① 当Live 8慈善音乐会的歌手名单公布之后，没有一位非洲人，甚至连黑人都没有，外界对此一片哗然。面对批评，主要组织者鲍勃·格尔多夫增加了几位黑人歌手：史努比狗狗(Snoop Dogg)和戴娜迈特女士(Ms.Dynamite)，匆忙举办了一场非洲音乐会。但是，这些音乐会能够见报的仍然只有一位非洲歌手——尤索·恩多。

人，或者非洲慈善事业中那些星光熠熠的名人，非洲领导人无论多么活跃，都会被有意压制或无视。

对于这种缺位，有些非洲人已经习惯了。2009年我(杰克)采访赞比亚畅销书作家丹比萨·莫约。她说，许多非洲领导人“在非洲政策的制定方面靠边儿站”，形成真空，让外国领导人和名人渗透进“可怜巴巴的非洲援助计划”。莫约对我说：“这种情况就造成了不管什么人，都能够站出来代表非洲，比如说，那些名人，他们其实并不是任何一个非洲国家的政府官员，却能代表非洲参加八国集团峰会(G8)和20国集团峰会(G20)。”谈到大家熟悉的非洲事务代言人，莫约说：“看看那些所谓能够代表非洲的人物，根本不是非洲人，都是比尔·盖茨、波诺、格尔多夫……托尼·布莱尔之类的人物。想要说出一位非洲总统的名字，还真想不起来。”她用最近发生的华尔街金融危机打了一个形象的比喻，如果这种事情发生在美国：“如果奥巴马对金融危机不表态，而让麦当娜来提供解决办法，你说美国人民会买账吗？”

依靠明星的魅力来传递“拯救非洲”的信号，让非洲以外的人成为非洲大陆的代言人，这个时代正在一点点地逝去。当然，我们不是说，非洲大陆之外的人就不应该在非洲经济或慈善事业中扮演角色，或做什么贡献，尤其是考虑到我们是从科罗拉多州和密歇根州来的，更不会有这样的建议。恰恰相反，撒哈拉以南地区、各个机构组织和商业领袖需要像美国这样的强大伙伴，需要罗莎·惠特克、比尔·克林顿、比尔·盖茨和迈克尔·布隆伯格这样的名人。对于发展的选择和人道主义援助的需求不会自然消失，2014年西非三国暴发的埃博拉病毒危机就是一个例证。

但是,非洲与世界的关系,非洲在世界的代表,即将发生深刻的转型。这种转型已经开始,并且形成一种名为“FABA”的热潮,即“让非洲人做非洲事”(for Africa by Africa)。一个新兴的阶层正在迅速崛起,他们睿智聪明,具有创新精神,并且在事业上取得了成功,这一代人将牢牢把握非洲的政治和经济走向。在非洲人的推动下,国际媒体对非洲的报道也将更加平衡。在发展领域,一部分非洲以外的人因为他们的建议和作为解决非洲经济社会发展难题的专家,他们的作用会慢慢淡化。在这些议题上的合作、战略和解决办法将由非洲人自己说了算,这些人包括精明能干的政府官员、能够自我造血的慈善机构以及商业公司。

非洲经济实力不断增长,公共和私有领域展开改革,技术持续进步,全球影响力不断上升,在这种转型的背后,最根本的力量是这块大陆最宝贵的资源:非洲人民。来自非洲的新闻,各种新鲜的题材相继出现,越来越多的人物进入报道领域,比如崭露头角的企业家、慈善家、商业领袖、时尚大师、艺术家、社会活动家、技术人员以及活跃的公务员。

这些才华横溢的非洲人在各个领域表现都非常突出,而且人数不断壮大,要想从中挑选出一批有代表性的人物的确不是一件易事。有些已经功成名就,有些小有名气,有些仅在圈内有名。在非洲以及世界各地,各个阶层的变革人物正在涌现,他们创办公司,建立非营利机构和初创企业,改变非洲人在媒体话语中的形象或致力于影响政府决策。

同时,我们也看到,一些人身兼多种角色,在赚钱的同时不忘推动公共政策、慈善事业和文化发展,让非洲的声音唱响21世纪。

经济

在非洲转型的各个领域,都可以看到斯特拉夫·马希伊瓦的身影,他是总部设在南非的跨国电信企业回声无线网(Econet Wireless)的CEO。在他身上,体现着本书所要阐明的一个主题,即良好的经济发展是社会变革的催化剂。马希伊瓦的事业从津巴布韦起步,他大力倡导扩大在非洲电信市场的私人投资。他的回声无线网在南部非洲积极扩张,目前已成为全球性的企业集团,在非洲、亚洲、欧洲及美洲均有投资。除了经营自己的回声无线网,马希伊瓦同样致力于推动非洲的公共事业和私营领域的成长,将企业的分红用于扶贫。他目前担任多家国际机构的董事会成员,包括非洲发展小组(一个由全球知名人士组成的小组,支持撒哈拉以南地区的社会公平和可持续发展)、联合国秘书长顾问委员会和洛克菲勒基金会。马希伊瓦的个人财富约6亿美元,他捐出相当一部分钱用于慈善事业,推动社会阶层向上流动。马希伊瓦和妻子蔡斯缇(Tsisti)在南非成立了一个非营利组织——长寿基金会(Higher Life Foundation),致力于推动健康和教育。马希伊瓦还通过个人出资的方式,赞助许多有才华的非洲青年在国内和国外深造,其中有一名学生目前正在哈佛大学读书。马希伊瓦是津巴布韦“年度经济人物奖”最年轻的获得者,他曾是一位报纸出版人,其出版的报纸是津巴布韦最后一批独立报纸之一。他经常被视为罗伯特·加布里埃尔·穆加贝(Robert Gabriel Mugabe)之后最有可能接任津巴布韦总统的人选。

埃塞俄比亚的伯利恒·蒂拉洪·阿莱穆(Bethlehem Tilahun Alemu),作为一名非洲企业家,她生产的鞋子行销美国及全球其他国家和地区。2004年,受埃塞俄比亚两大鞋业品牌塞莱特(selate)和芭拉芭莎(Barabasso)的启发,伯利恒创立了索勒丽贝(soleRebels)鞋业,以废旧轮胎为原料。按照伯利恒的说法,索勒丽贝目前已成为世界上增长最快的鞋业品牌,2014年在全球已有18家店铺,在这一年预计将新开20家店。这名年仅34岁的CEO通过遍布中国台湾、西班牙、瑞士的零售店,在全球雇用员工500多人,2014年在硅谷开了一家店,从而打入美国市场。伯利恒上大学时就萌发了创业的想法,后来在埃塞俄比亚的皮衣行业从事市场、销售和设计。她想,如果能够将埃塞俄比亚独具风格的皮革设计师的作品推向全球市场,一定能够为他们开拓更广泛的发展空间。“从公司创办的第一天开始,我们就一直强调,一定要充分发挥本土设计师的聪明才智,最大限度地利用本地资源,为他们创造可观的收入。”伯利恒说。她经常呼吁增强非洲企业家的力量,并因此获得无数荣誉和奖项。她的一个商业口号是“裸奔”,意思是穿上索勒丽贝的鞋子走路非常舒服。

慈善事业

在“让非洲人做非洲事”的理念下，为了解决非洲长期存在的各种问题，慈善领域提出了各种独特的方案。将商业领域的智慧精明用于推动非洲的政府管理和领导水平，这其中最具知名度的莫过于亿万富翁莫·易卜拉欣。这位苏丹出生的电信业大亨，曾一手创办了移动通信企业Celtel，后来以35亿美元的价格将企业卖掉。通过名下的基金会，他设立了易卜拉欣非洲政府治理指数和易卜拉欣非洲领导人成就奖。领导人成就奖旨在奖励那些在政府管理、安全、健康和权力交接民主化等方面做出贡献的非洲总统，他们离任后可以获得500万美元的奖金以及每年20万美元的生活费。但是2012年和2014年，遴选委员会没有找到合适的候选人，这个奖项空缺。2015年，领导人成就奖颁给了纳米比亚卸任总统希菲凯普涅·波汉巴（Hifikepunye Pohamba）。

在非洲企业家向慈善家转型的风潮背后，除了易卜拉欣，还有一位人物更进一步加深了人们对这一转型进程的认识，那就是托尼·艾鲁姆鲁，甚至有人因此惊呼，非洲是否也出现了自己的卡内基和洛克菲勒。作为尼日利亚非洲联合银行的CEO，托尼·艾鲁姆鲁凭借他的远见和领导能力，为尼日利亚新兴的中产阶级提供金融服务。离开联合银行后，托尼·艾鲁姆鲁成立了继承人私营股份公司，重点投资那些致力于改善非洲能源基础设施的公司。2012年，像美国慈善大亨盖茨和巴菲特一样，艾鲁姆鲁也建立了艾鲁姆鲁基金会，基金会秉持他自己打造的一个概念“非洲资本主义”,利用经济和企业家的力量创造更大的社会发展空间,改善社会福利,消除贫困。艾鲁姆鲁基金会推动投资,为培养年轻的非洲企业家和政策领导人提供培训项目。2015年,基金会发起了托尼·艾鲁姆鲁企业家计划,投入1亿美元为数百家初创企业提供顾问、培训和种子资本。

将财富用于民生事业,除了艾鲁姆鲁,还有很多尼日利亚杰出人物。2014年,阿里科·丹格特在丹格特集团内发起成立基金会,捐款12亿美元,支持各种慈善计划,范围遍及教育、健康和青年培训。尼日利亚银行家和商业巨头阿特多·N.A.彼得赛德(Atedo N. A. Peterside)于2011年建立了ANAP基金会,为民间团体提供领导力和民主培训,以弥补尼日利亚在政府治理方面存在的所谓“善政赤字”。2015年总统大选期间,ANAP开展的几项民意调查非常精准。

在南非,矿业大王帕特里斯·莫特赛比(Patrice Motsepe)同样在企业赞助方面慷慨解囊。南非传统上有一种慈善理念,名为“友邦拓”(Ubuntu),纳尔逊·曼德拉曾给这个词一个并不是非常贴切的翻译“对他人的人道”。在“友邦拓”的启发下,2013年,莫特赛比加入“捐赠誓言”(迈克尔·布隆伯格和史蒂夫·凯斯等超级富豪也加入了“捐赠誓言”),决定将其个人财富的一半贡献出来,用于慈善事业,包括向莫特赛比基金会新增大笔捐款。这个基金会是莫特赛比和妻子普芮谢斯·莫洛伊·莫特赛比(Precious Moloi Motsepe)在1999年成立的,2014年为360名大学生提供了奖学金。

创造性领域

在各种创造性的领域,非洲同样熠熠生辉,涌现出许多具有全球知名度的人物。非洲文学融入了丰富的叙事性,被许多美国人借鉴和赏识。奇玛曼达·恩戈兹·阿迪契(Chimamanda Ngozi Adichie)在美国评论界颇受好评,同时在商业上也取得巨大成功。阿迪契毕业于耶鲁和普林斯顿大学,她的《半轮黄日》(*Half of a Yellow Sun*)获得多个奖项,并得到《纽约时报》和《华盛顿邮报》的积极评价。根据这部小说改编的同名电影获得2014年英国电影学院奖(英国的奥斯卡奖),现在可以在奈飞(Netflix)上观看。她在2012年TED大会上的演讲素材被收入碧昂丝(Beyoncé)2013年的歌曲《完美无瑕》(*Flawless*)。2015年,阿迪契在《纽约时报》上发表短文《点亮尼日利亚》(*Lights Out in Nigeria*),讲述一名尼日利亚人饱受电力短缺之苦的故事,被广泛转发,得到一致好评。时年37岁的阿迪契在非洲、英国和美国读者之间搭起了一座桥梁,她的未来不可小觑。

尼日利亚作家乌佐丁马·伊维拉(Uzodinma Iweala)同样也是文学界的一位跨界人物,他同时是一名物理学家和传媒公司老板。2004年从哈佛大学毕业后,他在2005年发表了自己的处女作《无境之兽》(*Beasts of No Nation*),最近这部小说重新得到媒体关注。2015年年初,奈飞击败几大主流制片公司,获得了这本小说的改编权。电影《无境之兽》由伊德瑞斯·艾尔巴(Idris Elba)(英国演员,父母分别来自塞拉利昂和加纳)主演,在加纳的热带丛林里拍摄完成。影片将于2015年年底在网络和美国的部分影院同时上映。除了小说和电影，伊维拉还有一本创业公司杂志，专门报道非洲大陆成功的商业人物，他希望通过这本杂志彻底改变人们对尼日利亚和非洲的看法。

在商业性大众文化潮流之外，一些具有创新精神的音乐人开辟了全新的非洲非主流音乐新天地，他们对利润丰厚的商业合约没有兴趣，也不在乎YouTube上是否有百万粉丝，像肯尼亚的“只是乐队”(Just a Band)、加纳裔美国人的“闪电大使”(Blitz the Ambassador)、加纳的“佛肯·博伊斯”(FOKN Bois)，他们追求的是最酷、最具智慧、最本真的音乐。这三个乐队有着自己独特的音乐风格，但他们同时又都将视觉设计、舞台剧和自制电影融入自己的表演和音乐录影中。

“只是乐队”的歌曲和影片具有强烈的反传统风格，将音乐、时尚、隐喻和电影融为一体，充满未来主义的想象。乐队成员比尔·塞林佳(Bill Sellanga)和丹·穆里(Dan Muli)2008年在内罗毕上大学时认识，随后姆比斯·玛塞雅(Mbithi Masya)加入乐队，他们的音乐融合了非洲放克、爵士、浩室舞曲和迪斯科等风格，大量使用电脑和动画制作，他们将这种灵感归功于草原硅谷的崛起。“当我们刚刚组建乐队的时候，在肯尼亚，技术和互联网刚刚兴起，这对我们影响很大。”穆里说，“我们更容易上网，学习各种不同的音乐风格，探索数字化科学世界的神奇，研究如何将音乐与电脑结合起来。所以，自然而然地，我们就成了一个电子音乐乐队。”“只是乐队”的歌曲夹杂着英语和斯瓦希里语，在他们的歌曲和影片中，如《世界疯了》(*Dunia Ina Mambo*)跟《喘息》(*Huff* and *Puff*)，他们给自己的乐队成员和动画角色虚构了背景故事。他们的音乐和短视频也触及了肯尼亚的政治环境，蕴含着社会意识和政治潜台词。“千禧一代在艺术创新上有各种表现形式，主要是由于电脑的普及和软件的发达，能够将各种艺术媒介糅合起来，这与过去在录音棚里单打独斗，依靠大量的设备制作音乐有很大的不同。”穆里说，“除了音乐，我们乐队里的每一个人在加入乐队之前都有自己的艺术兴趣，比如，动画、插画和电影制作等。所以，我们就在想，如果能够把这些艺术手段结合起来，一定能给我们的观众带来全新的体验，同时给我们自己带来更大的创作可能性。”

萨缪尔·巴乌勒(Samuel Bazwule)(艺名“闪电大使”)在加纳长大，后来移居布鲁克林，他创造了独具个人风格的非洲嘻哈乐，甚至在他的非洲鼓上通过摩擦模仿打碟的效果。“闪电大使”的音乐往往由一个完整的室内乐队伴奏，其中铜管音色就有三种。受非洲和美国音乐的影响，“闪电大使”融合了许多非洲和美国音乐人的风格，其中包括米瑞安·马卡贝(Miriam Makeba)、远征部落(A Tribe Called Quest)、费拉·库蒂、糖山帮(The Sugarhill Gang)。他的音乐主题涉及非洲许多政治和文化现象，像《欢迎》(*Akwaaba*)这首歌更是直指非洲的政党。2011年，“闪电大使”不满公司对其音乐风格的限制，自己制作了一张专辑《本土阳光》(*Native Sun*)，并且在加纳拍摄了同名短片。整个专辑制作过程让人们想起20世纪七八十年代的黑胶唱片时代，音乐人为了打造一张属于自己的经典专辑，往往对每一首歌曲、封面创作甚至文案都亲力亲为，极具创意。“闪电大使”的创作赢得了美国嘻哈界的传奇乐队扎根乐团(The Roots)和公敌乐队(Public Enemy)的查克·D(Chuck D.)的赞誉。最近,他和塞温·库蒂(Seun Kuti,费拉·库蒂的儿子)合作,共同演唱了一首充满非洲打击乐风格的《让你终生难忘》(*Make You No Forget*)。

FOKN Bois是一对音乐人组合,分别是M3NSA和万洛夫-库伯勒尔(Wanlov-Kubolor)。两个人的音乐风格都源自加纳的嘻哈风(hiplife)①,这是一种糅合了非洲大乐队、雷鬼、嘻哈等多种风格的音乐样式。2011年,FOKN Bois制作了他们第一个音乐视频*Coz Ov Moni*,通过Youtube直接发布在网上。44分钟的音乐短片混杂了多种语言,配以英文字幕,用音乐、说唱、节奏和阿克拉街头的舞蹈,描绘了M3NSA和万洛夫在加纳一天的生活。影片中,奔放的鼓点和号角旋律,配合街舞,点缀以闹剧式的幽默,用影像讲述了一个故事。"整部影片的创意,来源于我们一直想做而没有做成的想法。"万洛夫说,"我们想做一种音乐,无论是演唱还是说唱的部分,就像我们加纳人说话一样,我们想展示在加纳这块地方大部分人的生活方式。许多音乐人想让他们的音乐录影带被世界接受,往往喜欢展示加纳少数人的生活……真正好的非洲流行音乐,我们也是喜欢的。看着这些人赚钱,我们说:'来搞点更商业化的东西吧。'"万洛夫谈到如何在艺术和市场之间取得平衡时说:"但是,走了几步之后我们就缩回来了。这不是我们的音乐。我们喜欢与观众交流互动,喜欢引发他们去思考,我们喜欢做那些能够激发我们表演欲望的东西。"2015年,FOKN Bois的*Coz ov Moni* 2正式发行。

---

① hiplife是将加纳文化和嘻哈音乐结合起来的一种音乐形式,一般用加纳的阿坎语(Akan)演唱。——译者注

媒体

非洲媒体正在催生新一代杰出的记者。南非的勒拉图·姆贝莱(Lerato Mbele)作为BBC《非洲经济报道》(*Africa Business Report*)的主持人,打破财经新闻的惯例,报道非洲大陆的顶尖企业家。伊莎·瑟赛(Isha Sesay)的父母是塞拉利昂人,她从小在塞拉利昂长大,作为CNN的主持人,她的非洲报道没有偏见。2014年埃博拉病毒暴发期间,她以平衡公正的立场报道,对非洲充满感情。

在调查新闻报道领域,表现最突出的是尼日利亚记者欧莫耶勒·索沃尔,他创办了新闻网站"撒哈拉报道者"(Sahara Reporters)。一些腐败问题严重的国家往往伴随着对新闻的限制,禁止媒体曝光、点名和嘲弄,从而让媒体失去了对政治人物和商业大腕进行监督和制衡的作用。通过技术创新应用,跨越地理障碍,索沃尔揭示了权力的真相,让媒体成为监督那些企图贪污受贿的商业大佬和公众人物的金睛火眼。由于这类调查报道,索沃尔在尼日利亚多次入狱受刑,不得不移居美国,在新泽西的一个地下室里创办了"撒哈拉报道者"网站。在美国法律的保护伞下,通过社交媒体传播和移动科技的应用,他的网站成为一个全面揭露尼日利亚贪腐和恶行的调查新闻网站。"撒哈拉报道者"曾揭露各种骗局、洗钱行为和政府与私营企业的暗箱协议。索沃尔的报道经常导致对政府官员的追责,包括尼日利亚航空部部长斯特拉·奥杜阿(Stella Oduah),他被曝光利用公款购买豪华轿车后被迫辞职。2012年,在《新闻周刊》主办的一场非洲媒体讨论会上，索沃尔与蒂娜·布朗（Tina Brown）[①]碰面，随后，“每日野兽”（*Daily Beast*）新闻网站刊发了一篇报道，提出要警惕博科圣地恐怖组织在尼日利亚的崛起。“撒哈拉报道者”同时也将报道范围拓展到非洲其他国家，并催生了一批把网站设在非洲境外的调查性新闻网站。索沃尔认为，现代社会里这种调查网站具有很大的潜力：“很多情况下，能够将这些幕后故事曝光天下的调查新闻其实并不多，其实这些人以及他们的贪腐行径，早已是众人皆知，证据很容易通过社交媒体和技术工具传播。我们只需要一个安全的地方能够将这些事情报道出来，剩下的，自然就会产生效果。”

另一位声名鹊起的媒体领袖是朗勒·阿基诺拉（Lanre Akinola），这位在拉各斯土生土长的媒体人担任《金融时报》“这就是非洲”专栏记者长达3年，撰写了大量有关非洲经济和政策走向的文章。2015年，他出任彭博非洲媒体倡议计划（BMIA）的主席，这是一项投资1000万美元的计划，旨在通过奖学金、业务培训等方式，与肯尼亚、尼日利亚和南非的大学合作，加强非洲大陆的新闻核心基础建设。34岁的阿基诺拉在谈到自己在BMIA中扮演的新角色时说：“世界上越来越多的人把非洲看作21世纪变化最为迅猛的大陆，媒体的作用以及具有高度专业素养的新闻人才至关重要。”

公共政策

我们在与尼日利亚的科技企业家和商业领袖会谈时，几乎所有

① 时任“每日野兽”新闻网站的主编。——译者注

人都对尼日利亚通信技术部部长欧莫波罗·约翰逊(Omobolo Johnson)交口称赞。她曾经担任全球咨询业巨头埃森哲的区域总兼,出任通信技术部部长后,约翰逊大力推动合作,出台各项政策完善尼日利亚的科技产业生态。她积极推动使政府部门数字化的电子政府计划;敦促尼日利亚教育部出台计划,让更多的中学和高校接入互联网;为主要电信企业提供免税期,鼓励这些企业在尼日利亚宽带基础设施方面加大投资。约翰逊同时还在全面建立和实施国家信息通信技术计划中取得很大的进展,这些计划为尼日利亚的科技产业振兴和科技创业者创造了良好的环境。"在所有的内阁成员中,我们的技术部部长尤为出色。"Konga公司CEO西姆·沙加亚说,"她懂技术,聪明,做事情积极主动,经常征询我们这些科技行业的企业家,问我们需要什么,然后她负责去落实。我们的科技产业能够有这样一位部长,实在是非常幸运。"

为改善尼日利亚的商业环境而做出不懈努力的还有现任财政部部长恩戈齐·奥孔约-伊维拉(Ngozi Okonjo-Iweala),她曾两度出任财长。[①]这位毕业于哈佛大学和麻省理工学院的经济学家曾在世界银行担任领导职位。2012年,奥孔约-伊维拉差一点成为世界银行首位来自非洲的女性主席。出任公职后,作为非洲人口最多国家的金融大管家,奥孔约-伊维拉以她出色的谈判技巧与尼日利亚的全球债权人达成债务减免协议,赢得广泛认可。她还积极促成尼日利亚首次接受全球三大评级机构惠誉及标准普尔的信用评估,从而

① 恩戈齐·奥孔约-伊维拉已于2015年卸任,她曾分别于2003-2006年和2011-2015年担任财政部部长。——译者注

为尼日利亚在全球债券市场筹得数十亿美元国债的公共财政资金铺平了道路。奥孔约-伊维拉积极倡导提高国家财政的透明度,以减少非洲国家腐败问题。为此,她规定尼日利亚联邦收入每个月向各州转移支付的金额必须向媒体公开。

奥孔约-伊维拉在几大全球性的非营利机构中担任职务,同时也是美国智库布鲁金斯学会的研究员,外界对她的公职前景非常看好,一直揣测她是否会在尼日利亚政坛或国际上更进一步——比如,在联合国、世界银行或非盟担任职务。

在性别平等方面,比内塔·迪奥普(Bineta Diop)成为在国际舞台上为非洲女性争取权益的代表人物。在非洲大陆长期面临的一些问题上,如解决冲突、确保经济增长,迪奥普成功地推行以性别平等为核心的解决方案,为她在国际上赢得声誉,并入选《时代周刊》年度100位最具影响力的人物,被任命为非洲联盟负责妇女、和平和安全问题的特别代表。在2014年世界经济论坛首次于西非举行的峰会上,这位塞内加尔女性还当选为联合主席,与她一同担任联合主席的还有几位杰出的女性领导人,包括埃伦·约翰逊·瑟利夫(Ellen Johnson Sirleaf,非洲首位民选女总统),以及南非卫生部前部长、非盟首位女性主席恩科萨扎娜·德拉米尼-祖马(Nkosazana Dlamini-Zuma)。

在政府管理方面,喀麦隆社会活动家和企业家卡赫·瓦拉(Kah Walla)积极鼓励非洲青年投身公共服务事业。2011年,她成为喀麦隆首位女总统候选人,引起媒体广泛关注。当时,瓦拉已经担任市议会议员,呼吁选举改革。她曾在美国获得MBA学位,并在喀麦隆创办了一家名为“战略”的咨询公司,主要提供领导力和战略咨询服务。

瓦拉勤于写作,并在全球巡回演讲,强烈主张非洲新一代最杰出的人才参与社会公共领导岗位,尤其是女性。2013年,在纽约大学斯特恩商学院举办的一次会议上,面对台下的非洲年轻白领听众,瓦拉说:“我们已经取得了很大的进步,尤其是在学术和私营经济领域。现在,我们要做的,恰恰与我们父辈告诉我们的完全相反。我们需要进入政府。非洲的公共领域和非洲人民需要你们的聪明才智。”瓦拉后来进一步解释说:“许多人的父母在后殖民时代曾经在政府里担任公职,他们曾经有过的伟大梦想、独立时的种种承诺都被政府部门消磨殆尽,未能实现。”因此,她说:“所以,我们长大后他们劝我们‘干点别的事儿吧’。”瓦拉认为,非洲要取得真正的进步,必须在公共领域加强领导力建设:“只有当一个国家绝大多数公民都能享受到教育、医疗、电力和干净的饮用水,经济上的成功才能成为国家的成功。而这一切,没有一个良好的政府是不可能实现的。”瓦拉表示,她将在2018年参加喀麦隆总统竞选,很有可能成为非洲女总统俱乐部的一员。这个俱乐部虽然规模很小,但人数却在不断增长。

第四部分

挺进非洲

AFRICA FORWARD

展望一个互联互通、纷繁复杂和文化融合的非洲

第十章

个人和企业如何进入非洲

经济快速增长,新股票和债券上市,外国投资屡创新高,随着撒哈拉以南地区不断传来振奋人心的消息,我们也不断收到各方的咨询,询问个人和公司如何进入这些新兴市场,如何进行贸易,如何卖货、投资或工作。非洲大陆幅员辽阔,它的多元性和快速变化的社会,为各层次的人员提供了多种机会。因此,我们的建议取决于你是什么样的人,你处于职业生涯的什么阶段,你对风险的承受能力如何。过去通过向慈善机构捐款来帮助非洲国家的日子已经一去不复返了,取而代之的是全方位的合作伙伴关系。你有很多选择:探险旅游,辅导创业者,向一个专门针对非洲市场的共同基金投资,或者与非洲企业搞一家合资公司。与未来非洲打交道,唯一的限制就是你的想象力。

对于非洲，经济圈内许多人的想法已经从最初“为什么要去非洲做生意”转变为“怎么样才能在非洲做生意”。过去十年来，我(奥布里)一直在游说美国企业，告诉它们非洲蕴藏着各种机会——但是，我总是站在非洲这一边代表着卖方，跌跌撞撞地期望能够碰到一家买方。而如今，买方主动找到我，希望寻找现成的生意，或者找到门路以分享非洲经济成长的蛋糕。这种反转令人鼓舞，同时也催生了一大批金融中介、顾问和中间人，他们在长期孤立隔绝的非洲大陆和全球经济之间搭起了一座座桥梁。

就像其他新兴市场和前沿国家一样，非洲能够带来高回报，同时也存在着高风险。当然，有些风险确确实实存在，有些风险则不过是局外人的臆想。遗憾的是，长期以来，非洲的风险被人为地夸大，人们对于非洲存在太多的误区，不得不敬而远之，失去了许多机会。我们经常撰文或演讲，试图打消这些顾虑，让更多的企业能够在非洲切实地做点实事。因此，挺进非洲，抓住新的机遇，首先就是要走出以下五个误区。

五个误区

误区一：非洲是一个国家

非洲幅员辽阔，可以将美国、整个欧洲和印度轻易地塞进非洲的版图；有50多个国家和地区，地区差异也很大。从面积上讲，有些国家很大，比如刚果(金)和苏丹；也有袖珍小国，如斯威士兰和冈比亚。中非共和国和卢旺达是内陆国家,而马达加斯加、圣多美和普林西比则是岛国。肯尼亚和南非在非洲有重要的港口。有些国家独立以来政变频频,如科摩罗,有一段时间甚至被人称为“云变变”(cloud coup-coup)。有些国家,如博茨瓦纳,权力始终保持民主和平交接。撒哈拉以南国家由于文化的不同,独立历史各异,宗教信仰强烈,因而有着纷繁复杂的多样性。因此,“一招鲜,吃遍天”的市场策略,或者无视管理风险的做法都是不可取的。

就算你对非洲的发展趋势有比较深入的了解(就像本书中梳理的那样),加上你在其他新兴市场和邻国学到的教训,但将这些知识用于开拓新的非洲市场上也只能算是皮毛。你需要根据不同情况制定不同的战略,需要找到当地的合作伙伴,并调整你的预期。比如,你想在埃塞俄比亚投资一个农业项目,同样的投资放到利比里亚过程完全不一样,投资的法律条款,当地人的反应和接受程度,气候,等等,都会不同。如果你想在某个特定的地方搞个项目,一定要有当地人帮忙,这一点尤其关键。很多人都意识到自己对非洲国家多样性的一无所知,因此,必须充分重视和尊重这种多样性。

误区二:非洲很危险

非洲部分地区的确很危险——有些地方仍是炮火纷飞的战区,有些地方犯罪率很高或病毒肆虐——但大多数非洲国家相对来说还是比较安全的,与我们通常去的其他国家没有什么区别。华盛顿特区、洛杉矶和纽约等大城市,历史上有一段时期人身安全同样得不到保障。我们都很清楚,远离危险的办法就是对你要去的地方和接触的人事先要有准确的判断。危险往往是相对而言的,脱离前因后果去谈危险是没有意义的,虽然很多人并不理解这一点。没错,在非洲一些大城市里,公交车站往往混乱不堪,容易被犯罪分子盯上。但纽约的港务局大楼或巴黎的蒙帕纳斯火车站同样也很危险。只要是人潮拥挤、流动性强的地方,如果人们对周边环境不熟悉就很容易迷失方向,危险无处不在。经常有人问我(奥布里),作为一名女性,在非洲旅行危险吗? 我总是告诉他们,我并不是特别担心,要说危险程度,深更半夜从地铁站走到自己家里同样也很危险。在2014年全球和平指数(其中也包括一个国家的安全指标)排行榜上,有21个非洲国家的排名高于美国。

误区三:非洲很便宜

尽管在非洲,很多人生活在贫困线以下(不管你对这条贫困线如何界定),但是对一名外国人而言,在非洲旅游和做生意却并不便宜。据美世咨询公司2014年发布的生活成本排名,在全球20个对外国人而言生活成本最高的城市中,非洲就占了4个。其中,排名第一和第二的,分别是安哥拉首都罗安达和乍得首都恩贾梅纳。罗安达的房租通常要比伦敦、巴黎、纽约、东京和旧金山的高端公寓还贵,这是因为中端消费市场尚未成熟,需求被石油公司的高管人为地炒高。你要么住在市中心酒店里,忍受每晚600多美元的房间,要么就去住贫民窟。在罗安达的酒店餐厅里,一瓶可乐要10美元,一个比萨卖35美元。在美世的排行榜上，加蓬的利伯维尔排在第19位，刚果(金)的金沙萨排在第20位。而美世排行榜上排名前50位的城市中，唯一上榜的美国城市是纽约，排在第16位。

个人如果去非洲旅游或者开店做生意，需要根据不同情况编制预算。非洲的公路很难走，铁路很少，城市和城市之间的距离比较远，基础设施通常很破旧，这也意味着出门一般需要坐飞机，但是由于城市间的直飞航班很少，旅客附加费很高，加之为了保护那些还在惨淡运营的国营航空公司，机票价格通常都很贵。好在一些廉价航空如Fastjet和Fly540开始进入非洲市场，在价格上形成竞争压力，这是一个积极的动向。

基础设施的落后，尤其是电力供应短缺，同样也增加了做生意的成本。据啤酒业巨头南非米勒酿酒公司估算，在非洲建造一个啤酒酿造厂，由于饮用水难以保证、经常断电，建厂成本要比欧洲高出30%到40%。好消息是，随着进入非洲市场的企业增多，基础设施的投资也将逐步跟上，从而促使成本进一步下降。

误区四：腐败是唯一的游戏规则

腐败在非洲已经是老生常谈了——几乎每一场会议、每一篇新闻报道的字里行间、每一次生意圈里的朋友聚会都会谈到腐败。腐败问题的严重性被明显夸大。非洲的确存在腐败，世界其他地区也同样存在。但是，今天的非洲腐败不再是唯一的游戏规则。要想在非洲清清白白地做生意，老老实实地做人，在全球反腐败法律的高压下,这一切还是有可能的。尼日利亚电商CEO西姆·沙加亚告诉我们:“Konga在这里开了两年,从来没有干过一起行贿的事情。”

那些急于进入非洲市场的个人和企业,经常容易犯的一个错误就是把市场战略政治化,喜欢同那些政治圈内的名人合作。其实,去政治化,这是防止腐败最有效的办法。选择当地的合作伙伴,看的是他的竞争力,长期以来的声誉,还有以往取得的成就。在选择地方合作伙伴时,要抵制那些所谓“政府高层有关系”的诱惑,这是唯一的准则。虽然能够接触到决策层也很重要,但并不影响我们采取更具普遍意义的做法,那就是与当地的专业人士和公司合作。建立一个广泛的同盟,让更多的人受益(从各级政府官员到社区领袖),让他们也能在成功的项目上分得一杯羹,这种办法更加有效,即使这可能需要更多的时间,耗费更高的成本。这种办法通常需要有一名值得信赖、见多识广的顾问,他在当地待了很多年,对地方上的利益关系十分了解。如果你想签订一份阳光协议,拒绝所有吃拿卡要的人物,那么你最好待在前厅,而不要走向后门。

同时,也要记住,非洲的政府管理模式也在发生翻天覆地的变化——许多国家正在改变过去的老一套办法,改革管理手段——因此,来到非洲,尤其是在与政府官员打交道的时候,不要想当然地怀疑这些官员有受贿的意向。在这本书即将截稿的时候,我(杰克)有一次正好赶上了一趟即将飞往尼日利亚拉各斯的航班。我降落在穆尔塔拉·穆罕默德国际机场,这里的机场官员名声很臭,经常索贿。为了打击索贿受贿，尼日利亚政府最近彻底颠覆整个海关体系，与美国一家科技公司签署协议，建立一个网络平台处理所有的签证申请和缴费，以杜绝现金交易。由于这趟出行是临时决定的，所以我选择了落地签，抵达海关后，移民局官员认为我的签证申请有点问题。我站在尼日利亚海关官员的办公室里，看着移民局官员重新检查我填的表格，上网查验信息，他们热烈地讨论着，到底是让我入境，还是把我扔到一架航班上滚回美国。我打电话给当地的一个朋友。根据以往的经验，我这样被拦下来，肯定是为了索要一些好处。但我认为，现在的情况跟以前不一样了，政策已经改变，只是流程还不够顺畅。最后，问题终于找到了，原来是新的海关网络系统要求的材料与机场海关拿到的工作细则不一致。我在机场被耽搁，实际上是海关官员在确认他们是否遵守了新的通关规则，与索贿无关。有时候，你需要的是一点点耐心，给政府官员——无论是最高层领导，还是最基层的办事员——一点怀疑的权利。

误区五：非洲需要我们的帮助

在撒哈拉以南地区，我们经常听到类似的故事——意志坚定的外国人，为了解决非洲面临的种种问题，拿着各种各样的解决方案来到非洲，其中许多方案不过是他们在伦敦或华盛顿的会议室里拍脑袋想出来的。2009年，在乌干达，两个从美国中西部来的教会组织发生了争执，原因是它们都想去同一个医疗点从事援助工作，尽管附近有一个医疗点更需要它们的帮助。乌干达卫生部部长不得不浪费宝贵的时间从中协调。在加纳,一个非政府组织为偏远地区的小渔村建了一个公用的烤鱼炉,以帮助当地渔民提高鱼产品的附加值——但是实际上,从文化的角度上讲,当地人认为用别人家的烤炉烤鱼很脏。这些非政府组织,尽管其出发点是好的,但好事有时走偏了。大量的援助工作,要么出力不讨好,要么就是浪费时间,反而添乱。问题的根源在于这些慈悲满怀的组织,它们存在一种固定思维,一个最基本的观念就是:我们是来"帮助非洲"的。由此得出结论:"非洲需要帮助。"

对于这种思维定式,我们必须重新评估,提出质疑。无论是对慈善援助工作的人,还是准备来非洲投资的人,这种质疑都很重要。援助工程和初创企业都需要从实际需求出发。非洲人,就像世界其他地区的人一样,他们知道自己需要什么,想要什么,哪些东西是有用的。他们需要的是能够帮助他们实现愿景的合作伙伴,而不是发展道路上像父母一样的呵护。变革的潮流能进,也可能退。如果外来者总是以一种高高在上的姿态认为自己懂得最多,这种误区必然会导致一种固定思维,扼杀双方互惠互利的可能性。

由于缺乏可靠的数据,同时媒体经常性地夸大报道,导致人们对非洲的偏见根深蒂固,这五个误区始终存在,并相互影响。历史上,非洲一直被描绘为一个低劣、暴力、疾病肆虐、肤色低等的大陆。奇玛曼达·恩戈兹·阿迪契和艾米·哈斯(Amy Harth)在他们的作品和演讲中一直强调,只用一种故事去描述一个地方、一群人和一件事,这是危险的。长期以来,在西方世界看来,非洲的故事里只有负面新闻、遍地饥荒、政变频繁以及各种倒霉事儿。多亏全球性的信息民主化和通信科技的发展,能够让非洲人以他们自己的视角讲述他们的故事,主宰自己的未来,告诉人们,一切并不是你们想象的那么简单。

要想抓住非洲发展的机遇,成为经济增长的合作伙伴,用心倾听这些故事至关重要。同时,许多在非洲投资的个人、公司和机构,有成功的,也有失败的,从中吸取经验和教训,同样至关重要。以前,在非洲市场和工业领域投资的美国公司数量不多,可供借鉴的经验有限。由于缺乏专家顾问和咨询服务,许多希望打入非洲市场的个人和公司往往重复同样的错误。随着赴非洲投资的企业越来越多,这一情况有所改变,越来越多的职业经理人开始对非洲大陆有所了解。关于非洲市场,你可以找到许多好的建议和专著,相关的会议也越来越多,非洲企业和世界其他地区的互动交流日趋频繁。

抛开发达国家市场的固定思维

在发达国家和发展中国家市场做生意有很大的不同,这里面有很多经验教训。用发达国家市场的固定思维——认为一切都应该按照你在旧金山、达拉斯、多伦多或曼彻斯特熟悉的那一套规则运作——导致企业往往误判在非洲的市场机遇,在战略上付出高昂的代价。认识非洲市场,包括理解其他前沿市场,需要我们付之以同理心,广泛涉猎历史知识,对当地文化和社会持开放包容的态度。到2020年,全球预计仍有10亿人居住在贫民窟里,如果一个企业无法放下身段深入陋室窄巷,无法适应密集的棚户简屋,无视贫民窟高密度的消费人群,最终将会被市场抛弃。用发达国家的固定思维去揣摩非洲市场,这是我们对非洲产生误解的主要原因,同时也是企业试图在非洲大陆取得成功的最大障碍,必须克服。

发达国家市场的传统思维模式以为,世界其他地方,无论是做人还是做事,都跟美国或欧洲没有什么不同。需要电的时候,就一定会有电;(一般情况下)总是有良好的公路、铁路和航空基础设施;有完善的数据统计帮助你做出决策;有完善的产业生态链支撑你的企业;垃圾总是有人来清理;司机都会遵守交通规则;合同总能得到不折不扣的执行。但是,所有这一切在世界其他地区也许只是特例,并非常态。大多数人生活在另一个完全不同的现实世界——制度不起作用,信用(经济的血脉)崩坏,道路交通拥堵,满大街都是非正规的经济。

要打破思维定式,建立同理心,可以试试这样的思维试验,尤其管用。20世纪30年代的大萧条是美国历史上精神创伤最严重的时期。这段艰难的日子成为一代人的集体记忆。到30年代中期,美国的失业率飙升至25%,人们到处奔波寻找工作。沙尘暴使农牧业遭受重创。企业急需资本,政治家忙于平息民粹主义的骚动。如今,尽管正在经历经济增长和社会转型,美国大萧条时期的这一幕幕场景仍在非洲部分国家时隐时现——失业率居高不下,老百姓为了生存而不断地举家迁移,政府忙着应对各种冲突性竞争危机。要在这样的前沿市场取得成功,企业家必须具有强烈的同理心、想象力和创造性。在这种环境下,要想解决一个问题,往往需要同时处理两个、三个甚至四个问题,必须向你的合作伙伴证明,你是一个注重长期投资的重要合作对象。

其他一些发展中国家,如中国、印度和巴西,在同非洲打交道时已经成功地建立起自己的方式,部分原因在于这些国家的公司没有发达国家市场的思维定式。这些国家的企业运营环境同非洲国家有相似之处。发展中国家的企业和老板并不介意把生意做到非洲的村庄或贫民窟,因为在他们自己的国家里,同样也有这样的村庄和贫民窟,他们已经习惯了这种环境,就像是在高档社区或中央商务区做生意一样,没有什么区别。要想同这些企业竞争,美国的公司必须抛弃发达国家市场的固定思维,跳出条条框框的束缚,真正地踏进一个真实存在的非洲市场。

一些基本的运营规则:四个P

除了将心比心,抛开发达国家市场的固定思维,如果你想走进非洲(无论是去旅游,做生意,还是做一名志愿者),学会我们所说的四个P的模式,一定会非常有用。这四个P分别是:耐心(patience)、恒心(persistence)、个人关系(personal relationships)和合作伙伴(partnerships)。领会了这四个P,会给你带来极大的竞争优势。有人可能会说,这四个原则放在任何一个商业环境下都适用。没错!但在非洲,它们尤其管用!

四个P

耐心

要理解非洲的商业文化，这条学习曲线一定是非常陡峭的——需要很长的时间。例如，在许多国家，你的潜在商业伙伴会对你说"行"，尽管他或者她的真实意思是"不行"。从文化上讲，他希望表现得很有礼貌，尊重你的意思。因此，理解什么时候"行"意味着"不行"，这是了解非洲商业关系的根本。再举一个例子，直接或公开地谈钱，在非洲是一种禁忌，很容易引起他人的反感，但尼日利亚是一个例外。在尼日利亚，商业谈判中首先谈钱，没有任何问题。因此，我们需要有耐心去学习这些商业规范，去理解国家的不同，商业活动的节奏也不同。

恒心

克服日常的困难，应对政策的不确定性，需要持久的恒心。虽然相比过去已经有很大的提高，但发达经济体习以为常的东西，在非洲仍然十分缺乏。不是说政策本身有问题，而是政策的制定过程经常不透明，让一些投资人疲于奔命。因此，我们需要极大的恒心来克服日常的困难，在投资、签约、牌照申请、雇工及其他商业活动中，应合理地调整你的期望值，避免一个商业项目最后被拆解得七零八落。

个人关系

做生意需要信任,良好的个人关系是信任的基础,尤其是在非洲,声誉非常重要,好的口碑是一项巨大的财富。在非洲,人(以及性格)是非常重要的——沧桑巨变不是靠几个人推动的,也不是什么人能够阻挡的。在非洲,经常需要面对面地接触,所以如果某人或某家公司碰到问题,需要找政府官员或商业伙伴解决,他们经常会说:“过来吧,见个面,我们再谈谈。”

合作伙伴

没有在当地生活十年以上的经历,你很难理解地方投资存在的风险。在一个特定的市场和产业领域,找一位熟悉当地情况的人合作能够化解风险。如果能够找到一位强有力的合作者,他可以预见并帮助解决出现的各种问题,协调各种会议,获得各种难以获取的市场信息,代表企业建立起个人关系,帮助解读当地的商业习惯,我们之前谈到的种种困难都能迎刃而解。

进入非洲市场,要考虑你的风险承受能力和背景

记住四个P,明白有些认识上的误区可能会改变你的决策过程,设身处地为他人着想。现在,根据具体情况的不同,我们对进军非洲市场提出以下几个建议:

个人投资者

一般的投资者,如果想在非洲扩大生意,使自己的投资组合更加多元化,他们有几个选择:

• 投资新兴市场或前沿市场基金。交易型开放式指数基金(ETFs)和共同基金能够在流动性较差的新兴市场提供流动性。有许多ETFs在其投资组合里有非洲资产。市场向量非洲指数ETF基金(Market Vectors Africa Index ETF Fund)是非洲大陆涵盖最广泛的基金,包含了一些小型市场,如莫桑比克、坦桑尼亚、赞比亚等。MSCI新兴市场非洲(南非除外)指数(MSCI's Emerging Frontier Markets Africa ex South Africa Index)是最受关注的指数之一,投资人可以在指数里找到尼日利亚与肯尼亚的企业,以及埃及和摩洛哥的公司。尼罗河泛非基金(Nile Pan Africa Fund)将北非地区从投资组合中剥离,并加入加纳和南非,这只共同基金曾获过奖。美国公民可以通过在美国注册和监管的基金,在网上购买撒哈拉以南地区表现最好的股票组合,最低投资金额为1000美元。

• 通过当地股票交易所直接投资非洲公司。对于经验丰富的投资人,约翰内斯堡股票交易所、内罗毕证交所和加纳证交所都提供了很有价值的投资机会。不过,这种直接投资方式,更需要深思熟虑,并且克服几大难题:有些国家还没有成立证交所(例如安哥拉),很难在当地找到一位信得过的交易商,转账成本比较高,流动性经常成为问题。2014年,坦桑尼亚、肯尼亚、乌干达和纳米比亚的证交所指数表现要好于标准普尔500,但每周的交易量却少得可怜,因为在一些小规模市场上,大多数当地投资人只是把股票揣在手里作为长期投资的工具。坦桑尼亚的达累斯萨拉姆证交所是2014年表现最好的证券机构，收益回报率将近30%，但上市公司只有11家。对大多数人来说，必须依赖专业的券商。

• 瞄准新的投资产品和开放市场的窗口期。管理机构资本的私募基金开始向个人投资者开放——凯雷集团和黑石开发了新的金融工具，通过经纪人让高净值的私人投资者参与特定的基金。黑石宣布将在2015年特别关注能源领域，包括非洲的投资。对于小规模的普通投资者，Homestrings建立了一个影响力投资网络平台，为个人投资债券和基金提供了渠道，可以方便地检索地区、产业领域和最低投资要求。这个平台最初针对的是海外非洲人，后来扩展到其他地区，以及对社会影响力投资感兴趣的普通投资人。

• 投资那些已经进入某一特定市场的全球领先、公开上市的跨国企业，包括可口可乐、南非米勒酿酒、联合利华、宝洁、百胜餐饮、通用电气、卡特彼勒、三星，以及油气公司、矿业公司，人们可以开出一个很长的企业名录，并且产业非常多元，能够满足各个层面的投资者需求。这些企业股票很容易购买，投资者可以按照国别优先或产业优先的原则，挑选投资组合。

• 直接投资非洲企业。高净值的个人投资者只须坐在他们家里的办公室，就能购买非洲公司和初创企业的股份。他们需要的是稳定强劲的网络和精明能干的顾问，以便于锁定和甄别潜在的交易对象。

让我们以莫桑比克和加纳为例，看看如何选择自己的投资方式。从2006年到2013年，莫桑比克（人口2600万）的年均GDP增长为7.23%。目前，淡水河谷（Vale）、力拓（Rio Tinto）、贝肯山（Beacon

Hill)、康迪兹能源(Ncondezi Energy)等公司占据了莫桑比克大部分的投资项目,成为经济增长的主要支柱。由于莫桑比克本国缺少采矿企业,因而矿业领域的投资主要以外国公司为主。在这一平台基础上,莫桑比克有望在2017年成为全球十大煤炭出口国之一。在石油和天然气领域,阿纳达科(Anadarko)和埃尼集团(Eni)已经在莫桑比克沿海发现了100万亿立方英尺[①]的天然气资源,足够支撑和满足全球第二大天然气液化厂的需求。旅游业、农业和消费品行业增长情况也不错。莫桑比克基本不存在资本市场,私募基金仍在孕育阶段。投资购买基金虽然也是可能的,但最好还是投资企业,包括跨国企业和南非企业,市场上可供选择的范围更广。

莫桑比克投资

基金

•凯雷(Carlyle,投资J&J运输,这家公司在莫桑比克也有运营)

•欧陆集团莫桑比克基金(Eurofin Strongeagle Mozambique Fund,2014年2月首次交割,募集资金2500万美元)

•丝路管理M3基金(Silk Road Management M3 Fund)

•三角资本(Trigon Capital,目前正在募集莫桑比克农业项目基金)

通过跨国企业在莫桑比克投资:

① 1立方英尺约合0.028立方米。——译者注

旅游业

美诺国际(Minor International,美诺酒店集团,在莫桑比克有3家酒店)

农业

艾格德夫科(AgDevCo)

雅苒(Yara)

亚斯特劳食品(Astral Foods SA)

消费品

南非米勒(SABMiller,莫桑比克啤酒,在莫桑比克证交所上市)

南非夏普莱特(ShopRite SA)

南非皮佩连锁超市(Pick n Pay)

石油和天然气

莫桑比克石油天然气公司(Companhia Moçambicana de Hidrocarbonetos)

阿纳达科石油

埃尼集团

塔洛石油(Tullow Oil)

采矿业

力拓

淡水河谷

让我们来看看加纳。2013年加纳的GDP增长达到4.5%，受油价下跌和财政赤字增加的影响，预计2015年将降低至3.5%。加纳是西非地区第二大经济体（仅次于尼日利亚），未来几年将跻身中等收入国家行列。世界银行2011年将加纳重新确定为中低收入国家。可可、黄金以及石油是主要的出口商品。加纳是世界上最大的可可出口国，年出口量达100万吨。

对于普通的投资者而言，加纳有三个良好的投资机会。首先是通过加纳证券交易所投资。过去几年来，加纳证交所表现抢眼，3年投资回报率达11.3%。不过，加纳证交所相对来说流动性较差，相比其他国家和地区的证交所很难抛售。其次，在加纳投资，还可以通过前沿市场基金，目前有几十个与加纳相关的前沿市场基金可供选择。最后，投资还可以选择在加纳市场表现活跃的跨国公司，比如，巧克力行业的好时（Hershey's）；采矿业的纽蒙特矿业（Newmont Mining）和金田公司（Gold Fields）；能源企业，如通用电气和康明斯（Cummins）；石油和天然气行业（如果石油价格回升的话）；消费品行业，如可口可乐和南非米勒酿酒。

希望回非洲工作的职业白领和海外移民

生机勃勃的非洲市场吸引着越来越多的职业白领回到非洲工作,他们有的是在非洲有自己的亲戚,有的是在学习或旅途中与非洲建立了关系。尽管对外国人而言,待遇丰厚的高层次工作可遇而不可求,但由于非洲许多国家职业技术人才缺乏,瘟疫横行,对职业人才有着强烈的需求,有时甚至是急需。因此,对于想在非洲国家找到自己兴趣的职业白领,我们一般有以下建议:

在跨国公司工作。找一家在非洲有业务的跨国公司。越来越多的跨国公司在非洲设立办事处,并制定在非洲大陆的业务扩张战略。我们认识许多非洲海外移民,在宝洁、康明斯、IBM 工作,分别被派往尼日利亚、塞内加尔和南非工作一到两年。

找一家非洲企业工作,发挥你的管理特长。要想在快速增长的非洲企业中找到你的发展机会,一个办法就是与那些专注于非洲投资的私募基金建立关系。 私募基金为了扩容,急欲增加管理企业的价值。通常,私募基金投资以后,第一件事就是替换首席财政官(CFO)和金融管理层。基金往往会与公司合作,通过猎头在全球范围内招募顶尖人才。对于那些有特定才能、在金融和市场行业有良好从业记录的海外人才,完全可以抓住这一迅速发展的市场,大胆自荐。私募基金在非洲的渗透率只有美国的十二分之一,随着新的基金募集和发起活动增多,机会也会更多,海外人员可以利用他们在发达国家积累的经验,帮助非洲企业在国内和国际市场上扩张。

在非洲创业开公司。在非洲创业,或者与非洲企业合作开办公司。移居到你的目标市场,从那里起步,或者就在你的居住地建立以非洲为核心的企业。这里有无数成功的案例可供参考——譬如,塞内加尔的高端护肤品牌Tiossan;在三个非洲国家设计并生产泳装和冲浪装备的品牌Bantu Wax。特制食品和旅游业也是外来投资人普遍选择的领域。最容易获得成功的办法就是与某一地区的商业伙伴合作,合作伙伴最好有在这个国家设厂运营的经验,产品在当地生产并出口。

公司

在非洲经济快速增长和人口发展趋势的鼓舞下,越来越多的公司期望在非洲市场上扩展业务。

首先将产品打入非洲市场。为了有效地控制风险,熟悉市场环境,大多数公司(尤其是直接面对消费者的公司)在投资建厂或设立办事处之前一般都会先将产品打入非洲市场。专业的服务行业公司也可以使用这一办法。麦肯锡在非洲咨询服务市场试水很多年,一直是在非洲以外的地方"远程"经营,摸清当地在咨询服务领域的需求之后,最终才正式设立办事机构。许多公司可能愿意承担对非洲投资的风险,但对于一些绿地投资项目来说,投资人可能会考虑到风险因素而把项目搁置起来,甚至驳回重做计划。因此,销售前景比较确定的项目更容易让投资人做出决策。

大多数非洲国家,管理层在开拓新的市场时可以采取三个战略举措:企业对消费者(B2C),企业对政府(B2G),企业对企业(B2B)。根据公司的产业性质、产品、目标、生产能力/原材料以及风险承受能力,可以选择不同的策略。

B2C(企业对消费者)。企业在国外市场向消费者售卖产品(如宝洁和联合利华)。企业可以通过自己的公司,也可以通过当地的分销商代理品牌,将产品送到消费者手里。

B2G(企业对政府)。通常是指对政府招标项目进行投标。制药企业、建筑承包商和军工企业经常参与政府采购。各个国家都有自己的政府采购法和采购程序,因此政府关系和符合相关法律规定是B2G策略成功的关键。

B2B(企业对企业)。这是进入市场最容易的办法。初次进入非洲市场选择这种办法的公司包括IBM和爱立信。B2B企业通常可以借助其他公司在非洲的成功经历——强有力的合作方很少会有违约的风险。例如,康明斯生产发电机,而采矿企业需要发电机。如果英国的矿业公司力拓进军安哥拉市场,康明斯在制定非洲市场策略时就可以依赖力拓在安哥拉的现成资源。

利用政府和双边关系。企业可以利用所在国政府和其他双边关系,降低投资风险。美国进出口银行对购买美国产品的非洲公司提供贸易金融支持;美国贸易发展署能够为可行性研究支付经费;美国商务部对外商务服务对于产品出口非洲市场的中小企业提供出口推广服务;海外私人投资公司可以为投资商提供政治风险保险和债务金融服务。国际金融机构,如世界银行和非洲发展银行,积极鼓励私营经济主导下的经济增长,能够大批量购买新的投资项目,帮助扩大企业能力,化解国家风险或特定政策风险。美国驻非洲各国大使馆能够就当地的市场特点和政治形势提供有价值的信息。

与非洲企业合作。如果你的企业想在非洲市场迅速扎根,而不是艰难跋涉,可以考虑与一家非洲企业合作,搞绿地投资项目,或者对一个现成的仍处于初创阶段的企业进行投资,成立合资公司。

购买现成的企业或绿地投资项目。如果你的公司想在非洲市场更深入地发展,你可以直接投资。你可以收购一家现成的企业,或者成立100%外资持股的绿地项目。例如,嘉吉就在加纳开设了自己的可可加工厂。设立全资公司的目的之一是为了品控。因为嘉吉是工厂的唯一所有人,从而能够保障生产质量符合产品出售地的质量标准。

外包服务和购买非洲产品

如果你想增加对非洲经济的参与度和影响力,最容易也最可行的办法就是专门购买非洲的农作物和产品。有些人可能会称之为公平贸易,而在我们看来,这不过是日常生活中的消费决定,纯属目的驱动,同时又帮助了非洲的企业和工人。非洲国家出产可可、咖啡、茶、香草、棉花、皮毛和油脂。

但是,非洲丰富的物产在国际供应链上却很少被看到。善意的消费者如果想为非洲发展出一把力,可以特意去找有资质的非洲产品供应商。如果你开了一家咖啡店,可以用埃塞俄比亚的咖啡豆和肯尼亚的茶。如果你开面包店,可以买马达加斯加的香草。你可以去找非洲的设计师,他们使用当地的材料,然后通过网络、快闪店和精品店售卖。机会是无限的,在寻找非洲产品的过程中,建立起深厚的合作关系,对你、你的公司和非洲出口企业都很有好处。我们坚信,未来"非洲制造"将越来越频繁地出现在你的衣柜和抽屉里。

第十一章

非洲日益增长的全球文化影响力

2010年2月13日，在曼哈顿，同时有两个场合正在展示非洲文化的魅力和冲击力：纽约城市时装周上，《升起》杂志（*ARISE*）正在举办非洲时尚展；林肯中心的T台上，非洲绚烂多彩的时装设计惊艳全场。在时装周上，这个时尚展通常被称为“非洲之夜”，场内挤得水泄不通，前排站满时尚界的大腕、纽约名流以及海外非洲移民。而在20个街区外的百老汇，纽约上西区的另一个T台上，非洲名模兼影星莉雅·琦比德（Liya Kebede）和格·达尼（Ger Duany）迈着猫步，曼哈顿的剧院区回荡着西非的旋律。

热门音乐剧《费拉！》（*Fela*!）正在剧院区上演，这是一部根据20世纪七八十年代尼日利亚节奏乐偶像费拉·库蒂生平和音乐改编的音乐剧，门票早已一抢而空，观众们鱼贯涌入剧场。这部音乐剧是由斯蒂芬·亨德尔(Stephen Hendel)构思出来的,他是美国一家金融公司的高管,音乐发烧友。2001年,一次偶然的机会,他找到一张费拉·库蒂的旧唱片。非洲节奏乐(融合了传统打击乐、爵士、放克和人声应答)的强烈感染力吸引着他,亨德尔开始研究库蒂的传奇经历,决定将费拉·库蒂的人生故事和音乐搬上舞台,介绍给21世纪的观众。最初,《费拉!》作为外百老汇音乐剧在布鲁克林上演,亨德尔邀请了杰伊·Z(Jay Z)和威尔·史密斯(Will Smith)在剧中扮演角色,后来又聘请他们担任投资人和制作人。2009年,《费拉!》音乐剧正式在百老汇演出。一些乐评人,如《纽约时报》首席剧院评论人本·布兰特利(Ben Brantley)对这样一部西非主题的音乐剧能否打动主流观众表示怀疑。"当我听说《费拉!》进军百老汇,我想这是个错误。"布兰特利在接受全国公共广播电台采访时说。

《费拉!》在曼哈顿的尤金·奥尼尔剧院上演,剧情糅合了西非音乐和舞蹈表演,很快一炮打响,一票难求,吸引了全美50个州的观众、非洲的移民群体以及百老汇的铁杆戏迷。面对《费拉!》的成功,布兰特利也改变了观点,极尽渲染辞藻,对《费拉!》予以高度评价。他说,当人们第一次感受到西非的节奏、舞蹈、诗情和幽默时,那种迷惑和惊艳的感觉溢于言表。"在百老汇,从来没有这样一部作品让人如此难以抗拒。"布兰特利说,对非洲音乐和动感节奏赞不绝口。未来15个月的时间里,每周7天,人们都将沉浸在《费拉!》所呈现的非洲魅力中。《费拉!》在百老汇首轮演出大获成功,约50万观众从中领略了尼日利亚音乐丰富多彩的历史,其中不乏名流大腕,如麦当娜(Madonna)、丹泽尔·华盛顿(Denzel Washington)、本·斯蒂勒

(Ben Stiller)、米克·贾格尔(Mick Jagger)、斯汀(Sting)、哈里·贝拉方特(Harry Belafonte)、斯派克·李(Spike Lee)、科菲·安南(Kofi Annan)和米歇尔·奥巴马(Michelle Obama)。《费拉!》获得11项托尼奖提名,并最终拿下3个奖项,2011年在伦敦西区重新上演,并展开全球巡演,足迹遍布4个国家的20个城市。《费拉!》的成功,以及连续4年出现在纽约时装周上的*ARISE*非洲时尚展,是国际社会对非洲创新创业开始发生兴趣的前奏。对此,2010年《纽约时报》"时尚和风格"专版刊登文章《突然间,到处都是非洲》。文章认为,在音乐、时尚和电影领域,非洲大陆很有可能成为影响全球的一股力量。这一判断正在变为现实。

时尚

在时尚领域,非洲设计师正在世界舞台上崭露头角,在巴黎、米兰、纽约等地,非洲人的影响力越来越大。非洲时尚第一次在业界精英面前集中展示是从2009年纽约时装周上的*ARISE*非洲时尚展开始的。纽约时装周连续4年举办"非洲之夜",带来非洲大陆最顶尖的时尚设计师、模特和创意,成为时装周每年一度的盛事。"这个时尚展对非洲以及非洲的时尚产业来说,是一个巨大的推动。一个世界级的舞台展现在我们面前。"尼日利亚时装设计师德奥拉·萨戈(Deola Sagoe)2010年对我(杰克)说,"非洲有那么多创意人才,但我们没有平台去展示我们的才华。如果非洲设计师能够走上(纽约)T台,那么,他们就能够打动最重要的一批观众。"纽约时装周的

*ARISE*展同时也让《纽约时报》《纽约社交日志》(*New York Social Diary*)等主流媒体给予非洲时装设计师广泛的报道。

过去5年,非洲时装在全球各地掀起一股热潮。《时尚》杂志(*Vogue*)意大利版发起了非洲时装周加纳主题,创办了“发现非洲”网店,2015年还赞助了“寻找非洲”设计师大赛,获胜者将获得独立举办时装展的机会。过去4个时尚季,博柏利(Burberry)、路易威登(LV)和迈克·高仕(Michael Kors)等品牌纷纷发布以非洲风格为创意的时装设计。LV的几款设计借鉴了肯尼亚马赛人部落的传统图案风格,马赛人为此特意找到LV公司要求支付使用费。非洲设计师举办的高端时装展吸引了碧昂斯和米歇尔·奥巴马参加。2014年,美国第一夫人邀请尼日利亚品牌Maki-Oh的设计师阿玛卡·奥萨奎(Amaka Osakwe)参加白宫的私人招待会。

非洲设计师的作品在全球日益畅销,奥萨奎就是这群设计师中的佼佼者。加纳的第一代移民设计师奥斯瓦尔德·博阿滕(Oswald Boateng)(工作室总部在伦敦)是男装定制领域最炙手可热的人物。非洲设计师,如大卫·特莱尔(David Tlale,南非)、米米·普兰格(Mimi Plange,加纳裔美国人)和丽莎·福拉维尤(Lisa Folawiyo,尼日利亚人)在纽约、伦敦、米兰和开普敦都举办过个人时装展,还影响了西班牙设计前辈马诺洛·伯拉尼克(Manolo Blahnik)的设计。

21世纪头十年,随着时装界对非洲时装兴趣日隆,一些设计师开始利用许多典型的非洲元素设计服装,而另外一些设计师,如大卫·特莱尔则强调要从更广泛的意义上理解非洲元素。“一些人以为非洲风格就是豹纹或蜡染。实际上,非洲设计师更加成熟,从高缇耶(Gaultier)到迪奥(Dior),都受到非洲设计的影响。"大卫在2009年曾说道。

许多非洲本土和海外的时尚设计大师试图突破时装展或这种人为界定的风格束缚。"我生活在非洲,许多非洲女性喜欢购买我的衣服,但我并不希望我的风格仅限于非洲。我认为自己是一个有着世界风格的全球性的设计师。"基基·基马努(Kiki Kimanu)说。基马努住在拉各斯,在美国和尼日利亚长大。谈到非洲的时装购买群体,基马努认为,非洲已经涌现出高级定制服装的客户群——这是一个增长强劲的市场,许多女性希望找到独家的设计,能够让她们穿到内罗毕和伦敦去。

谈到全球影响力,尼日利亚出生的设计师杜罗·奥罗伍(Duro Olowu)无疑是非洲最具知名度的人物之一。从2004年登陆伦敦时尚界开始,奥罗伍就以其非洲印染的活力融合怀旧风和古典设计赢得了时尚媒体和业界的一致赞誉,他赋予非洲妇女传统服装以现代性。奥罗伍的设计备受*Vogue*推崇,他的一种设计风格被称为"杜罗风",米歇尔·奥巴马也是这种风格的粉丝。"从拉各斯到纽约,他的风格深受女性欢迎,无论是从审美的角度,还是他的技法和服装的上身效果,都日臻完美。"*ARISE*前主编、时尚专家、《非洲新时尚》(*New African Fashion*)的作者海伦·詹宁斯(Helen Jennings)说,"奥罗伍将所有这些冲突性风格糅合在一起,从世界各地选取面料,创造出极具感性的风格。乍一看,似乎不像是非洲的,可能没有人会将奥罗伍归于非洲设计师的行列,但实际上,他的整体风格却完全是非洲的,并且影响了年轻一代的设计师。"奥罗伍的顾客已经远远不限于非洲。除了第一夫人，杰西潘尼百货公司(J. C. Penney)也以奥罗伍的风格开发出一个非洲风格系列，从而使全美女性都可以接触到非洲。

非洲经济的发展趋势和人口变化促进了非洲时装影响力扩大。尽管整个非洲大陆或者每个国家的时装产业销售收入仍然缺乏具体数据，但在海伦·詹宁斯看来，非洲大陆的转型，使更具风格的时装需求不断扩大。“非洲出现了许多变化，如浪潮一般涌现——教育水平的提高，技术和互联网的普及，人们对生活的要求更高，也有更多的收入可以用于消费——而创意领域(如时装)，则推动着这种浪潮。”詹宁斯说。

詹宁斯同时也注意到，在撒哈拉以南地区，时尚领域基础性的产业链正在形成，包括造型师、T台时装秀、模特、经纪人以及时装特定的零售渠道。在高端零售领域，奢侈品专卖店正在非洲一些大城市如雨后春笋般出现，豪华程度不亚于麦迪逊大道或罗迪欧大道。尼日利亚企业家雷妮·福拉维尤(Reni Folawiyo)的Alara概念时装店将于2015年在拉各斯开张；Maki-Oh品牌，丽莎·福拉维尤的时装设计将与华伦天奴(Valentino)、斯特拉·麦卡特尼(Stella McCartney)同台。概念店由大卫·阿加耶(David Adjaye)设计，这位坦桑尼亚建筑设计师操刀重新设计了位于华盛顿特区的史密森协会非裔美国人历史博物馆。

就消费渠道而言，非洲新的数字化平台也使这些设计师的时装更容易到达消费大众的手中。在非洲最大的电商网站Jumia，搜索点击量最高的就是埃塞俄比亚时髦的索勒丽贝鞋。时尚博客和零售网店也大量涌现，如尼日利亚的Fashpa，在其电商平台上，不仅卖Fashpa的女装，也销售其他本土和国际品牌服装。Fashpa还能将商品价格从尼日利亚奈拉转换为美元，并提供送达美国的送货服务。

只须对比一下2009年和2014年纽约时装周上的非洲时装展，就可以直观地看到非洲的时尚产业和设计师在这5年间取得了怎样的进展。2009年，非洲设计师能够有一个非洲时装展集中展示他们的设计就已经非常开心了。到了2014年，在纽约时装周上，非洲设计师举办了9场个人时装秀，对非洲时装的需求已经遍及全球。

电影

未来五到十年将是非洲电影和演员影响力爆发的时期。非洲电影产业的发展近年来有些停滞不前，尼日利亚的尼莱坞2009年成为全球第二大电影生产地，但无论是盈利，还是口碑上，仍缺乏强有力的作品。但2014年露皮塔·尼永奥(Lupita Nyongó)的奥斯卡获奖影片《为奴十二载》(*Twelve Years a Slave*)打破了这一局面。在这部大制作影片的推动下，尼莱坞的电影产业收入超过30亿美元。今天，在全球主流的获奖影片中，非洲演员继续担当重要角色，非洲的科技公司则在幕后通过类似奈飞的应用，解决非洲电影的渠道变现问题。

尽管南非有着最完善的电影基础设施，但非洲电影产业的核心仍是尼日利亚。尽管无法从电影产值上衡量，但尼莱坞在非洲大陆电影界的核心地位不容动摇,仍是当仁不让的非洲好莱坞。在撒哈拉以南地区,尼莱坞的电影受众最广泛,尼日利亚的演员知名度也最高。

尼莱坞的电影业传奇要追溯到20世纪90年代早期录像机在尼日利亚的出现。这是尼莱坞诞生的摇篮,同时也要归功于拉各斯电器商的远见。"当时,尼日利亚国内录像机非常畅销,从而为电影业奠定了商业基础。有了录像机,自然就需要大量录像带,主要是盗版的外国影片。"美国研究尼莱坞的学者乔纳森·海恩斯(Jonathan Haynes)说。

尼日利亚电器商肯尼斯·内布(Kenneth Nnebue)从中嗅到了商机,开始自己制作本土电影,并通过统一系统发行。1992年,内布拍摄了第一部尼莱坞经典影片《奴役生活》(*Living in Bondage*)。影片就在拉各斯市区随便找了几个地方取景,只用了一个月的时间拍摄完成,然后直接制成录像带发行。影片预算只有1.2万美元,主要通过街头录像带摊儿卖出,几个月时间内销量近100万张。"这部电影很快走红,一炮打响,它的成功直接带动非洲电影业的迅猛发展。"海恩斯说。《奴役生活》的走红,促使许多尼日利亚导演开始自己用录像机拍摄制作电影,这些影片大多反映街头或村里普通人的困境、希望和幽默感。

"如果你想了解非洲正在发生的一切,完全可以从尼莱坞的电影中找到。它就像一面镜子,反映着人们的希望,有时也展示了他们的绝望:这是一种直面老百姓需求的电影文化。"拉各斯诗人和尼莱坞专家奥迪亚·奥斐蒙(Odia Ofeimun)说,"就算没有什么意义,至少这是非洲人第一次在银幕上通过他们自己展现非洲人的形象。”

在许多方面,尼莱坞构成非洲影像化的背景。当你在非洲旅行,几乎在任何一个地方都能找到放映尼莱坞电影的场所,买到尼莱坞录像带。在加纳机场的贵宾休息室、拉各斯的美容店或内罗毕的路边小餐馆,墙上挂着的电视上播放的永远是尼莱坞电影。譬如,《奥索法在伦敦》(*Osuofia in London*),讲述一名尼日利亚小村农民第一次到欧洲旅行的故事;《艾洁》(*Ije*)是尼莱坞最受欢迎的电影之一,由尼日利亚影星吉纳维夫·奈加(Genevieve Nnaija)出演。20世纪90年代以来,我(杰克)每次在西非或东非地区旅行,无论是在街头、沙滩,还是大街上拥挤的车流中,总会看到许多街头摆摊儿少年手里拿着尼莱坞DVD逢人兜售。在布鲁克林、华盛顿特区和洛杉矶街头的报刊亭里,同样也有尼莱坞DVD出售,这些报摊儿的摊主往往是非洲移民。有一部讽刺喜剧片,名叫《会见》(*The Meeting*),讲述了一位尼日利亚经理〔由费米·雅各布斯(Femi Jacobs)饰演〕为了拿到一张开业许可证,约见一位政府官员时遭遇到的种种拖延耽搁和曲折故事——对这一经历,我(奥布里)深有感触。

尽管尼莱坞电影有着独特的魅力,它的草根叙事曾让它异军突起,但同时也成为束缚尼莱坞电影进一步做大的障碍。业界人士指出,尼莱坞电影产业普遍存在以下几大缺陷:产量高,但没有产值;非洲演员在全球缺乏影响力;非洲没有建立完善的知识产权保护机制、数据采集机制和收入平台。

尼莱坞虽然规模很大,市场需求强劲,却无法带来收入,让制片人或投资商无法进一步推动产业发展。尼莱坞电影产业无法变现,大部分原因在于发行体系和数据缺乏。由于尼莱坞电影大多是拍摄完成后直接制成DVD销售，加上尼日利亚没有足够的电影院，大多数尼莱坞电影直接通过非正规的小摊小贩在街头贩卖，导致盗版泛滥，往往2美元就能买一张DVD，制片公司根本拿不到版税。所以，尼莱坞（2014年前）最热门的电影《艾洁》官方收入仅为50万美元，而非正规的盗版收入估计高达200万美元。这些问题限制了电影预算的投入，也阻碍了演员收入的提高。截至2014年，尼莱坞身价最高的演员梅西·约翰逊（Mercy Johnson），每部影片的报酬也只有1.2万美元到1.3万美元。

尼莱坞电影叫座却不赚钱，导致这一现象的不仅是盗版问题，缺乏市场统计数据也是原因之一。"如果你想找到具体的商业数据，根本无从着手。"加利福尼亚投资经理托因·达沃杜（Toyin Dawodu）曾在尼日利亚和美国拍摄过尼莱坞电影，他说，"你需要基本的产业数据来吸引投资人。他们要的是数字和计算预期，以及如何收回投资。面对这么多的投资回报不确定性，没有人肯砸下100万美元去投资拍摄一部电影。"

2014年，伴随着非洲科技产业浪潮的兴起，尼莱坞电影产业发展的许多结构性矛盾问题开始有所缓解，这让全球市场对非洲电影和非洲演员重新产生了兴趣。2014年4月，财经媒体纷纷报道，尼日利亚政府首次公布官方数据："2013年尼莱坞出产电影1844部，电影产值达33亿美元，电影业成为尼日利亚第二大产业。"尼日利亚国家统计局（NBS）发布的这些数据同时也揭示出电影业的短板。在33亿美元的尼莱坞电影产值中，票房和版权收入不到1%，其余收入均为盗版生产和销售收入。因此,尽管尼莱坞关键性的市场数据终于出台,但它揭示了残酷的产业现实:制片人和投资人只能拿到不足1%的收入。

非洲新兴的科技初创企业通过建立21世纪的电影销售和发行平台,能够解决尼莱坞面临的问题。电商企业Jumia、Konga和“非洲购物街”通过在线销售录像带和音乐,为尼莱坞的电影业提供了新的收入渠道。

尼日利亚人贾森·恩乔库(Jason Njoku)的初创企业iROKO同样能够在为尼莱坞带来收入现金流方面发挥重要作用。iROKO有着“非洲奈飞”的外号,从纽约私募基金老虎环球(Tiger Global)获得800万美元种子基金,恩乔库的iROKOtv门户网站为尼日利亚和其他非洲电影提供流媒体订阅和版权服务。“我们的思路是利用广受欢迎的电影产业,将其数字化,赋予完善的法律框架,从而让其产生应有的价值。”恩乔库说,“收入其实就摆在那里,只是过于分散。如果制片人能够在尼莱坞投资,并且获得回报,将促进电影投资预算的增加,有助于更好的内容呈现。”[①]面对非洲娱乐产业的需求,越来越多的数字平台加入竞争,如尼日利亚的Afrinolly,肯尼亚的布尼电视(Buni TV),以及“非洲魔法”(Naspers旗下的南非卫星电视频道)。2014年,布尼电视和“非洲魔法”相继宣布开通视频点播服务,月费在5到8美元。更重要的是,紧跟“奈飞”这样的美国视频平台,

① 贾森·恩乔库同时谈到,类似iROKO这样的平台,如果能够代理美国电影和音乐在非洲的销售,商业前景将更加可观。“如果我们能够解决非洲内容创意产业的变现问题,其他创意产业同样也适用这个办法。”恩乔库说。

iROKO、布尼电视、“非洲魔法”和Afrinolly纷纷成立自己的电影内容制作团队。作为平台的附属产品,这些影片只供自己的频道订户收看。

版权保护措施的提高以及“新尼莱坞”运动的出现,将推动尼莱坞在收入、制作和发行体系等方面进一步完善。尼日利亚政府也采取了一些具体措施,为尼莱坞创造良好的法律基础框架。尼日利亚负责电影产业监管的机构国家电影和视频审查委员会(NFVCB)成立了专门委员会,吸收一些重要电影协会的会员参与,优化行业标准,强化版权保护,甚至公示那些在网络上违反尼日利亚电影法律的具体人员和公司名单,逮捕并起诉相关责任人。与此相呼应,“新尼莱坞”运动出现,它代表着“一种新的战略趋势,一些尼日利亚电影人开始追求大制作,准备在尼日利亚和国外的电影院上映,并且以进军国际电影节为目标”,乔纳森·海恩斯说。

“新尼莱坞”运动下,最值得关注的影片是《半轮黄日》(*Half of a Yellow Sun*),2014年在纽约、悉尼、伦敦和拉各斯举行了首映红毯仪式。这部影片由尼日利亚作家和编剧比伊·班代尔(Biyi Bandele)执导,根据奇玛曼达·恩戈兹·阿迪契的同名畅销小说改编。

《半轮黄日》的演创阵容豪华,曾获奥斯卡提名的切瓦特·埃加福特(Chiwetel Ejiofor)担纲主演,《末代独裁》的安德里亚·考尔德伍德(Andrea Calderwood)和《不朽的园丁》的盖尔·伊根(Gail Egan)担任制片人,《半轮黄日》开创了非洲电影制作和融资的全新模式。影片在英国和尼日利亚取景,1000万美元的预算创下尼日利亚电影的投资之最。执行制片人耶万德·萨迪库(Yewande Sadiku，他同时也是一位银行经理）采用好莱坞电影普遍的融资办法——从尼日利亚工业银行获得股权投资，召集30名非洲个人投资者，拿到美国电影金融公司的影片杀青担保债券。萨迪库说："我们这部影片是针对全球观众市场拍摄的，通过全球渠道发行，从融资、制作的质量，演员和剧组人员的构成，都反映了这一点。"导演比伊·班代尔说："我们需要更多像耶万德这样的人才，能够利用所有的金融资源，拍摄更好的影片。但是，最让我感到激动的是，我能够利用这个机会，将非洲长期以来讲故事的传统用新的电影的形式呈现给广大的观众。"

最后，我们来谈谈非洲演员和影片能否在主流电影圈内获得更广泛的认可。最重要的成果应该是近年来非洲和海外移民演员在好莱坞取得的成功。2014年，三位来自非洲和非洲海外移民的演员获得奥斯卡奖提名：切瓦特·埃加福特、露皮塔·尼永奥（Lupita Nyong'o）以及巴克德·阿巴蒂（Barkhad Abdi）。露皮塔·尼永奥获得最佳女配角，并迅速成为好莱坞的新晋当红女星。现在，人们已经习惯用单名称呼她为露皮塔。露皮塔拿到多项美妆模特合约，并在各个场合演讲，俨然成为非洲女性的代表性人物。大卫·奥伊罗（David Oyelowo）同样续写着非洲演员的好莱坞传奇，他在2015年的奥斯卡提名影片《赛尔玛》（*Selma*）中出演马丁·路德·金。虽然这些演员与尼莱坞没有直接关系（尼永奥是肯尼亚人，阿巴蒂是索马里裔美国人，奥伊罗和埃加福特的父母是祖籍尼日利亚的伦敦人），但是他们在主流娱乐圈和奥斯卡颁奖礼上的成功，让世人对非洲电影产业和主要演员产生了浓厚的兴趣。当这些演员和制作人拿到更多的好莱坞影片合约，影响力日增，获得更多的创意，他们将为其他非洲演员和非洲演艺项目开辟更多的渠道。许多人正在朝着这个方面努力。大卫·奥伊罗和露皮塔·尼永奥近日宣布将合作拍摄《美国佬》(*Americanah*)，影片根据奇玛曼达·恩戈兹·阿迪契的小说改编，讲述尼日利亚移民在美国的故事。在非洲数字化内容革命的促进下，尼莱坞和非洲电影将迎来新的爆发期。

非洲节奏乐

2014年，在纽约飞往拉各斯的航班上，我(杰克)坐在一位7岁尼日利亚女孩儿后面，她名叫奥拉萨德(Olasade)，穿得干干净净，梳着精致的小辫子。旅途中，我发现她总是去拿妈妈的手机，然后插上耳机，打开一款名为“奈贾热门歌曲”的MP3音乐应用——尼日利亚人喜欢用“naija”这个口头语代表任何事情。她戴着耳机走来走去，摇头晃脑，不时透过椅背的缝隙朝我挤眉弄眼，我隐约听到她耳机里传来尼日利亚歌手的热门流行歌曲，如威姿小子(Whizkid)和P-Square。小小的奥拉萨德可能并没有意识到，她手里握着的——尼日利亚流行音乐在数字平台上的影响力——代表着非洲音乐巨大的飞跃和未来。

我不由自主地想起我的外甥科比(Coby)和凯莱布·西普勒(Calab Sipple)，他们都在密歇根州。2012年，他俩一个7岁，一个10岁，去康涅狄格州参加了一场非洲婚礼。在那里，他们听到一首尼日利亚热门歌曲*Chop My Money*，R&B组合P-Square的一首口水歌。这首歌的歌名,用尼日利亚英语翻译过来大致意思是"花我的钱",歌曲的副歌部分,双手配合舞蹈向空中撒钱的姿态仿佛有一种洗脑的魔力,让人过目难忘。回密歇根州的路上,我的两个外甥,尽管从来没有去过非洲,也没有听过尼日利亚音乐,却在我姐姐的苹果手机上下载了这首歌,在YouTube上找到了这首歌的MTV,边唱边跳,几个礼拜后他们在学校里的所有朋友都学会了这首歌。

要想在全球流行音乐界取得成功,就必须创造出老少咸宜的热卖歌曲。从这个角度看,7岁的奥拉萨德,还有我的小外甥,他们下载尼日利亚的流行歌曲,显示出这个国家的音乐已经具备全球畅销的潜质。

在撒哈拉以南地区,尼日利亚的现代音乐产业正在重塑非洲的创意产业。新一代的音乐人打磨出具有国际影响力的旋律,使音乐成为非洲转型中最具符号性的产业。一些专家认为,音乐产业可能成为非洲在全世界的一张名片,成为世界流行乐坛的支柱之一。"在流行音乐的驱动下,尼日利亚的软实力,已经成为非洲年轻人的主流声音。"奥比·阿西卡(Obi Asika)说。他是拉各斯一家娱乐公司的老板,非洲创意产业的领军人物。"未来5年,当(尼日利亚音乐)开始带来现金收入,当更多的歌星涌现出来,更多的内容生产出来,它将成为世界上重要的文化平台。"

非洲艺术家在非洲甚至全球声名大振,这并非第一次。早在20世纪八九十年代,尤索·恩多(Youssou N'Dour)、阿里·法卡·图雷(Ali Farka Touré),以及安热莉克·琪蒂欧等一批音乐人就因为创立了世界音乐风格,成为乐坛偶像。那么,今天的非洲音乐有什么不同之处吗？我们通过对一些音乐人和业务人士的调查，发现有几个重要趋势。一个完善的非洲流行音乐产业正在兴起，它具备全球发行的能力，能够带来持续的现金收入。非洲音乐产业与国际的合作日益紧密，对全球听众的吸引力越来越大。尽管非洲的流行音乐因国家的不同，区域化特色突出，但尼日利亚流行音乐却超越了国界。我们在和许多非洲DJ讨论时，他们都指出，尼日利亚音乐几乎在撒哈拉以南地区任何一家舞厅里都能引发共鸣。在塞拉利昂、肯尼亚、布隆迪、马拉维和塞内加尔的夜店里，我们也看到这一现象。尽管并不是所有的非洲流行乐迷都是尼日利亚音乐的粉丝，但尼日利亚的音乐人和制作人的确为非洲年轻一代送去了大量动听的旋律。

在尼日利亚国内外，录音棚、经理人、制作人、专业的音乐录像拍摄，一应俱全，加上在阿克拉、拉各斯和内罗毕的产业园区里迅速壮大的数字化发行平台，非洲流行音乐的产业基础比过去已完善了许多。全国性的网络榜单和像iROKING这样的音乐下载平台也正在出现。2013年《公告牌》杂志(*Billboard*)宣布进军非洲市场，尼日利亚热门歌曲在亚马逊和iTunes上均能找到，在YouTube上的点击量超过7位数。对于任何一个流行音乐产业结构而言，所有这些都是最基础的，但是对非洲而言，十年前这些东西基本上都不存在。

20世纪90年代，我(杰克)开始收集非洲音乐。当时，要想找到一些新的音乐人和热门单曲或买几张CD，非常困难，根本没有什么榜单和发行渠道。在美国，只有两个地方能够找到非洲音乐：一是在CD唱片店里的“世界音乐专柜”，很小的几个货架，要么就只有把收音机拨到国际公共电台的“非洲世界流行音乐”；否则的话，你就只能从非洲朋友那里买几张CD。当然，你还可以下载MP3，或者在非洲旅行的时候找当地小贩购买。几乎每座城市里，大街小巷都能看到一些小贩把录音机插在汽车电池上，播放着各种盗版的CD。这一情形，直到2008年才有所改观。

如今，除了各种榜单、YouTube频道、手机应用和下载服务，关于非洲音乐，还可以找到大量的商业数据，尤其是在非洲音乐的神经中枢尼日利亚。音乐人和制作人通常只关注他们能靠音乐赚多少钱，而想从政府或其他渠道获得整个非洲或当地的音乐市场规模和数据，几乎是不可能的。2014年，尼日利亚政府首次公布该国音乐产业的产值，2013年预计收入超过20亿美元。尼日利亚热门歌曲版权许可的手机铃声销售收入约为2亿美元。据业内专家奥比·阿西卡估计，尼日利亚最大腕的歌星平均每场演出收入为25万美元，每年从几大电信公司获得的铃声版权费和赞助费将近200万美元。

在尼日利亚，在非洲大陆，在海外，各个层面的非洲音乐人才不断涌现。阿肯（Akon）和尼恩（K'naan），已经牢牢地奠定了国际巨星的地位。在商业色彩不太浓郁的小众音乐市场，非洲的独立/另类音乐也深入人心：像肯尼亚的“只是乐队”，加纳的嘻哈天王“闪电大使”，刚果裔比利时人巴拉吉（Baloji），南非的Kwaito电子舞曲音乐，以及非洲未来主义音乐人斯普克·马萨博（Spoek Mathambo），他与一手打造了涅槃乐队的美国独立音乐品牌Sub Pop签了唱片合约。在欧洲流行音乐界，科特迪瓦音乐团体“魔法系统”（Magic System）打入了法国音乐榜，在巴黎夜店里人气爆棚。2012年，加纳阿松托

(Azonto)的音乐和舞步在网上风靡一时,成为非洲版的“江南Style”。

无论是从人数规模上,还是就对非洲流行音乐的影响力而言,尼日利亚都是非洲流行音乐热潮无可争议的大本营。在2014年MTV电视台“非洲音乐奖”颁奖礼上,尼日利亚歌手包揽了大多数奖项提名,在10个奖项中获得5个大奖,包括“年度最佳艺人奖”。国际社会对非洲流行音乐的认识,离不开奈贾(Naija)音乐人[①]坚持不懈的努力,其中著名的歌手包括蒂娃·塞维奇(Tiwa Savage)、唐·杰士(Don Jazzy)、J. 马丁斯(J. Martins)、达维多(Davido)、蒂玛雅(Timaya)、香味(Flavour)、伊延亚(Iyanya)和年轻的威姿小子。费拉·库蒂的两个儿子塞温和费米带着他们的非洲节奏乐乐队,开始了世界巡回演出。尼日利亚歌手在全球音乐市场上也表现突出。尼日利亚最著名的两位歌星DBanj和兄弟组合P-Square都签约了主流唱片公司。DBanj签约坎耶·维斯特(Kanye West)的GOOD音乐,P-Square签约环球唱片。2012年,DBanj的单曲《雾都孤儿》(*Oliver Twist*)在英国排行榜上冲到第二名的位置,P-Square的《美丽的奥茵耶》(*Beautiful Onyinye*)在YouTube上的点击量超过2000万。尼日利亚音乐在全球流行音乐市场上蓄势待发,就像当年牙买加曲风一样。20世纪70年代(雷鬼音乐)和80年代(舞曲音乐),牙买加歌手和风格迅速占领全球流行乐坛,并一直影响着近20年来的歌坛。我们一直跟踪着流行乐坛的最新趋势,与非洲大陆的许多音

① 指尼日利亚音乐人。——译者注

乐人保持良好的关系。我们预计,尼日利亚音乐即将迎来走红全球之日。

那么,撒哈拉以南地区迅速发展的音乐产业在非洲转型的进程中究竟扮演着怎样的角色？首先,非洲的科技产业热潮,随着类似iROKO这样的数字化媒体的出现,通过营销手段的现代化和发行平台的壮大,将进一步扩展。其次,撒哈拉以南地区作为全球经济增长速度最快的地区,将带来人口形势的强烈变化。非洲庞大的年轻人群体正在转化为新的消费阶层,他们渴望自己的流行音乐。最后,随着非洲海外移民群体的范围扩大和影响力的提高,他们将成为非洲音乐遍布全球的天然传播渠道。

这些因素为撒哈拉以南地区的音乐产业在本土及海外的繁荣和扩张奠定了基础。对于非洲是否能够在尼日利亚的引领下抓住这些机遇,奥比·阿西卡表示前景乐观。"美国嘻哈音乐流行起来的时候,全世界的人都在跟着唱:'布鲁克林嗨起来!(或)布朗克斯嗨起来!'这并不是因为他们来自布鲁克林或布朗克斯,只是音乐里流露出来的那种难以捕捉却很真实的酷感,这正是人们所要追求的。"他说,"我认为,尼日利亚音乐也有这种酷感,而现在所有的条件都已经具备。非洲已经准备好,世界范围内的听众已经准备好,全球文化迫切需要新鲜的、富有活力的东西,非洲音乐就有这股新鲜劲儿。"

第十二章

未来50年的非洲

对于非洲的未来,我们采用推理的方法得出结论。过去几十年,媒体上充斥着对非洲扭曲的负面报道和猜测性报道,在大量现实案例和前瞻性预测的支持下,我们特意扭转了这一思维模式。这么多年来,许多学者、分析师和媒体肆意歪曲非洲,将非洲描绘成一个贫瘠的大陆。罗伯特·D.卡普兰1994年发表的文章《即将到来的混乱无序》,《经济学人》2000年的专题报道“无望的大陆”,2014年美国媒体对埃博拉病毒的报道,所有这些报道都想当然地认为非洲大陆的未来注定前景黯淡。

我们认为,撒哈拉以南地区的快速增长当然会有波折,不可避免地会受到许多因素的交织影响,也必然会发生各种积极和消极的事情,但是当前所有正在发生的一切,恰恰证明非洲的未来并非暗淡无光。我们从本书谈到的一些核心话题开始——比如说非洲经济的成长和迈向新时代的非洲领导力,这两个因素的结合将改变非洲大陆大部分国家的面貌。我们同时也强调,对未来撒哈拉以南地区的分析需要多维度的视角,需要以数据为依托的、更加精准的分析,避免使用宽泛的教条,要综合考虑各种因素和趋势,要考虑到非洲不断变化的复杂性。通过这种分析手段,我们对非洲的未来基本上可以得出一个完全积极正面的评估,所谓的"完全",是我们在非洲经济成长的大背景下,考虑到非洲未来将不可避免地面临的挑战和后退所得出的评价。就撒哈拉以南地区总体而言,我们认为,非洲的进步将超越它面临的挑战,进入一个新的历史时期。

为了进一步推动这种视角,我们对于非洲未来的分析可能会引起争议,我们有意亮出观点供大家讨论,但最终,我们的观点仍然是积极乐观的。下面,让我们从讨论一座机场开始。

私有经济下的政府:非洲权力的扩张将趋于均衡

许多第一次去非洲公务出差的旅客,当他们抵达内罗毕乔莫·肯雅塔国际机场或在机场候机时,都会有这样的感受:这就是非洲的过去和未来。在准备乘机之前或经历长途飞行之后,这些跨国公司CEO、金融家或企业老板按照他们以前在世界各地商务飞行的惯例,想找一间贵宾休息室。在肯尼亚,他们可能一时找不到,便四处打听。工作人员会问:"你是说政府贵宾休息室吗?"尽管肯尼亚是非洲经济增长最快的国家之一,是外国投资和跨国企业在非洲开设公司的首选之地，首都国际机场也并非没有高级的公务舱候机室，但难以找到并且缺乏最基本的管理。不过，肯尼亚这座最先进的机场的确有三个极其豪华的贵宾休息室：国家厅，是给总统和来访的各国元首准备的；3号贵宾室，留给副总统和退休的国家领导人；政府贵宾休息室，供各国大使、高级政府官员、政府官员的朋友，以及部分联合国官员和非政府组织代表使用。

虽然撒哈拉以南地区许多机场的公务舱休息室都经过了重新装修或新设，但几乎每一座机场都还保留着一间政府贵宾休息室——在非常显眼的位置，且装修豪华——服务对象也几乎一模一样。这种以政府为中心的贵宾设施，它所强调的优先权和象征性不能被抛弃。从历史上看，在非洲，要想取得成功，无论是从物质上还是在精神满足感的层面，都是靠政府的给予以及一小部分政治上有关系的阶层来实现的。后殖民时代的早期，许多独立战争和解放运动中的英雄人物，大多被安排到行政部门和政府内阁中，以领导他们刚刚独立的国家。此后很多年，在非洲各国，政府几乎垄断了资本和就业岗位的分配——而在美国，能够获得财富和相对特权的地方一般是在硅谷、好莱坞或华尔街。

在非洲国家，政府掌握着经济大权，决定着所有人的游戏规则。首都一枝独秀，许多大人物的乡村裙带结构被原封不动地复制到国家层面。那些满腔热血的年轻人如果无法在政府里找到工作，那就退一步在国际组织里找一份工作，比如联合国办事处或非政府组织，这是仅次于政府部门的好差事(除非他们出国)，他们可以做司机、警卫或地方顾问。在非洲的大街上，能够代表你事业成功或有钱的不是加长豪华轿车或私营企业CEO、娱乐公司高层、老板、风险资本大亨的座驾，而是挂着政府牌照的汽车，或者有非政府组织标识、车门上有"UN"缩写字样的白色SUV。在大多数非洲国家的权力架构中，政府和国际组织是权力通道、社会流动性和财富共同交织的两大领域。

但是现在，这一切正在发生改变，未来几十年仍将继续变化。未来50年，非洲在社会的各个层面——政府、援助组织和私营领域之间，非洲人民和国家之间，非洲和外来合作伙伴之间——权力都将趋于均衡。当然，这并不是说政府将不起什么作用。随着非洲的进步，我们认为，政府的作用将发生明显的变化，将更加符合政府真正应该扮演的角色，那就是提供公共服务，创造公平的社会通道，保护国民，而不是将财富和权力资源集中于少数人手中。

未来50年，大多数非洲国家的机场里，政府贵宾休息室将很少出现，或者不再那么重要。经济作为政府的平衡力量，其作用将进一步深入，公务舱休息室将成为非洲机场一个极具象征意义的地方，它代表着人、金融和创新力量的和谐共处。日益强大的中产阶级在政治上的影响力不断扩大，专业的媒体记者促使社会更加透明，商业将成为改变非洲严峻的财富不平等、促进社会均衡的催化剂。所有这些驱动力结合起来，将促使公共和私有领域的改革加速进行。

未来50年，非洲地区的商界人士将在世界范围内产生更加广泛的知名度，年轻人将渴望成长为内罗毕、开普敦或拉各斯的科技企业巨头。非洲的企业将走向世界：科技初创企业、能源混合联合企业、商业性的农业企业、建筑供应商——这些公司将以其实体的或虚拟的数字化产品赢得国际声誉。

文化和政治影响力扩大，融入国际社会

未来50年，非洲的音乐、设计和电影将融入国际主流文化。尼莱坞将通过与好莱坞的合作，在主流娱乐圈内占据一席之地，创作出更多的娱乐产品，让非洲演员和制作人赢得奥斯卡奖。美国嘻哈乐大腕和尼日利亚歌手的合作将使他们的音乐打进各国首都的夜店里。尼日利亚音乐制作人将在美国推出自己的音乐品牌，与美国的流行歌手签约，将他们的音乐作品通过非洲的手机平台销售给非洲大陆2万亿美元的消费市场。非洲的时装设计师，如阿玛卡·奥萨奎和杜罗·奥罗伍将建立他们自己的时装工作室，他们的名字将与业界大亨，如香奈尔、普拉达和伊芙·圣罗兰齐名。

未来的非洲将与世界紧密相连，高度融合，互为依托，对世界而言，非洲在很多方面将不再令人感到奇怪，少了许多异域情调，多了一些复杂性。在谈到自己的非洲故事时，人们不再说自己从小家境贫寒，努力想从全球经济的黑暗地带移民到遍地是机会的国家。这种狭隘的、贴标签式的叙事将不再适合非洲。

吸引全球人才，本土慈善事业发展，外国援助的影响力减弱

非洲长期以来的对外移民和人才流失趋势将出现反转，外来专

业人才以及那些对非洲文化和经济发展感兴趣的人才，将流入非洲。美国的MBA和技术类专业的毕业生放弃华尔街或硅谷的实习，而是选择在约翰内斯堡和洛美的非洲银行实习，或者去内罗毕和加纳的科技园区进行一段时间的学期项目。托尼·艾鲁姆鲁基金会即将宣布，为西方国家的大学生提供第四个十年奖学金计划，使其能够在非洲一些经济发达城市和商业中心工作学习，积累企业管理经验。

未来50年，外来发展援助、非洲的外国援助组织和非政府组织数量将大幅减少。非洲在社会经济领域面临的挑战，将由强有力的非洲领导人、高效的政府部长、全国性和泛非基金会、企业慈善机构等——MTN和安哥拉的国家石油公司(Sonangol)在这方面走在前列——共同来应对。非洲的主权财富基金发起成立了具有创新意义的慈善项目，在美国、亚洲和拉美地区的投资屡创纪录的同时，基金在改善非洲人民的医疗卫生和生活水平方面也将扮演重要的角色。

非洲国家的融合和分化

未来50年，在撒哈拉以南地区，非洲大陆内部的经济融合将成为常态，将出现类似欧盟和北美自由贸易协定(NAFTA)的合作模式，在监管标准、跨国高等教育、贸易和货币等方面展开更大规模的合作。一方面，经济上的整合在某些国家和地区会加速进行，并且取得成功；另一方面，在某些领域，撒哈拉以南地区国家之间也会出现分化。一些国家会迅速迈向中等收入国家行列，而另外一些国家则不可避免地陷入经济停滞，长期徘徊在“世界最穷国家”的边缘。20世纪，这顶帽子一直扣在非洲大部分国家的头上。尽管有些国家的发展可能会比较落后，但未来50年，随着一些国家进入中高收入国家行列，区域性组织——如西非国家经济共同体（ECOWAS）、东非共同体（EAC）、非洲联盟（AU）、南部非洲发展共同体（SADC）——的实力不断增强，非洲将在这些国家和组织的带领下，更加协调一致，集中力量援助落后国家。

尼日利亚将展开卓有成效的政治体制改革，减少腐败，加强政府机构的作用。到2020年，在国内和海外移民形成的国际联盟的努力下，尼日利亚南北将实现和解，博科圣地的恐怖主义威胁将逐渐消除。到2030年，尼日利亚将成为全球排名第五的人口大国，非洲无可争议的头号强国。50年后，尼日利亚作为非洲最大的经济体，将跨入全球经济20强行列。埃塞俄比亚、加纳和肯尼亚将与南非争夺撒哈拉以南地区第二大经济体的地位。

展望未来，非洲的资本和劳动力市场结构将更加清晰，流动性更强。各国政府为吸引投资、招揽世界各地最精英的人才来非洲工作而展开竞争。“人才流失”这个词对非洲而言将失去意义。从21世纪头十年到21世纪30年代，非洲经济的腾飞将需要大批有经验的管理人才，一个泛非洲的职业阶层，依靠他们在亚洲、西方国家以及发达的非洲市场积累的专业技能，将牢牢地把握高端岗位，填补人才断层。尼日利亚充满朝气与才能的年轻人、成功的企业家和专业技术人才将与肯尼亚、塞内加尔、加纳和南非的精英在各个领域展开竞争，包括金融、能源，以及非洲的草原硅谷、阿克拉硅谷、开普敦硅谷和亚巴科技硅谷……

全球市场地位、基础设施和双向外国直接投资

由巴西、俄罗斯、印度和中国组成的金砖四国（BRIC）曾经创造出高速的经济增长，成为全球瞩目的新兴市场。未来50年，金砖四国的概念将逐渐淡化，而一些非洲国家，尤其是资源丰富的莫桑比克和坦桑尼亚等国，将在相当长的一段时期内保持两位数的经济增长，有望像墨西哥和匈牙利一样跻身中高收入国家行列。尼日利亚、肯尼亚、加纳和埃塞俄比亚的经济将更加多元化，借助全球债券市场，利用海外移民与母国的强烈纽带关系在21世纪头十年制定促进社会普遍富裕的长远目标。跨国企业将根据区域次地区和城市中心的不同，制定不同的投资战略。

国际商品将在非洲市场找到新的销售机会。每一个全球性的消费品公司都将在非洲开设公司。21世纪头十年，许多消费品生产巨头还没有制订非洲业务计划，未来的非洲市场会让这一幕成为笑谈。

未来50年，全球能源和矿产资源财富将因为非洲而重新洗牌。2020年到2045年，在美国、中国、欧洲和巴西的国有和私营企业的合作下，非洲各国将展开大规模的勘探计划。依靠石油、天然气、矿产和可再生能源领域的收入，许多撒哈拉以南国家都将获得能源独立。莫桑比克和坦桑尼亚将共享全球最大规模的天然气田之一，仅莫桑比克一国的天然气储量就足够全球使用超过两年。

非洲将在基础设施领域投资数十亿美元，用于加快货物和人员运输，改善电力供应，为数亿人提供宽带接入，提高教育水平，为新兴中产阶级和社会上层提供住宅，吸引建立新的企业总部，为非洲新发掘的资源财富与国际市场建立联系。企业和新成立的符合现代社会要求的政府内阁，这些岗位需要大量的职业精英和公共政策专家。为了满足这一需求，非洲国家将新建数以千计的小学、中学、大学和教育设施，包括私立的和公立的。从铁路到港口，从乡间水泥路到液化天然气设施，新的基础设施将进一步深化非洲与其他国家，尤其是美国和亚洲国家的联系。

未来50年，非洲将不再仅仅是跨国公司和外国直接投资的目标国，它也成为其中的投资方。尼日利亚、南非和安哥拉的主权财富基金将在美国、亚洲和欧洲持有大量的投资组合。一大群非洲企业家，如穆罕默德·德吉和西姆·沙加亚，他们将跟随尼日利亚亿万富翁阿里科·丹格特的脚步，在硅谷、香港和伦敦收购外资企业。

非洲成为制造业中心和全球技术孵化器

依托当地资源和基础设施的完善，与GE以及美国私募基金巨头凯雷和黑石合作，将降低非洲的电力费用（2013年，非洲电费成本是美国的6到7倍），为数百万人提供电力，增强非洲一些关键经济体的制造业竞争力。廉价的电力和新的基础设施将加快制造业从亚洲向非洲工资水平较低的沿海地区转移。埃塞俄比亚将成为“非洲制造”之路上的一颗明星，有望取代中国，成为非洲大陆第一个外包和制造业中心,从各个跨国企业吸纳外包资源。未来50年,全球每3名工人中,就有1名在非洲。这些新生的制造业中心无论是在形式还是类型上,都与此前工业革命中的制造业有着明显的不同。非洲国家早期的工业化经历曾经让它们受益匪浅,从移动金融和电话开始,通过科技进步实现跨越式发展。随着3D打印技术成本降低,应用日益广泛,人们将能够根据设想和日常生活所需制造出他们想要的产品。无论是在非洲,还是在发达国家,这一趋势将进一步促进技术创新的本地化和去中心化。开源技术在非洲的普遍应用,结合托马斯·弗里德曼的"世界是平的"理论,使得科技创新将更加多维度,更加扁平化。不再有南北差异,也不存在城乡差别,创意和变革将是全方位的。

在科技创新的大潮下,非洲诞生了第一批亿万富翁,出现多起初创企业并购案,纳斯达克指数也出现了非洲企业的身影。非洲的科创中心取代21世纪早期非政府组织扮演的角色,这些科创中心从非洲大陆内部和外部吸纳更多的基金捐赠,帮助落后国家解决社会经济问题。

非洲职业技术人才的成功和需求

非洲存在庞大的年轻人群体,他们将形成一个新的全球化的创意和职业阶层,这是任何地方都无法匹敌的。他们拥有智能设备,充满野心,很容易被民粹主义吸引。他们迫切地想看到非洲取得具体的成功。他们也需要新的领导人,有新的技能和背景的领导人。

就像纽约前市长和商业大亨迈克尔·布隆伯格一样,非洲新一波的公务员,可能他们已经在私营领域浸润多年,积累了一定的财富。他们投身公职,纯粹是因为想做一些有意义的事情,他们对钱没有太多的欲望。喀麦隆的卡赫·瓦拉就是他们的榜样,他在美国获得MBA,成为一名成功的私企老板,后来进入政坛,成为民选官员,率先推动公共领域的改革。

未来50年,如果政府无法利用科技扩大教育范围,提升教育水平,如果不能尽快地创造就业岗位,满足人们的期望,人民将通过选票把他赶下台,有时甚至推翻政府。第一次和第二次"阿拉伯之春",非洲自身的民众改革运动,将深深地印在非洲政府官员的脑海里,只有那些制定完善的宏观经济政策、创造就业岗位的政府,才能促成经济繁荣,满足人们的期望。

非洲新的民粹主义及对非洲内外的影响

未来50年,非洲将经历经济的快速增长和社会转型,当然,也不可避免地会遭遇经济上的失利和外部因素的负面影响,比如环境恶化。因此,一些国家出现的民粹主义思潮将阻碍经济的发展,甚至会导致冲突。但是,这些冲突和不稳定因素不会恶化到非洲黑暗时代(20世纪70年代到90年代)的那种程度,也不可能影响非洲融入全球的大势。这主要得益于非洲大陆整体性的经济繁荣,强大的泛非联盟,以及改革后的非盟在地区间、外交、维和和经济监管等方面拥有更大的权力。

未来50年，非洲将对国际机构产生更大的影响，无论是在正式抑或非正式的层面上。虽然在联合国，非洲国家的票数是最多的，但联合国的治理架构体现的是权力大小而不是数量多少，像美国、法国、英国这样的发达国家在全球事务上拥有不成比例的话语权。在世界银行和国际货币基金组织，非洲经济过去是通过开发性金融机构(DFI)满足融资需求的，现在则更多是通过全球政府债券进行融资。对于DFI的全球政策，非洲不再是被动地接受，而是作为政策的驱动者，发挥更大的作用。

在我们未来的职业生涯中，内罗毕乔莫·肯雅塔国际机场的公务舱贵宾室，相比政府贵宾休息室不再相形见绌，不再是二等房间，入境柜台后面不会再藏着5个登机楼梯。非洲经济发展的力度和广度，不仅改变着机场的贵宾室，同时也将与其他因素一道，永远改变非洲。政府管理得到改善，负面的刻板印象被推翻；人民生活水准大幅提高，培养出新一代最优秀、最聪明的非洲人，推动私营和公共领域的发展。未来50年，撒哈拉以南地区将更加融为一体，影响力遍布全球：经济、金融市场、时尚、音乐、电影、国际关系和科技。未来的非洲将从世界经济、政治和文化的边缘地带重新定位，摆脱受害者和弃儿的地位，全面成为国际主流社会的一员，推动国际市场、文化趋势和自身命运的发展。非洲无数个领域的进步，汇聚成一段宏伟的历史进程，将成为21世纪最伟大的逆袭传奇。

致 谢

生活中许多美好的事情，靠的是激情、决策、机缘、时机、运气和专注，本书的写作也是如此。2012年，我们第一次聊起来“是不是可以写一本书”，当时谁也没有想到，我们真的走完了这一路。第一次就非洲和商业的话题撰写一本专著，能够在书中体现一些独到的见解，在非洲研究中占有一席之地，我们就已经很满足了。《未来非洲：正在崛起的大陆 未来的全球经济引擎》(*The Next Africa*：*An Emerging Continent Becomes a Global Powerhouse*)能够最终成稿，要归功于连续发生的几件事情。首先，我们一直在讨论和研究非洲，我们越来越坚信，非洲的确正在发生一场伟大的变革。其次，在我们与出版社接洽的过程中，非洲发生的一切越来越证实了我们的观点。最后，2013年，我们与经纪人安德鲁·斯图尔特(Andrew Stuart)接洽、签约之后,又与麦克米伦(Macmillan)和托马斯·邓恩出版公司(Thomas Dunne Books)签订了协议。

十几年前,我们两个人先后来到非洲,不知不觉地开始观察研究非洲,在此基础上才形成了本书。过去3年,为了写作本书,我们又去了几次非洲东部、西部、南部和中部。我们收集了数以千计的报纸、期刊和研究报告,并且在世界各地采访了几百人,与他们展开对话。

在我们的人生以及这本书的写作过程中,我们深深地领悟到非洲谚语"举全村之力"这句话的含义。我们有那么多的人和机构需要感谢,在这里予以深切的致谢。

奥布里

我对非洲市场的了解几乎都来自罗莎·惠特克,她是我了解这一地区乃至非洲以外世界的向导和启蒙者。多亏了她,我和杰克才有机会碰到一起。非常荣幸能够为她工作8年,对于她给予我的绝好机会,我永远报以感激之心。在惠特克集团,我与许多同事建立了良好的关系,并最终成为朋友。我们在日内瓦的最后一天,我敬了查尔斯·韦瑟里尔(Charles Wetherill)和利兹·汉彼得(Liz Hanpeter)一杯。我依然记得在马拉维那趟学术之旅中,我与埃利奥特·彭斯(Eliot Pence)一道走访了许多企业。在本书的写作中,埃利奥特一直是我们坚强的后盾,这本书的标题也是他想出来的。

谢谢安德鲁·费恩斯坦(Andrew Feinstein)出色的研究,感谢彼得·彭(Peter Pham)和大西洋协会非洲中心的团队,谢谢他们的鼓励和支持。感谢里德·克拉默(Reed Kramer)、惠特尼·施奈德曼(Witney Schneidman)、C.D.格林(C. D. Glin)、阿迪斯·阿雷马耶胡(Addis Alemayehou)、米米·阿雷马耶胡(Mimi Alemayehou)、帕帕·恩迪亚耶(Papa Ndiaye)、阿米尼·卡琼卓(Amini Kajunju)、埃里克·卡库(Eric Kacou)、赖·亚哈雅(Lai Yahaya)、埃里克·吉夏尔(Eric Guichard)、保罗·欣克斯(Paul Hinks)、朱迪恩·巴尼特(Judith Barnett)、维拉·桑维(Vera Songwe)、西波·莫约(Sipho Moyo)、穆纳·穆西托瓦(Muna Musiitwa)、杰基·辛汉齐(Jackie Chimhanzi)、夏洛特·阿萨姆(Charlotte Ashamu)、曼都·贝耶(Mamadou Beye)、毛罗·德·洛伦佐(Mauro De Lorenzo),谢谢他们长期以来对非洲经济的贡献。

玛丽亚·博雷柳斯(Maria Borelius)一直鼓励并支持着我们,给了我们许多建议。很荣幸认识她。同时,也要感谢保罗·奥斯汀(Paul Austin),他的乐观给了我们极大的宽慰。这本书写作完成后,我也从沃顿商学院EMBA毕业,感谢我同学的支持。没有莫尼沙·夏尔马(Monisha Sharma)的帮助,我最后一学期可能都无法坚持下去。

最后,当然最根本的是要感谢我的家人和朋友。

杰克

一切都要感谢我的父母——尤其是当我打电话给开餐馆的老爸老妈,告诉他们“我要和瑞典红十字会一道去非洲工作一段时间”,要他们寄点钱过来时,他们说“好的”。那一年,我19岁,大学一年级,就已经和父母隔了一个洲的距离。

真心感谢塞拉利昂红十字会,他们在面对逆境时的勇气和解决问题的方法,让我学到了很多。人性的坚韧能够克服一切障碍。感谢我的外公外婆、爷爷奶奶,他们已经证明了这一点,虽然我那个时候还不懂。

感谢我的高中老师贝蒂·洛伊恩贝格尔(Betty Leuenberger)、卡罗尔·黑尔(Carol Hale)、阿尔·尼斯(Al Kniss)、大卫·帕里什(David Parrish)、林恩·萨拉西埃尔(Lyn Salathiel),作为一名不太一样的学生,他们有意引导我对国际性事务的兴趣,也在一定程度上促成了本书的写作。当然,也包括大学教授布朗温·琼斯(Bronwyn Jones)、琳达·贝克(Linda Beck)、克里斯·康特(Chris Conte)、巴里·斯坦(Barry Stein),以及已故的沃伦·齐默尔曼(Warren Zimmerman)大使。衷心感谢我的精神导师和好友博尔顿·格伯(Burton Gerber),感谢他长期以来的引导和支持。感谢杰拉尔德·W.斯科特(Gerald W. Scott)大使对一个毛头小伙子的信任,支持我去冈比亚工作,并为我攻读硕士学位写了一封推荐信。感谢查伦·巴尔舍夫斯基(Charlene Barshefsy)、苏珊·埃瑟曼(Susan Esserman),让我成为2000年美国贸易代表团(USTR)的成员,并且在南非和纳米比亚的世界经济论坛(WEF)上露脸。(当然还有其他事情,同样也要感谢他们。)罗莎·惠特克在非洲农业和商界有着强大的影响力,甚至当我还是白宫一名刚入门的工作人员的时候,我就在文件里看到过她的名字。后来,经罗莎介绍,我和奥布里认识。感谢约翰内斯堡的吉尔达·弗里茨(Gilda Fritz)和罗伊·弗里茨(Roy Fritz),每次我去南非，都把他们家当作落脚点。感谢彭博社的制片人、codeX的CEO伊丽莎白·古尔德（Elizabeth Gould），感谢《时代周刊》和《财富》杂志的斯科特·黑文斯（Scott Havens）和德博拉·考德威尔（Deborah Caldwell），他们开辟了主流媒体报道非洲商业的先河。本书的出版过程中，杰基·亚当斯（Jackie Adams）一直是我们坚定的支持者，给我们提供了极好的建议。这本书的撰写过程中，罗伯特·诺兰（Robert Nolan，现在在卡耐基公司）在编校方面给予我们很大的支持，我们跟美国外交政策协会联合组织了"非洲新经济"系列研讨会，本书中涉及的许多观点早已在研讨会上公开讨论过。感谢我的老朋友兼非正式顾问特洛伊·怀特（Troy White）、保罗·弗拉塔米柯（Paul Fratamico）和鲍比·麦肯齐（Bobby Mckenzie），没有他们的支持，我不可能完成这本专业性的著作。非常感谢维克多·威廉姆斯（Victor Williams）和梅穆娜·威廉姆斯（Memuna Williams），在拉各斯机场，我饥肠辘辘地跑出来，他们把我扔给一帮狡猾的尼日利亚人。特别感谢我的妻子哈丽雅特（Harriette），在本书的写作中，她给予了我很大的支持。

一并致谢

我们还要一并感谢我们的外祖父、二战老兵霍华德·琼斯（Howard Jones）和弗兰克·沃尔特（Frank Walter），感谢他们在本书的写作中给予我们的敏锐和坚韧，他们住在科罗拉多，彼此相距只有几英里。非常自豪能够有他们这一代伟大的人民。

感谢大卫·阿普尔菲尔德(David Applefield)建议我们一起来写这本书,他给了我们很多的想法、鼓励和激情。感谢唐·埃莱弗森(Don Elefson),当非洲还没有形成一种潮流,还没有多少数据能够证明这一点的时候,他就在启发我们关注非洲。

感谢本书写作过程中所有合作的机构、名人和项目,包括Safaricom、GE、卢旺达贸易公司、联合国贸易和发展会议、非洲开发银行、国际货币基金组织、美国外交关系协会、《外交事务》杂志的卡罗莱娜·阿吉拉尔(Carolina Aguilar)、美国商务部非洲商业倡议项目、非洲领导力网络、外交政策青年专家组织全球领导者项目、美国外交政策协会、艾瑞克·赫斯曼和iHub、比特安格·恩德莫、科技媒体TechCrunch的数据库CrunchBase、《金融时报》的外国直接投资情报集团,以及我们的赞助商。

感谢彭博社的凯瑟琳·海斯(Kathleen Hays)、沃尼·奎因(Vonnie Quinn)、特里什·里根(Trish Regan,如今在福克斯商业频道),感谢他们最早开始非洲商业新闻的报道。我们要特别感谢凯瑟琳将我们介绍给经纪人。感谢托马斯·邓恩(Thomas Dunne),以及圣马丁出版社(St. Martin Press)和托马斯·邓恩出版公司的全体同人,谢谢他们为本书付出的极大热情和对细节的把握。感谢我们的责任编辑威尔·安德森(Will Anderson)统筹所有的出版事宜。

最真诚地感谢非洲和非洲人民,感谢他们这么多年来把我们两个外乡人当作朋友和家人。感谢他们的盛情款待和启发,邀请我们一起舞蹈,让我们感受到一种完全不同的温暖、好客和幽默感。我们始终坚信,你们有着无穷的潜力。

图书在版编目(CIP)数据

未来非洲:正在崛起的大陆 未来的全球经济引擎/(美)杰克·布赖特(Jake Bright),(美)奥布里·赫鲁比(Aubrey Hruby)著;敖军译.—重庆:西南师范大学出版社,2019.8

书名原文:The Next Africa: An Emerging Continent Becomes a Global Powerhouse

ISBN 978-7-5621-9864-2

Ⅰ.①未… Ⅱ.①杰… ②奥… ③敖… Ⅲ.①非洲-研究 Ⅳ.①K94

中国版本图书馆CIP数据核字(2019)第262177号

未来非洲:正在崛起的大陆 未来的全球经济引擎

WEILAI FEIZHOU: ZHENGZAI JUEQI DE DALU WEILAI DE QUANQIU JINGJI YINQING

[美] 杰克·布赖特(Jake Bright)

[美] 奥布里·赫鲁比(Aubrey Hruby) 著 敖军 译

出 品 人:米加德
总 策 划:卢 旭 闫青华
责任编辑:何雨婷
特约编辑:郑新东 黄 翔
装帧设计:夏玮玮 李 晨
出版发行:西南师范大学出版社 重庆市北碚区天生路1号 邮编:400715
http://www.xscbs.com 市场营销部电话:023-68868624
印 刷:重庆共创印务有限公司
成品幅面尺寸:148mm×210mm
印 张:10.125 字 数:250千字
版 次:2020年2月第1版
印 次:2020年2月第1次
著作权合同登记号:版贸核渝字(2019)第230号
书 号:ISBN 978-7-5621-9864-2

定 价:68.00元

读者 Readers 回函表

WIPUB BOOKS

电子回函表入口

姓名：________ 性别：______ 年龄：______ 职业：________ 教育程度：______

邮寄地址：______________________________ 邮编：__________

E-mail：____________________ 电话：____________________

您所购买的书籍名称：《未来非洲：正在崛起的大陆 未来的全球经济引擎》

您对本书的评价：

书名：	□满意	□一般	□不满意	故事情节：	□满意	□一般	□不满意
翻译：	□满意	□一般	□不满意	书籍设计：	□满意	□一般	□不满意
纸张：	□满意	□一般	□不满意	印刷质量：	□满意	□一般	□不满意
价格：	□便宜	□正好	□贵了	整体感觉：	□满意	□一般	□不满意

您的阅读渠道（多选）： □书店 □网上书店 □图书馆借阅 □超市/便利店
□朋友借阅 □找电子版 □其他 __________

您是如何得知一本新书的呢（多选）： □别人介绍 □逛书店偶然看到 □网络信息
□杂志与报纸新闻 □广播节目 □电视节目 □其他

购买新书时您会注意以下哪些地方？
□封面设计 □书名 □出版社 □封面、封底文字 □腰封文字 □前言、后记
□名家推荐 □目录

您喜欢的书籍类型：
□文学-奇幻小说 □文学-侦探/推理小说 □文学-情感小说 □文学-散文随笔
□文学-历史小说 □文学-青春励志小说 □文学-传记
□经管 □艺术 □旅游 □历史 □军事 □教育/心理 □成功/励志
□生活 □科技 □其他 __________

请列出3本您最近想买的书： __________、__________、__________

请您提出宝贵建议： ______________________________
____

★感谢您购买本书，请将本表填好后，扫描或拍照后发电子邮件至wipub_sh@126.com，您的意见对我们很珍贵。祝您阅读愉快！

图书翻译者征集

为进一步提高我们引进版图书的译文质量，也为翻译爱好者搭建一个展示自己的舞台，现面向全国诚征外文书籍的翻译者。如果您对此感兴趣，也具备翻译外文书籍的能力，就请赶快联系我们吧！

您是否有过图书翻译的经验：□有（译作举例：＿＿＿＿＿＿＿＿＿＿＿＿）
□没有

您擅长的语种：□英语　□法语　□日语　□德语
□韩语　□西班牙语　□其他＿＿＿＿＿＿＿＿＿＿

您希望翻译的书籍类型：□文学　□生活　□心理　□其他＿＿＿＿＿＿＿

请将上述问题填写好、扫描或拍照后，发电子邮件至wipub_sh@126.com和xscbsr@sina.com，同时请将您的译者应征简历添加至邮件附件，简历中请着重说明您的外语水平等。

期待您的参与！

西南师范大学出版社
上海万墨轩图书有限公司